लोकदृष्टि और हिंदी साहित्य

लोकदृष्टि और हिंदी साहित्य

चंद्रबली सिंह

वाणी प्रकाशन

वाणी प्रकाशन

4695, 21-ए, दरियागंज, नयी दिल्ली 110 002

शाखा

अशोक राजपथ, पटना 800 004

फ़ोन: +91 11 23273167 फ़ैक्स: +91 11 23275710

www.vaniprakashan.in
vaniprakashan@gmail.com

LOKDRISHTI AUR HINDI SAHITYA
by Chandrabali Singh

ISBN : 978-93-5000-899-7
Criticism

प्रथम संस्करण 1986

मूल्य : ₹ 395

न्यू कृष्णा ऑफ़सेट, दिल्ली-110093 में मुद्रित

वाणी प्रकाशन का लोगो मक़बूल फ़िदा हुसेन की कूची से

डा. रामविलास शर्मा को

प्रथम संस्करण का ज्ञापन

इस पुस्तक में संकलित निबंध प्राय: 1947 और 1950 के बीच लिखे गए थे। यह समय हमारे राष्ट्र और संसार भर के लिए बहुत ही उथल पुथल, पर साथ ही महान निर्णयों का समय रहा है। बहुत सी बातें जो द्वितीय महायुद्ध के एक-दो वर्ष बाद तक केवल बीजरूप में दिखलाई पड़ती थीं, आज निर्विवाद रूप से सबकी आंखों के सामने हैं। आज अंतर्राष्ट्रीय और राष्ट्रीय स्थितियों और समस्याओं के विश्लेषण में इस परिवर्तन की उपेक्षा नहीं की जा सकती। किंतु इन लेखों में इनके रचना काल की झलक है।

इन निबंधों के लेखक ने साहित्य को एक घोंसला नहीं समझा है। साहित्य को उसने मानव के व्यापक सांस्कृतिक प्रयासों के एक अभिन्न अंग के रूप में देखा है इसलिए आपको यहां घोसलों में रहनेवाला शाश्वत सत्य नहीं मिलेगा।

इसमें कोई संदेह नहीं कि कोई भी कलाकार रूप और शिल्प की उपेक्षा नहीं कर सकता। किंतु यह भी स्मरण रखने की बात है कि बड़े लेखकों ने अपने लिए कभी केवल धाय की भूमिका नहीं चुनी और न शब्दों को चमत्कारपूर्ण ढंग से जोड़कर साहित्य का मात्र जरासंध खड़ा किया। साहित्य की महाप्राणता लोक-जीवन में है। हिंदी साहित्य का इतिहास इसका अपवाद नहीं।

लेखक अपने प्रयास को सफलता के रूप में आपके सामने नहीं पेश करना चाहता। स्वयं लेखक को इसका एहसास है कि इन लेखों में परिवर्तन की आवश्यकता थी। अगर उसने इनमें कोई खास परिवर्तन या संशोधन नहीं किया तो इसका मुख्य कारण यह है कि उसी जमाने में लिखे गए उसके कई आलोचक साथियों के निबंधों का ज्यों-का-त्यों प्रकाशन हो चुका है, हालांकि उन्होंने उनकी त्रुटियों की स्वयं भी आलोचना की है। ऐसी हालत में उस जमाने के अपने लेखों को पूर्ण संशोधन के बाद प्रकाशित कराना और इस प्रकार बेदाग निकल जाना कुछ अन्यायपूर्ण और अशोभन जान पड़ा। इसके अतिरिक्त इन लेखों के प्रति लेखक को कुछ मोह सा रहा है; जैसा मां-बाप को अपनी पहली संतान से होता है। और सौभाग्य या दुर्भाग्यवश इनमें कुछ लेखों का इतना जिक्र हो चुका है कि उन्हें नए रूप में पेश करने या उनके कुछ अंशों को दबा देने से बात बनती नजर नहीं आई। नहीं तो जनवाद की शक्तियों के सबल होने के साथ-साथ साभें से लेकर हिंदी के अनेक लेखकों में जो परिवर्तन हुए हैं उनका उल्लेख होना चाहिए था।

इन लेखों को स्नेह और लांछन दोनों का अनुभव है। स्नेह की बात छोड़ें। इन पर गुटबंदी से लेकर कुत्सित समाजशास्त्रीयता के न जाने कौन कौन से आरोप लगाए गए हैं। लेकिन उनके लिए क्या कहा जाए जो अपना मुंह आईने में देखकर दूसरों को पहचानने की कोशिश करते हैं। उनसे सिर्फ इतना कह सकता हूं कि मैंने ईमानदारी के साथ लिखा है।

एक शब्द पंतजी के विषय में। सभी आंखवाले जानते हैं कि पंतजी ने हिंदी को बहुत बहुत कुछ दिया है, किंतु अरविंदवाद की 'स्वर्णधूलि' को हिंदी के गजराज के मस्तक पर मुक्तिप्रद रजकण समझूं, इतनी मुझमें भक्ति नहीं।

खैर, अब पुस्तक आपके हाथ में है।

वाराणसी **चंद्रबली सिंह**
7 जून 1956

द्वितीय संस्करण के बारे में

वाराणसी से छपे संस्करण में अनेक अशुद्धियां थीं। मुझे प्रसन्नता है कि अब पुस्तक छापेखाने के प्रेतों के उत्पात से मुक्त होकर पाठकों के हाथों में जा रही है। इस संस्करण में मैंने लेखों में कहीं कहीं दो चार शब्द या वाक्य बदल दिए हैं। पुस्तक प्राय: अपने मूल रूप में ही जा रही है। यह इसलिए कि विवेकपूर्ण पाठकों की कमी नहीं : 'संत हंस गुण गहहिं पय, परिहरि वारि विकार'।

चंद्रबली सिंह

वाराणसी
जनवरी 1986

अनुक्रम

1

नाश और निर्माण

मुख में सिगरेट या पान, पारकर
पाकेट में, दो-तीन ग्रंथ
रशियन लिटरेचर के कर में,
यह प्रगतिशील लेखक प्रशस्त ।[1]

हिंदी के प्रगतिशील लेखक की इस परिभाषा को वही साहित्यिक मान सकते हैं जो छायावाद के विकास के अंतिम चरण को नहीं समझते। छायावाद ने अपने प्रथम चरण में जो क्रांतिकारी कार्य किया वह था हिंदी कविता को द्विवेदी युग के थोथे आदर्शवाद की बेड़ियों में पड़े जीवन को अनुभूतियों और कल्पनाओं के एक अभिनव विस्तृत लोक में लाकर उन्मुक्त करना। उसने साहित्य को धर्मोपदेश होने से बचा लिया। किंतु उसके द्वारा उत्तेजित अहं ही उसके ह्रास का भी कारण बना। व्योम में कल्पना का नीड़ बनाकर रहने वाला मध्यवर्गीय युवक कवि धरती पर आकर देखने लगा कि उसके स्वप्न निराधार हैं, संसार उसके आदर्शों के भवन को घरौंदे के समान मिटा देता है, और समाज उसके अहं को संघर्ष द्वारा चूर-चूर कर डालता है। उसकी आस्था आदर्शों से उठ गई, उसकी आस्था समाज से उठ गई और वह कभी अपने सपनों के ढूहों पर रोने लगा और कभी इस पर कि 'आज मुझसे दूर दुनिया'। वह आदर्शों और मान्यताओं से शून्य अनिश्चयात्मक सामाजिक स्थिति का कवि बन गया। जो बच्चन और नरेंद्र की प्रारंभिक कविताओं से परिचित हैं, उनको छायावाद के अंतिम चरण का यह मूल्यांकन भ्रामक न जान पड़ेगा। हिंदी के प्रगतिशील साहित्य का ऐतिहासिक कार्य यहीं से प्रारंभ हुआ। उसने साहित्य में 'क्षय' की बाढ़ रोक दी।

कवि निराशा, वेदना और रुदन की अतिरंजना और उदात्तीकरण से विदा लेने लगे, किंतु यह विदा सर्वदा के लिए थी। इसलिए उनके हृदय संघर्ष से भर उठे। छायावाद और प्रगतिवाद के संधिकाल को हम संक्षेप में स्वप्न बनाम जागरण

1. रामकुमार वर्मा, 'सरस्वती' अक्तूबर, 1943 ।

का, नभ बनाम धरती का, नाश बनाम निर्माण का युग कह सकते हैं।

गिरिजाकुमार माथुर इसी संधियुग के कवि हैं और उनकी अधिकांश कविताओं में हम वही संघर्ष पाते हैं। स्वयं कवि के शब्दों में उसके कविजीवन के विकास का इतिहास है 'नाश और निर्माण', और नाश और निर्माण का यह संघर्ष उसके इसी नाम के कविता संग्रह पर भी बड़े स्पष्ट और सुंदर अक्षरों में लिखा हुआ है।

कवि के उन स्वरों की तुलना, जिन पर 'पीत सांझ उतरी है', बच्चन और नरेंद्र की पूर्व की रचनाओं से करने पर एक अद्भुत साम्य मिलता है। कवि अपने को 'मरु के थके प्रवासी' सा पाता है; वह कहता है : 'हम जीवित हैं मरने भर को।' यौवन से उसे न मधु मिल पाया है और न जीवन से प्यार। कवि अतीत के कवियों की सौंदर्यसृष्टि को अपने युग में स्वप्नमात्र पाता है, इसलिए नहीं कि वह उसे स्वप्न, सा ही अस्थिर और झूठा मानता है, वरन् इसलिए कि इस युग में सौंदर्य की आत्मा पल नहीं सकती। सौंदर्य की दीपशिखा :

इस दीपशिखा के पास विराम-विन्दु आया,
उजियाले का घेरा है सिमट रहा धीरे
काजल के गहरे कन अंकित करते जाते
यह अंतिम ज्योति-पृष्ठ बुझते इतिहासों का
जो थककर भी चल आये थे,
जीवन की मंजिलों को।

आज उसके सारे स्वप्न विलीन हो गए हैं और उनके अभाव में वह अपने को पाषाण से अधिक स्पंदनपूर्ण नहीं पाता :

अब वह दिन ही नहीं रहा
जो फिर से कुछ अरमान बनाऊँ,
अब हिम्मत ही नहीं रही
जो एक नया पाषाण सजाऊँ,
मेरी बची हुई पूजा अब
पूजन करने से घबराती।

युग के चैलेंज और कवि के प्राचीन रोमांसपूर्ण सौंदर्यप्रेम के बीच चलते हुए संघर्ष की सबसे सुंदर अभिव्यक्ति हुई है कुछ बाद की कविता 'अधूरा गीत' में। वह अपने कविजीवन का इतिहास बतलाते हुए कहता है कि उसका प्रारंभ उस युग में हुआ जब कालिदास की सामंतयुगीन सौंदर्योपासना का अंत हो रहा था। उस अस्त होते सौंदर्य से जगी उसकी व्यथा ने उसके गायक को जगा दिया। वह सोचता है कि वह

भी कालिदास की सौंदर्योपासना की अनंत कथा में एक शृंखला, कमजोर शृंखला ही सही, है । किंतु किन परिस्थितियों में वह उस परंपरा को जीवित करने का प्रयास कर रहा है :

मेरी मजबूरी तो देखो,
काली पीली आंधी चलती है गोल गोल,
धूसर बादल नीचे उतरे,
जिनमें मुरझाये पत्तों की है धूल भरी;
मिट गए अचानक अनजाने सपने अमोल,
बुझ गये दीप पड़कर पीले,
जिन की लौ गरम रखी अब तक;

उसका वसंत कालिदास और अन्य कवियों का वसंत नहीं है। वह उसके युग का 'ममी' वसंत है, जीवित सौंदर्य से भरे कालिदास के युग, वसंत का 'ममी' मात्र :

अब ये वसन्त
कितने सहस्र वर्षों की ममी बना आया,
बेहिस, अवाक,
ये शिशिर-सरीखी बादल-भरी हवा चलती
रोमां की यादें टूट रहीं···

यह है कवि का नाशपक्ष, निर्माण की दिशा से शून्य खंडहर सा जीवन। इस मानसिक अवस्था की रचनाएं प्रायः 1940 और उसके पूर्व की हैं। कवि में धीरे धीरे युगचेतना का प्रस्फुटन होता है । इस अभियान का सबसे महत्वपूर्ण मील-स्तंभ वह है जहां कवि के हृदय का सूनापन दूर हो जाता है और उसके रिक्त स्थान को एक संगिनी आकर स्निग्ध स्नेह और शृंगार से भर देती है। कवि की सौंदर्य चेतना प्रखर हो उठती है। इस मनःस्थिति में लिखी गई कविताओं में मानो उसकी 'जीवन की रजनी को प्रथम मिठास मिल गयी' हो। जीवन उजियाले में आता है, किंतु अब भी उस पर अंधकार की छायाएं आ आकर पड़ जाती हैं। और आश्चर्य तो यह है कि धीरे धीरे ये छायाएं कुछ समय तक गहनतर होती हैं । ऐसा जान पड़ता है कि कवि के सुखस्वप्नों को जीवन के किसी बड़े निराशामय क्षण की छाया निगलती जा रही है। किंतु कविजीवन में स्वस्थ चेतना की आवश्यकता को वह पहले से ही समझता है। वह जानता है कि किसी दृढ़, निश्चयात्मक संदेश, स्वस्थ संदेश के बिना काव्य को अमरता नहीं प्राप्त हो सकती और स्वस्थ चेतना के अभाव में कवि की अनुभूति बिना रीढ़ की हड्डी के शरीर जैसी है। बहुत पहले ही एक कविता में कवि ने कहा है :

सुख-दुख की गाथा कहने का बीत चुका अब अंतिम अवसर
मिलन-विदा का समय नहीं जब शंख गूंजता है दूरी पर।
बना चलूं क्या एक हिमालय,
दुख के कन को बढ़ा-बढ़ा कर,
विष तो अमृत बन न सकेगा जीवन भर आंसू बरसा कर।

तथा :

कोमल आंसू साथ नहीं दे सकते इस कठोर जीवन का।

निर्माणकाल की कविताओं में कवि एक नयी स्फूर्ति का अनुभव करता है। यही नहीं, इस काल में लिखी गई उसकी कविताओं में उसकी कला का रूप भी निखर गया है। नाशकाल की रुग्ण चेतना विलुप्तप्राय हो गई है और कवि में एक काव्योचित तटस्थता, निर्द्वंद्वता आ गई है। संभवतः इसी कारण इस काल की कविताओं में कवि ने वातावरण निर्माण, संश्लिष्ट वर्णनों में अद्भुत सफलता प्राप्त की है। व्यथाओं को झेलकर कवि उनके ऊपर उठ गया है, भय, शंका, अवसाद इत्यादि चले गए हैं और कोमलताएं और कमजोरी की सारी बातें पीछे छूट गई हैं।

इस निर्माणकाल में कवि के असंतोषों की सीमा उसके व्यक्तित्व, उसके अहं में ही न सिमटी रहकर धीरे धीरे व्यापक सामाजिक रूप धारण करने लगती है। उसकी बढ़ती हुई सामाजिक चेतना की दो दिशाएं हैं : एक ओर तो कवि अर्थ-वैषम्य के कारण सामाजिक अन्याय से पिसे हुए व्यक्तियों की ओर सहानुभूति से भर उठता है और पैसे के आधार पर मनुष्य की कीमत लगाने वाली आज की सभ्यता की कटु आलोचना करता है; दूसरी ओर उसका ध्यान इतिहास के उन व्यक्तियों की ओर जाता है जिन्होंने संसार के सामने एक उच्च सामाजिक आदर्श रखा था, जैसे राम, बुद्ध, कबीर।

पहले प्रकार की सामाजिक चेतना का स्पष्ट उदाहरण उसकी दो कविताएं : 'मशीन का पुर्जा' और 'एसोसिएशन्स', उपस्थित करती हैं। पहली कविता एक कुर्क के जीवन की दुःखमय कथा है :

दिन भर थककर दफ्तर ही में सूरज डूबा,
अल्मारियों दराजों में खोया उजियाला,
गोधूली हो गयी धूल से ढकी फाइलों के पत्रों पर,
कब्रों का सुनसान समाया।
भूत बना उसका मन बाहर घूम रहा है,
उन मोटे लोनों के ऊपर ?
अपनी रुग्णा पत्नी की आँखों में।

दूसरी कविता में अभिजातवर्ग के समाज का रुख बुद्धिजीवियों के प्रति कितना घृणापूर्ण है, इसकी अनुभूति बड़ी तीव्र कटुता लिए आती है।

कवि का इतिहास की ओर मुड़ना भी उसकी सामाजिक चेतना की ओर ही संकेत करता है। वह अतीत की महान आत्माओं को उनके उन संदेशों या कार्यों के लिए स्मरण करता है जिनका आज की सामाजिक परिस्थितियों से सीधा संबंध है और जो हमारे अंधकार के युग में प्रकाश-स्तंभ का कार्य कर सकती हैं।

विगत विश्वयुद्ध ने उसकी सामाजिक चेतना को और भी उत्तेजित किया और कवि की विचारधारा ने एक नई दिशा पकड़ी, जिसका कुछ कुछ संकेत उसकी इधर की कविताओं में मिलने लगता है। धीरे धीरे 'जन जन का जीवन गीत' व्यापक बनकर उसके स्वरों से ध्वनित होने लगता है। उस युद्ध को कवि युगसांझ मानता है। युद्ध के विषय में छपे जीतहार के समाचारों से कुछ लोग प्रसन्न होते हैं और कुछ खिन्न किंतु तटस्थता से देखता हुआ कवि उनमें विध्वंस के सिवा और कुछ नहीं पाता :

गिरता मीनार सभ्यता का
दैनिक पत्रों की प्रथम पंक्ति के ढूहों से।

कवि युद्ध के भयंकर विनाशकारी चित्र इस प्रकार खींचता है :

अब वर्तमान के खंडहर पर
यह महा कपाली घूम रहा
जिसके ओंकारनाद में आकर डूब गया
संस्कृतियों का छोटा कंपित स्वर,
युग की सारी निर्बल पुकार।
वह एक विषम धूर्ज्जटी बना,
है खड़ा हुआ मुण्डों की किंचिंजिगा पर
पैशाचिक मंत्रों के बल से,
निज लौह उंगलियों से विद्युतशर निस्सृतकर
है भस्म कर रहा पाप-पुण्य दोनों समान,
सत्, असत् स्वप्न, आदर्श ज्ञान।

किंतु कवि को अंत में चलकर प्रगति की शक्तियों की विजय में पूर्ण विश्वास है। इसलिए उसका साहस नहीं छूटता। वरन् भविष्य के समाजनिर्माण में कवि के उत्तरदायित्व को समझकर वह अपने को प्रगति की शक्तियों की पंक्ति में खड़ा करता है। कवि अपने गीतों से एक नयी सौंदर्यचेतना को, स्वस्थ सामाजिक सौंदर्य-चेतना को, जन्म देने का साहस रखता है :

ये वर्तमान प्रगाढ़ कज्जल विंदु है
जो जम गया है काल के हिम-पटल पर,
भर कालिमा की भीम-तूली में इसे
खींचूं सुदृढ़ सीमांत मैं,
सौमित्र रेखा सा विषम;
जिससे न आगामी युगों में जा सके
जन रक्त रंजित सभ्यता की घोर छाया दानवी।

'दीवारें', 'उजियाला,' 'नया वसंत' आदि कविताएं कवि के इस अडिग विश्वास को पुनः पुनः भिन्न भिन्न शब्दों में हमारे सम्मुख रखती जाती हैं। उसे पूंजीपतियों के भवनों की 'अम्बर चुम्बी दीवारें' ढहती हुई दीख पड़ती हैं। शोषकवर्ग अपनी अंतिम सांसें लेता जान पड़ता है :

दो टूक हुआ है अस्थि-सोख विषधर भुजंग,
केवल अधमरी केंचुली का है शेष नाम।
उस रक्त-स्पंजी घोर सभ्यता के जल-बुझे खंडहरों से
अब नये भवन उठते हैं जिनमें
सुख की चंदन गंध उड़े।
इस धूएं के पर्दे की गांठों में भी
दीखती है मुझको दूरी से नयी कहानी,
वर्तमान के पीले मुरझाए खंडहर पर
आनेवाली नई निशानी।

'नाश और निर्माण' की अंतिम कविता तक जाते जाते कवि के भाव, भाषा और संगीत सबमें एक नूतनता झलकने लगती है।

इस सारे नवनिर्माण के पीछे एक आदर्शवादी युवक की भावुकता मात्र नहीं है। कवि अपने युग में दो आदर्शों के बीच चलते हुए जीवन-मरण के युद्ध के प्रति जागरूक है। वह 'जलीबुझी इस वसुंधरा' के धूमायित ध्वंसों पर आदर्शों के दो पहाड़ फिर फिर टकराते देख रहा है।

इनमें जीत किसकी होगी यह तो स्पष्ट ही है। 'नया वसंत' केवल ऋतुओं के लोक में ही नहीं, जीवन में भी है :

...कली गुलाबी, हवा गुलाबी,
रेशम की हल्की साड़ी सी ठंड गुलाबी
क्यों न प्यार के गाल लाल हों
जब मन भी दूबों जैसा रंगीन हुआ है।

'लाल' शब्द का प्रतीकत्व क्या है? 'तारसप्तक' के उन कवियों में, जिनमें हमें समाजवाद की ध्वनि बहुत क्षीण जान पड़ती है, गिरिजाकुमार भी हैं, और इसका कारण यह है उन सभी कवियों की अपेक्षा कहीं अधिक उनका झुकाव सामंतयुगीन निरपेक्ष सौंदर्य की उपासना पर रह चुका है और उस रोमैंटिक सौंदर्य तथा इस युग की वास्तविकताओं के बीच का संघर्ष इस कवि की रचनाओं में सबसे अधिक स्पष्ट है। 'तारसप्तक' के विषय में 'दिनकर' जी का यह कहना है कि 'इन कविताओं में समाज की समस्याओं पर सोचते रहनेवाले किसी कवि या मनुष्य की मनोदशा विशेष खंडित होकर अभिव्यक्त हुई है' सबसे अधिक लागू था गिरिजाकुमार की असंतोषपूर्ण कविताओं पर। किंतु जीवन की जिस नई दिशा की ओर वे अग्रसर हैं, उसे देखकर अब यह कथन उनकी कविताओं के संबंध में सत्य नहीं। अपने काव्य की व्याख्या करते हुए कवि लिखता है :

> काव्य को जीवन और व्यक्ति की सामाजिक परिस्थितियों से अलग रखकर देखना एक बहुत बड़ी भूल है। यह नियम मेरी कविताओं के परखने के लिए और भी अधिक वांछित है, क्योंकि मेरा काव्य मेरी भौतिक परिस्थितियों का ही मानचित्र रहा है। इस संग्रह में आप इस युग के एक मध्यवर्गी व्यक्ति के सामाजिक, शारीरिक और मानसिक संघर्षों की उन दशाओं को पाएंगे जिनसे गुजरकर वह एक मंजिल से दूसरी तक पहुंचा है। इसलिए ये कविताएं एक ही पल में विभिन्न चिन्ह हैं।

इस मानसिक विकास के समानांतर ही कवि की शैली में भी क्रमिक विकास होता चला गया है। प्रारंभ की रोमैंटिक और अवसादपूर्ण रचनाओं में उर्दू के पुराने कवियों का तर्ज है। उस समय की भाषा सरल, चोखी, 'बच्चन' के 'निशा-निमंत्रण' की भाषा से मिलती जुलती है। उदाहरणार्थ :

> सपना एक बचाते थे हम
> देकर सारा सच जीवन का,
> एक ओसकन रख लेने को
> देना चाहा मधुवन सारा
> उनको तो खोया, उनकी तसवीरें तक न बचीं सपनों नें।

जैसे जैसे हम आगे बढ़ते हैं वैसे वैसे प्रौढ़तर कल्पना और अधिक गंभीर और उदात्त भावों और अनुभूतियों के साथ साथ कवि का अधिकार टेकनीक पर भी बढ़ता जाता है। कवि टेकनीक पर ध्यान देता है, एक सजग कलाकार की भांति। 'विषय की मौलिकता का पक्षपाती होते हुए भी मेरा विश्वास है कि टेकनीक के अभाव में कविता अधूरी रह जाती है।' ('तारसप्तक' में वक्तव्य)। कवि की

टेकनीक में सबसे अधिक ध्यान आकर्षित करनेवाली वस्तु है उसके उपमानों की नवीनता, ताजगी और उपयुक्तता। जनवाद के आधुनिक युग में कविता की टेकनीक पर अन्य प्रभावों के अतिरिक्त एक यह प्रभाव भी बहुत स्पष्ट है, जीवन के विभिन्न पक्षों और समाज के विभिन्न स्तरों से संगृहीत ऐसी उपमाओं और रूपकों का प्रयोग जो कविता के सामंतयुगीन अथवा रोमैंटिक आदर्शों की कसौटी पर खरे नहीं उतर सकते और निर्भ्रांत रूप से परुष और अकाव्योचित घोषित कर दिए जाएंगे। किंतु यदि कविता या साहित्य की युग की आत्मा से अपनी अनुभूतियों, भावों इत्यादि के साथ साथ अपनी शैली को भी संबद्ध रखना है तो उसे अपने उपमानों को आधुनिक जीवन की विविधता और व्यापकता देनी होगी। इसलिए हम देखते हैं कि जहां जहां आधुनिक जीवन को साहित्य या कविता में ध्वनित करने के प्रयोग हुए हैं, वहां वहां नए नए उपमानों की सृष्टि हुई है।

दूसरी बात जो हमारा ध्यान आकर्षित करती है वह है उनकी ताजगी। कवि का प्रकृतिप्रेम तीव्र और उसके सौंदर्य का निरीक्षण सूक्ष्म है। इधर के नवयुवक कवियों की कविताओं में प्रकृति शायद ही उपमानों का स्रोत उसी भाँति रही हो जिस भाँति वह गिरिजाकुमार माथुर की कविताओं में रही है। कवि को 'तितली सी रंगीन बगीची' की चाह है और उसे चाहिए 'छोटा लान स्वीट पी जैसा'। दूसरी ओर प्रकृति से लिए गए भव्य उपमान भी हैं। बुद्ध की स्मृति कर कवि लिखता है :

आज लौटती है पद चाप युगों की
सदियों पहिले का शिव सुंदर मूर्तिमान हो
चलता जाता है बोझीले इतिहासों पर,
श्वेत हिमालय की लकीर सा।

वसंत की रंजित शाम, कवि को 'फागुन की खिली पीली कली सी' लगती है और प्रिया की :

बोलती आंखों में
पहिले वसंत के फूल का रंग है।

प्रथम मिलन के अवसर पर अपनी लज्जित प्रिया कवि के 'पास केसर की…कुसुम कली सी…सिमटी-सी लिपटी-सी' आती है और उसकी 'नयन-डोर-सी वे महीन रेशमी चूड़ियाँ' :

चंदन बाँह उठाते ही में
खसक चली वे तरल गूंज से,

श्वेत कमल की धुली पंखुरी पर
जैसे ओस बिंदु की माला।

जो 'तारसप्तक' की कविताओं को "रक्तहीनता के दोष से पीड़ित और पाण्डु" समझते हैं, उन्हें इस कवि के उपमानों की सजीवता और ताज़गी पर ध्यान देना चाहिए।

एक अन्य विशेषता कवि के उपमानों की है। वातावरण निर्माण करने की उनकी शक्ति। यह नहीं कि कवि लंबे रूपकों अथवा उपमानों द्वारा वातावरण निर्माण करता हो, वरन् यह स्वयं वे उपमान या रूपक ही उसके भाव या उसकी मन:स्थिति के अविच्छिन्न अंग बन जाते हैं। उदाहरणार्थ, 'पिछले रंगीन मिलन की यादें' करते हुए चिंतित कवि ने एक बरसाती संध्या के वातावरण का उल्लेख इस प्रकार किया है :

गीली रातें धीरे-धीरे सूनी होतीं
जिन पर बोझिल पहियों के लम्बे निशान हैं
माथे पर की सोच भरी रेखाओं जैसे।

एक अन्य स्थान पर मशीन के पुर्जे की भांति काम करते हुए एक क्लर्क की आँखों को कवि 'फाइल सी भारी' बतलाता है। इनमें निर्माण पथ को ओर अग्रसर होते हुए कवि की मन:स्थिति का धुँधला आभास है।

शब्दविन्यास की भी अद्‌भुत क्षमता गिरिजाकुमार माथुर में है। उनकी कविताओं में इसके उदाहरण बिखरे पड़े हैं और अपने सौंदर्य के कारण स्मरणीय हैं। 'सपनों का कारवां', 'सुधियों के सांवले प्रेम', 'चाँदनी हिम रात के जादूभवन सी', 'रागों की ठहरी गूंज', 'आंसू के अनगिन ताजमहल', 'पतला नभ', 'सिमटी किरन', 'आदिम छांहें', इत्यादि शतश: ऐसे शब्दविन्यास हैं जो अपने माधुर्य, अभिव्यंजना और चित्रगुण के कारण सहसा अंग्रेजी कवि कीट्स की याद दिला देते हैं।

कवि के प्रयोगों का एक महत्वपूर्ण पक्ष है उसका मुक्तछंद। ये प्रयोग बहुधा वार्णिक वृत्तों और मात्रिक छंदों को लेकर हुए हैं। निराला जी के मुक्त-छन्दों का एक समय बड़ा उपहास किया गया था, किन्तु धीरे धीरे इस दिशा में जो सफल प्रयोग हुए उन्हें देखकर आलोचकों को चुप्पी साध लेनी पड़ी और आज हिंदी के अनेक नवीन कवियों में हम मुक्तछंद की सुंदर संगीतमय रचनाएं पाते हैं। गिरिजा-कुमार माथुर ऐसे कवियों में अग्रगण्य हैं। कहीं कहीं तो इनमें उन्होंने आशातीत मधुर और कोमल संगीत की सृष्टि की है। 'वसंत की रात' में कवि ने ऐसे ही संगीत की सृष्टि सवैए को लेकर की है, मानो वसंत का आलसभरा सारा उन्माद इन पंक्तियों में प्रतिध्वनित हो उठा हो :

आज हैं केसर रंग रँगे बन,
रंजित शाम भी फागुन की खिली पीली कली सी,
केसर के वसनों में छिपा तन,
सोने की छाँह-सा
बोलती आँखों में
पहिले वसंत के फूल का रंग है।

इन तंद्रिल ध्वनियों के अतिरिक्त कवि ने गंभीर और अधिक उदात्त स्वरों के संगीत का भी सफल निर्माण किया है। 'दिख रही मुझे विन्ध्य की लकीर' और 'निर्बल वर्षों के बोझीले, गीले हिम से' के बीच की पंक्तियों में एक ऐसे ही संगीत-प्रपात का गर्जन है, मानो एक पंक्ति से दूसरी पंक्ति के बीच से आती हुई स्वरों की छोटी छोटी स्वतंत्र धाराएं अंत में मिलकर एक हो जाती हैं। और नभ को अपने गंभीर स्वर से आपूरित कर देती हैं। वही भव्यता हम कवि की 'राम' अथवा 'विजया-दशमी', 'युग सांझ' और कई अन्य रचनाओं में पाते हैं। और सबसे अधिक ध्यान देने की बात तो यह है कि जहां निराला जी ने ऐसे संगीत की सृष्टि के लिए अत्यंत संस्कृत-गर्भित समास-युक्त पदावली को अपनाया है, वहां वही संगीत गिरिजा-कुमार माथुर ने उनसे कहीं अधिक सरल पदावली के प्रयोग द्वारा निर्मित किया है।

इस प्रकार गिरिजाकुमार माथुर के काव्य पर एक सरसरी दृष्टि डालने से यह स्पष्ट हो जाता है कि वे हिंदी के एक उदीयमान कवि हैं। उनसे आशा की एक दिशा तो यहहै कि उन्होंने परास्त व्यक्ति की मनोवृत्तियों और ह्रास की ओर ले जाने वाले पथों से पृथक होकर एक स्वस्थ चेतनाभूमि में प्रवेश किया है और उसकी दूसरी दिशा यह है कि उनका हृदय सच्चे कवि का हृदय है, काव्य के माध्यम पर उनका काफी अधिकार है और वे हमेशा ऐसे प्रयोग करते रहे हैं जिनसे उनकी मनोभूमि और काव्य के उपादानों में सामंजस्य स्थापित रहे। संभव है कि कुछ लोग कवि के भविष्य पर इसलिए संदेह करें कि वह कविता के सर्वकालीन विषय प्रेम को छोड़कर अपने युग की ओर मुड़ा है। किंतु कवि की विफलता इसमें नहीं होती कि वह अपने युग को अपना विषय बनाता है, वरन् इसमें कि उसने अपने युग को गंभीर और व्यापक दृष्टि से नहीं देखा है; दूसरे शब्दों में, इसमें कि उसने अपने को युगद्रष्टा नहीं बनाया है।

2

स्वर्ण किरण : पंत किधर

पंतजी की 'युगांत', 'युगवाणी' और 'ग्राम्या' जैसी रचनाओं को देखकर कुछ लोगों को यह भ्रम हो चला था कि वे मार्क्स के क्रांतिकारी दर्शन को अपनाते जा रहे हैं। उनकी आंखें अब उनकी 'स्वर्ण किरण' को देखकर खुल जाएंगी। छायावाद अपना काम पूरा कर चुका था, उसे केवल कल्पना के सहारे जीवित रखना असंभव था और इतिहास की मांग थी—इसीलिए पंतजी ने छायावाद को अलग धर दिया। किंतु वे अपने अतीत से संबंध-विच्छेद न कर सके। इसीलिए वे समन्वयवादी ही बनकर रह गए। यह प्रक्रिया केवल उन्हीं के विषय में नहीं लागू है, वरन् अनेक छायावादी कवियों और आलोचकों के साथ भी वही घटना घटी। महादेवी ने लिखा :

> स्थूल की गहराई का अनुभव करनेवाला देहात्मवादी मार्क्स भी अकेला ही है और अध्यात्म की स्थूलगत व्यापकता की अनुभूति करनेवाला अध्यात्मवादी गांधी भी।···परंतु हम हृदय से जानते हैं कि अध्यात्म के सूक्ष्म और विज्ञान के स्थूल का समन्वय जीवन के स्वस्थ और सुंदर बनाने में भी प्रयुक्त हो सकता है।

और स्वयं पंतजी ने लिखा :

> मैं अध्यात्म और भौतिक, दोनों दर्शनों के सिद्धांतों से प्रभावित हुआ हूं। पर भारतीय दर्शन की—सामंतकालीन परिस्थितियों के कारण—जो एकांत परिणति व्यक्ति की प्राकृतिक मुक्ति में हुई है, और मार्क्स के दर्शन की—पूंजीवादी परिस्थितियों के कारण; जो वर्गयुद्ध और रक्तक्रांति में परिणति हुई है, ये दोनों परिणाम मुझे सांस्कृतिक दृष्टि से उपयोगी नहीं जान पड़े।

श्री शांतिप्रिय द्विवेदी ने इसको इस प्रकार संक्षिप्त किया है : 'पंत वैज्ञानिक गांधीवाद अथवा आध्यात्मिक मार्क्सवाद चाहते हैं।' स्वयं द्विवेदीजी इन दोनों के सामंजस्य से एक नई कला के उपक्रम की संभावना में विश्वास करते हैं और उसका

नाम 'ललितवाद' रखते हैं। समाजवाद को एक नई संस्कृति या संस्कृति मात्र भी, वे मानने को तैयार नहीं; बल्कि उसे एक पीढ़ी भर मानते हैं गांधीवाद तक पहुंचने के लिए। उनके हिसाब से मानव के मनोविकास का क्रम यह होगा,(1) समाजवाद (बहिर्गति), (2) छायावाद (बहिरंतर्गति); (3) गांधीवाद (अंतर्गति); क्योंकि 'प्रगतिवादी युग में अशन-वसन की चिंता से निश्चिंत हो जाने पर मन की रागात्मक समस्याओं में फिर किसी छायावाद का जन्म होगा।'

पंतजी की 'स्वर्ण किरण' को देखकर यदि शांतिप्रिय द्विवेदी उछल पड़े हों तो कोई आश्चर्य नहीं; क्योंकि 'ललितवाद' के विषय में की हुई उनकी भविष्यवाणी इस रचना में सच बन गई है। किंतु उनसे भी कहीं अधिक उछल पड़े हैं श्री इलाचंद्र जोशी जो प्रायः दस वर्ष पूर्व एक दूसरी भविष्यवाणी कर चुके थे :

> मेरी यह धारणा है कि वर्तमान युग का विश्वव्यापी ध्वस्तविध्वस्त तथा छिन्नभिन्न जीवन जिस घोर अशांति तथा अस्थिरता से ग्रस्त है उसे कभी प्रगतिवादी नामधारी प्रतिक्रियात्मक प्रतिभा के विद्रोह से स्थिरता प्राप्त नहीं हो सकती।

उनके अनुसार संसार को उपचार के लिए फ्रायड के पास जाना होगा। पंतजी की इस नई प्रतिभा पर मुग्ध होकर उनका कहना है :

> हमें सचेत रूप से मानवीय अवचेतना के अगाध सागर का मंथन करना होगा, और उस मंथन के फलस्वरूप जो सूक्ष्म भाव सत्य ऊपर उठेंगे उनका विश्लेषण एक अनुभवी रासायनिक की तरह करके उनके द्वारा व्यक्ति तथा समाज का सुसंयोजित कल्याण पथ निर्देश करना होगा।

इस प्रकार हम देखते है कि गांधीवादी, फ्रायडवादी और अरविन्दवादी सभी एक ही केंद्र पर आ मिलते हैं। अवश्य ही इन तीनों में कोई मौलिक एकता है, संसार की विषमताओं के समाधान का कोई एक ही संदेश है। इस एकता का रहस्य एक गांधीवादी और एक फ्रायडवादी के कथनों से स्पष्ट हो जाएगा। शांतिप्रिय द्विवेदी का कहना है :

> अर्थ-विकार तो मनोविकार का संकेत मात्र है। प्रतीयमान मनोविकार के परिष्कार से ही प्रतीत—अर्थविकार—का परिष्कार हो जाएगा। इस प्रकार आज की सामाजिक परिष्कृति का प्रश्न वैज्ञानिक उतना नहीं है, जितना मनोवैज्ञानिक।

और जोशीजी की नई प्रगतिशीलता—(समन्वयात्मक प्रगतिवाद) यह कहती है :

> वर्तमान युग में व्यष्टियों तथा समष्टियों के भीतर समान रूप से जो विरोधा-

> भास, जो संघर्ष, जो स्वयं तथा पर को छिन्न-भिन्न करनेवाली द्वंद्वात्मक प्रवृत्तियां चल रही हैं, उनसे मुक्ति पाने का एकमात्र निश्चित उपाय है अंतर्प्रगति तथा बाह्य-प्रगति की धाराओं का संतुलनात्मक समन्वय।

आज के व्यक्तिगत, सामाजिक, राष्ट्रीय तथा अंतर्राष्ट्रीय संघर्ष की चेतना को जोशीजी केवल 'तथाकथित जाग्रत चेतना लोक' मानते हैं। आश्चर्य तो यह है कि शिवदान सिंह चौहान भी अब मार्क्स और फ्रायड का गठबंधन किए बिना ऊंचे साहित्य का निर्माण असंभव मानने लगे हैं। लेकिन इन सब समन्वयवादियों का सिद्धांत अगर मान लिया जाए, तो इसका अर्थ यह होगा कि समाजवाद के लिए किसी सामूहिक संघर्ष या क्रांति की कोई आवश्यकता नहीं; बल्कि प्रत्येक व्यक्ति अपने मनोविकारों को स्वस्थ और शुद्ध कर ले, फिर दुनिया सुधर जाएगी। फ्रायड के व्यक्ति प्रधान मनोविज्ञान और अरविंद के महामानव (सुपरमैन) के दर्शन में इस दृष्टिकोण से कोई अंतर नहीं रह जाता। इन समन्वयवादियों के विचार में जैसे आज की आर्थिक परिस्थितियों का सामाजिक प्राणी के मनोविज्ञान के निर्माण में कोई हाथ ही नहीं। ये इसका विचार ही नहीं करते कि फ्रायड का मनोविज्ञान वास्तव में पूंजीवादी समाज की विषम आर्थिक परिस्थितियों का मनोविज्ञान है। पंत के नए रूप को हमें इसी दृष्टिकोण से देखना होगा और साथ ही साथ यह भी याद रखना उचित होगा कि इस प्रकार का स्खलन कोई हिंदी के कुछ साहित्यिकों में ही नहीं वरन औरों में भी दृष्टिगत होता है। उदाहरणार्थ, अंगरेजी के प्रगतिशील कवि आडेन धीरे धीरे फ्रायड की ओर खिंच गए हैं और उनके विचार में आज की समस्या आर्थिक नहीं, वरन मनोवैज्ञानिक है। मार्क्सवाद से केवल बौद्धिक सहानुभूति रखनेवालों और जनता की निर्माण की शक्ति की परख न करने अथवा उसमें अविश्वास करनेवालों का ऐसा स्खलन बहुत आश्चर्य की बात नहीं।

आज के पंतजी कुछ ऐसे ही बदले हुए रूप में आए हैं। जैसा पहले ही कहा जा चुका है, पूरे मार्क्सवादी तो वे कभी न थे और जनभीरु होने के कारण शोषित जनता के प्रति उनकी सहानुभूति केवल बौद्धिक थी; किंतु 'स्वर्ण किरण' में तो उनका कायाकल्प ही हो गया है। अब वे 'ग्राम्या' (पृ. 92 और 93-94) की इन पंक्तियों से नाता तोड़कर एक दूसरी ही जगह आ पहुंचे हैं :

> ललकार रहा जग को भौतिक विज्ञान आज,
> मानव को निर्मित करना होगा नव समाज।

अथवा :

> आज पर, जग जीवन का चक्र

दिशा गति बदल चुका अनिवार,
सिंधु में जनयुग के उद्दाम
उठ रहा नव्य शक्ति का ज्वार।
आज मानव जीवन का सत्य
धर रहा नये रूप आकार
आज युग का गुण है—जन-रूप,
रूप-जन संस्कृति के आधार।
स्थूल, जन आदर्शों की सृष्टि
कर रही नव संस्कृति निर्माण,
स्थूल-युग का शिव, सुन्दर, सत्य,
स्थूल ही सूक्ष्म आज, जन-प्राण।

आज पंतजी के सामने न तो जनता की 'नव्यशक्ति का ज्वार' है और न 'स्थूल-युग का शिव, सुंदर सत्य' है। आज तो 'स्वर्ण किरण' (पृ. 6 और पृ० 46) में उनकी विचारधारा समाज और संघर्ष से हटकर व्यक्ति की ओर है :

व्यक्ति विश्व में व्यापक समता
हो जन के भीतर से स्थापित।

अथवा :

जनमत के विकास पर निर्भर सामाजिक जीवन निश्चित।

इस प्रकार सामाजिक परिवर्तन करने की जगह उनका संदेश है व्यक्ति को ऊर्ध्व-दण्ड बनने का। इसी नुसखे से राजा भोज और भोजवा तेली बराबर हो जाएंगे; फिर सामाजिक क्रांति की आवश्यकता क्या, व्यर्थ का रक्तपात क्यों? इसीलिए तो पंतजी अब प्रजातंत्र में भी राजाओं के प्रासादों की ओर गद्‌गद नयनों से देखते हैं। कालाकांकर का राजभवन अब उन पर कृतघ्नता का दोष न लगा पाएगा।

'ग्राम्या' (पृ. 16) में गांव के शोषित बुड्ढे किसान की आंखों पर उन्होंने लिखा था :

अंधकार की अतल गुहा-सी
अह, उन आंखों से डरता मन
वर्ग-सभ्यता के मंदिर के
निचले तल की वे वातायन!

जो राम 'स्वर्ण किरण' (पृ. 58) में स्वर्ण चेतना के प्रतीक हैं उनके विषय में उन्होंने लिखा था :

श्री राम रहे सामंत काल के ध्रुव प्रकाश,
पशुजीवी युग में नव कृषि संस्कृति के विकास।
कर सके नहीं वे मध्य युगों का तम विनाश,
जन रहे सनातनता के तब से क्रीतदास !

किंतु आज उनकी ऊर्ध्वदण्डता में न तो वर्ग सभ्यता से घृणा है और न सनातनता से; बल्कि वह इन दोनों की पुष्टि करती है। अब उनका समाजनिर्माता युगयुग का शोषित और जगा हुआ साधारण मानव नहीं, वरन वह योगी अरविंद का महा-मानव है। श्री इलाचंद्र ने 'स्वर्ण किरण' में एक नए वाद 'पंतवाद' को सिद्ध करने का प्रयत्न तो बहुत किया है, किंतु जैसा कि उनके साथ बहुधा होता है, वे सिर्फ चिर जोशीवाद की रूपरेखा ही हमारे सामने रखते हैं और इसमें फ्रायड और योगी अरविंद एक कर दिए गए हैं। जहां तक पंत की विचारधारा का प्रश्न है वह योगी अरविंद के महामानव के सिद्धांत के स्वर पर तिरती कुछ टुकड़ियों से भिन्न और कोई वस्तु नहीं। स्वर्ण किरण में (पृ. 6 और पृ. 20) उस ऊर्ध्व चेतना का पंतजी इस प्रकार स्वागत करते हैं :

दीप शिखा-सी जगे चेतना
मिट्टी के दीपक से उठकर
तैल धारवत मर्म स्नेह पा
स्वर्ण विभा से दे भूतल भर !

अथवा :

ऊर्ध्व चेतना को चलना भू पर धर जीवन के पग
समदिक् मन को पंख खोल चिद् नभ में उठना व्यापक

और 'स्थूल-युग का शिव, सुंदर, सत्य' गाने के स्थान पर वह फिर अमूर्त्तता की ओर ('स्वर्ण किरण,' पृ. 135) झुक पड़े हैं :

चिर अमूर्त ही भव में मूर्तित
वह अज्ञेय, स्वतः संचालित, एक, अखंडित।

इसी 'चिर अमूर्त' और 'ऊर्ध्व चेतना' के आधार पर उनका विश्व-संस्कृति की एकता का स्वप्न टिका है। 'प्रतीक' के हेमंत अंक में अपने रचनाकाल पर लिखते हुए 'स्वर्ण किरण' के विषय में उनका यह कहना है :

'स्वर्ण किरण' में मैंने पिछले युगों में जिस प्रकार सांस्कृतिक शक्तियों का विभाजन हुआ है, समन्वय स्थापित करने का प्रयत्न किया है। उसमें पाठकों

> को विश्व-जीवन एवं धरती की चेतना संबंधी समस्याओं का दिग्दर्शन मिलेगा। भिन्न भिन्न देशों और युगों की संस्कृतियों को विकसित मानववाद में बांधकर भू-जीवन की नवीन रचना की ओर संलग्न होने का आग्रह किया है।

यह समन्वयवाद इतिहास की आवश्यकता से कितनी दूर है यह इसी से स्पष्ट हो जाता है कि एक समय पंत से कहीं अधिक बड़े ब्रह्मवादी और उसी के द्वारा क्रांति का स्वप्न देखने वाले निराला आज संघर्षवादी बन गए हैं। उनकी इधर की रचनाओं में वर्गसभ्यता के प्रति विद्रोह और संघर्ष की चेतना बाद में उमड़ी हुई नदी की भांति दहाड़ती है। जो चीज उन्हें अपने ब्रह्मवादी दर्शन से न मिली वह उन्हें जीवन से मिली और दर्शन तथा जीवन के द्वन्द्व में उन्होंने जीवन को अपनाया है। यही कारण है कि अपने दर्शन के बावजूद वे दिन प्रतिदिन अधिक ओजस्वी वाणी बोलते आए हैं, अमूर्त्त से मूर्त्त की ओर खिचते आए हैं, समन्वय से संघर्ष की ओर। पंत की आंखों से जीवन की पीठिका ओझल होती गयी है। इसीलिए उनके आध्यात्मिक समाजवाद में समाजवादिता एक आवरण-मात्र है और आध्यात्मिकता का अर्थ है प्रतिक्रिया।

निश्चय ही पंतजी अब उस स्थान पर भी नहीं रह गए, जहां वे छायावाद के युग में थे। समाजवाद, विश्व संस्कृति, जनजीवन इत्यादि शब्दों के 'स्वर्ण किरण' में आ जाने से हमें इस धोखे में न पड़ना चाहिए कि वे छायावादयुग से बहुत अधिक जीवन के सम्पर्क में आ गए हैं। इलाचंद्र जोशी ने, यह सिद्ध करने के लिए कि 'स्वर्ण किरण' में पंत की चेतना के अणु का क्रांतिकारी स्फोट हुआ है, उनके छायावाद युग को छाया में डालते हुए लिखा है कि तब 'अवचेतना-लोक में उत्सारित रत्नछाया की तरह इंद्रधनुषी रंगीनी और मधुमादक स्वप्नों की प्रतिच्छवि अज्ञात ही रूप से चित्रित हुई है।' उसे वे 'अंध अंतर्मुखीनता' कहते हैं। 'विजनवती' के लेखक के विषय में शायद ये बातें सच हैं, किंतु छायावाद की यह परिभाषा उसके प्रगतिशील कार्य के महत्व को छिपा देती है। स्वयं पंतजी की उस काल की रचनाओं में स्वच्छंदता, मुक्ति और जागरण की भावनाएं काफी (पल्लविनी, क्रमशः पृ. 10, 198-99, 103, तथा 104) उभरकर आती हैं :

> हम जगती के नियमों पर
> अनियम से शासन करते।

अथवा :

> तू ने ही पहले बहुदर्शिनि।
> गाया जागृति का गाना

श्री सुख सौरभ का नभ-चारिणि।
गूंथ दिया ताना बाना।

अथवा :

मेरे मधुर गान में अविकल
सुमुखि ! देख लो दिव्य स्वप्न सा
जग का नव प्रभात !

अथवा :

मुक्त गगन है जग जीवन का
उड़े खोल इच्छाओं के पर,
हो अपार उड़ने की इच्छा,
है असीम जग का अम्बर !

यह व्यक्तिवाद, उद्दाम वासना और जीवन की तृषा उन तत्कालीन बंधनों के प्रति हैं, जो सामंतकाल के अवशेष के रूप में चले आ रहे थे। छायावाद के इस पहलू की उपेक्षा कर उसे 'अंध अंतर्मुखीनता' कहकर संतोष करने से काम नहीं चल सकता। अतएव यह स्पष्ट हो गया कि जिन सामाजिक, राजनीतिक और आर्थिक संस्थाओं के प्रति विद्रोह की यह प्रेरणा छायावादियों में जगी थी, पंत का आध्यात्मिक समाजवाद आज उन्हीं संस्थाओं का समर्थन करता है। 'मनश्चेतना चूर्ण' की घनघोर वर्षा ने बस उन्हीं के लिए उर्वर भूमि तैयार की है।

इस ऊर्ध्व चेतना के प्रतीकों पर भी ध्यान रखना आवश्यक होगा। ऋषियों ने भी ब्रह्म और आत्मा के मिलन की समता संभोग के आनंदोत्कर्ष से की है, लेकिन वे पंतजी की भांति नारी के सौंदर्य में रम नहीं गए हैं। कहीं कहीं तो यह कहना आसान नहीं कि कवि की प्रतिभा ऊर्ध्व चेतना से अथवा नारी की नंगी जांघों या उनके माणिक सर में स्वर्ण वाष्प का घन लटका देखकर मुग्ध है। यहां पर रीतिकालीन कवियों को पंतजी ने उन्हीं के मैदान में पछाड़ दिया है। हमें यह आश्चर्य होता है कि कैसे कालिदास का यक्ष मेघ से यह कहता है :

प्रस्थानं ते कथमपि सखे लम्बमानस्य भावि
ज्ञातास्वादो विवृतजघनां को विहातुं समर्थः।

जब कि पंतजी जैसे ऊर्ध्व चेतना वाले योगी अब भी इस बीसवीं शताब्दी में वर्तमान हैं, जो विवृत जांघों को देखकर भी रहस्यवादी बने रह जाते हैं। शायद 'स्वर्ण किरण' में पंतजी ने हिंदी को यही सबसे अनोखी देन दी है।

इस जीवनदर्शन को अलग रखकर यदि पंतजी की नई 'ललितवादी' कला की

ओर मुड़ा जाय तो और भी अनोखी चीजें मिलेंगी। हिंदी के प्रसिद्ध कवियों में शायद वे पहले हैं, जिन्होंने भावों को पद्य में गद्य का रूप देने में इतनी अधिक सफलता पाई है। जो लोग 'युगवाणी' और 'ग्राम्या' तथा सारी प्रगतिशील रचनाओं को गद्य के अतिरिक्त और कुछ मानने को नहीं तैयार हैं, वे देखें कि 'स्वर्ण किरण' की कविताओं में कहां तक जीवन के सत्यों को पंतजी ने हृदय के माध्यम से ग्रहण किया या संवारा है। इस सारे अनोखेपन में केवल ह्रास के चिन्ह दिखलाई पड़ते हैं, ऐसा जान पड़ता है कि पंतजी में अब आग नहीं रह गई है, केवल राख को फूंक फूंककर वे उसे फिर दहकाना चाहते हैं। इस प्रयास में भले ही एक दो चिनगारियां उड़ जाएं, किंतु साथ ही राख के तो बादल छा जाएंगे। इन कविताओं में सप्राणता कहां से आती जब इनमें आज के समाज और जीवन की नसों में बहता हुआ रुधिर नहीं ? शब्दों के बल पर पत्थर की मूर्तियों में प्राण आ जाने की बात पर विश्वास कर लेने वाले तो बहुत हैं, किंतु केवल उन्हीं के बल पर कविता में प्राण-प्रतिष्ठा हो जाने की संभावना में विश्वास करने वाले बहुत कम हैं। और मंत्रों में तो शब्द कम होते हैं, किंतु यहां पंतजी की 'स्वर्ण किरण' में शब्दों को उनकी गर्दन पकड़ पकड़कर कविता की पंक्तियों में बैठने के लिए बाध्य किया गया है। ऐसी अवस्था में वे स्वयं ही निर्जीव हो जाते हैं। पंतजी के समक्ष निराला को लाने पर यह देखने की बात है कि निराला शैली में दिनरात प्रयोगवादी रहे हैं, लेकिन जीवन की ठोस धरती पर वे इस प्रकार जमकर खड़े हैं कि शब्दों की आंधी में उनके पैर उखड़ नहीं सकते। वे भी शब्दों के साथ कभी कभी खेलते हैं, किंतु एक सजग कलाकार की भांति, ज़िसे उन शब्दों पर पूर्ण अधिकार है। शब्द उनको चरका नहीं दे सकते। दूसरी ओर पंत की 'स्वर्णकिरण' में शब्द मानो कवि के अधिकार से बाहर चले जा रहे हों, उसके हाथों से फिसलते जा रहे हों। एक दूसरे संदर्भ में कही गई स्वयं पंत की 'स्वर्ण किरण' (पृ. 81) की ये पंक्तियां उनकी स्थिति पर प्रकाश डालती हैं :

> खो गया जीवन-रस
> रहस स्पर्श
> सृजन का मुक्त रभस
> निखिल-हर्ष।

उनकी प्रतीकगाथा 'अशोक वन' को ही लीजिए। 'स्वर्ण किरण' की विचारधारा को ही अशोक वन की कथा का प्रतीकत्व दिया गया है। जनमंगल की मूर्ति सीता, धरती की आकांक्षा सीता, वह सीता जिसकी काया जगजीवन है, चिद्शक्ति सीता, अशोक वन में रावण की तामसी माया में नहीं आतीं और दानवों का विनाश होता है। फिर उनका मिलन सत् राम से होता है और जनमंगल के बांध खुल जाते

हैं। रावण भौतिक शक्ति का चरम प्रतीक है, वह दानव है। रघुपति उस दानव का नाश करते हैं, जो यह समझता था कि :

निखिल भुवन इस अचित् शक्ति की
सृजनशीलता पर बलिहारी।

किंतु लंका का राज्य फिर भीषण राक्षस भौतिक शक्ति को दे दिया गया, क्योंकि विभीषण की भौतिकता आध्यात्मिकता से परिधिबद्ध है, क्योंकि अब लंका में स्वर्ण की मोहकता दूर होकर ज्योति का प्रवेश होता है :

लंकापति की मूर्ति गई गल
सजल हिरण्य शेष अब पावन।

और अब :

तनुज जाति मर्यादा पथ पर
देवि, चलेगी बन प्रभु अनुचर।

इस प्रकार मेघनाद के शब्दों में :

सद् विकास का देवि, असद् भी
इस जग में परोक्ष है कारण।

अथवा, यही श्री इलाचंद्र जोशी के शब्दों में :

> मानवीय अवचेतना ज्योतिर्मयी उषा भी है, अंधकारमयी कालरात्रि भी। यदि सामूहिक मानव जीवन वास्तविक स्वर्गिकता की स्थापना करना चाहता है तो अवचेतन लोक के उसी नारकीय अंधकार की यथार्थ मिट्टी के आधार पर ही यह हो सकता है। उस अंधकार के (अर्थात् प्रतिदिन के व्यष्टिगत अथवा समष्टिगत जीवनसंघर्ष के) ठोस आधार के बिना केवल किसी हवाई किले की ही स्थापना हो सकती है।

यह है 'अशोकवन' की प्रतीकात्मकता। यदि कवि के लिए यह एक विशाल और जीवित समस्या है तो हम आशा करेंगे कि ऐसी समस्या की उद्भावना में काव्य तथा जीवन के उपकरणों को उसी विशाल मापदण्ड पर एकत्र और प्रयुक्त किया जाएगा। किंतु कीट्स की रचना 'हाइपरियन' या निराला की 'राम की शक्तिपूजा' से इस 'अशोकवन' की तुलना में इसमें काव्य और जीवन की रक्तहीन प्रेतछाया के अस्थिपिंजर से अधिक कुछ न मिलेगा। पंतजी और श्री इलाचंद्र जोशी के दुस्साहस और चतुरता की प्रशंसा करनी चाहिए कि अकेले इसी को लेकर

जनता को नव निर्माण और जागरण का संदेश देने चले हैं और दूसरे इसमें चेतना के अणु का क्रांतिकारी स्फोट सुनने लगे। लेकिन यह निश्चित है कि यदि 'स्वर्ण किरण' में कोई अणुस्फोट हुआ है तो उसके सबसे पहले शिकार श्री इलाचंद्र जोशी हुए हैं। उससे हिन्दी का हिरोशिमा नहीं बनने जा रहा है।

'स्वर्ण किरण' बहुत पूर्व के एक अच्छे कवि का पोस्टमार्टेम है। उसकी आहत प्रतिभा कहीं कहीं रुधिर के निशान छोड़ गई है, जिससे पता चलता है कि इस कवि में कभी जीवन था। वह कौन सा जादू है जो उसमें फिर जीवन भर देगा, उसकी नसों में रुधिर का प्रवाह और उसके नथुनों में गरम गरम सांस ? आज तो उस पर निर्जीवता की पीतिमा छाई हुई है, उसका भविष्य शून्य के बराबर है, किंतु कल की कौन कहे ?

3

उत्तरा की प्रस्तावना पर एक दृष्टि

'उत्तरा' की प्रस्तावना में पंतजी ने कोई ऐसी बात नहीं कही जो 'स्वर्ण किरण' और 'स्वर्णधूलि' की कविताओं में ही निहित न रही हो। इस पर ध्यान देना इसलिए आवश्यक हो जाता है क्योंकि इसमें उन्होंने अपने आलोचकों, विशेषतः डाक्टर रामविलास शर्मा, को उत्तर देने के साथ साथ हिंदुस्तान में चल रहे जन-संघर्ष पर खुले तौर से आक्रमण किया है। किंतु यह सिद्ध करने के लिए कि वे जो कुछ कह रहे हैं सब जनता के हित में है उन्होंने 'युगवाणी' और 'ग्राम्या' के रचना-काल और 'स्वर्ण किरण', 'स्वर्णधूलि' और 'उत्तरा' इत्यादि को विकास की अटूट शृंखला में बांधने की कोशिश की है। इस संबंध में उनका यह कहना है :

'ज्योत्स्ना' में मैंने जीवन की जिन बहिरंतर मान्यताओं का समन्वय करने का प्रयत्न तथा नवीन सामाजिकता (मानवता) में उसके रूपांतरित होने की ओर इंगित किया है, 'युगवाणी' तथा 'ग्राम्या' में उन्हीं के बहिर्मुखी (समतल) संचरण को (जो मार्क्सवाद का क्षेत्र है) तथा 'स्वर्ण किरण' में अंतर्मुखी (ऊर्ध्व) संचरण को (जो अध्यात्म का क्षेत्र है) अधिक प्रधानता दी है।'

उनके अनुसार 'युगवाणी' और 'स्वर्ण किरण' में परस्पर-विरोधी विचार-धाराएं केवल उन लोगों को दिखलाई पड़ेंगी जो उन्हें 'बाहरी दृष्टि' से देखते हैं। आगे चलकर वे इस बात की दुहाई देते हैं :

> मैंने सदैव ही उन आदर्शों, नीतियों तथा दृष्टिकोणों का विरोध किया है जो पिछले युगों की संकीर्ण परिस्थितियों के प्रतीक हैं, जिनमें मनुष्य विभिन्न जातियों, संप्रदायों तथा वर्गों में विकीर्ण हो गया है।

इस प्रकार 'स्वर्ण किरण' की खुली प्रतिक्रियावादी रचनाओं को 'युगवाणी' और 'ग्राम्या' के युग से जोड़कर पंतजी अपनी जन-संघर्ष-विरोधी प्रवृत्तियों और भूमिका पर पर्दा डालना चाहते हैं, क्योंकि अनेक खामियों के होते हुए भी 'युगवाणी' और 'ग्राम्या' में उन्होंने जो दिशा अपनाई थी वह प्रगतिशील दिशा थी। इसलिए पंतजी की इधर की रचनाओं और 'युगवाणी' और 'ग्राम्या' की

कविताओं के बौद्धिस्तरों के बीच की खाई को साफ तौर से देखे विना हम उनकी आज की प्रतिक्रियावादी प्रवृत्तियों को बे-नकाब नहीं कर सकते।

'युगवाणी' और 'ग्राम्या' में अंग्रेजी साम्राज्यवादी और घरेलू सामंतवादी और पूंजीवादी व्यवस्था के कारण पैदा हुए सामाजिक कोढ़ के प्रति एक सौंदर्यप्रिय आत्मा की घृणा और विद्रोह है। यही चीज थी कि पंतजी ने 'रूपाभ' में आसमान से धरती पर आने की घोषणा की थी। उन्होंने दूर से ही सही, इस मुल्क की गरीबी और गिरी जिंदगी को देखा। किंतु उनकी घृणा और विद्रोह के पीछे जनसंघर्ष न था। वे यह सब कुछ एक तटस्थ व्यक्ति की भांति देखते थे, इसलिए उनके साहित्य में विचार और भावों का वह निखार, जो संघर्ष के बीच ही पैदा हो सकता था, नहीं आ सका। उस समय की अधिकांश प्रगतिशील आलोचना की यह कमजोरी थी कि उसने पंतजी के विद्रोह की सतही प्रवृत्ति, उसकी सीमाओं की ओर ठीक इशारा नहीं किया। उस समय भी डाक्टर रामविलास शर्मा ने पंतजी के पलायनवाद की ओर इशारा कर उनकी खतरनाक कमजोरी पर उंगली रखी थी। उन्होंने सन् 1941 में लिखा था, " 'ग्राम्या' पढ़ने पर भी यही कहना पड़ता है कि पंतजी में अब भी पलायन प्रिय व्यक्तिवाद का कवि मिटा नहीं है; उन्हें अब भी अपने आश्रय के लिए नीड़ चाहिए, चाहे वह पेड़ की डाली पर हो, चाहे नव-संस्कृति से सारा विश्व ही एक नीड़ बन जाय।" ('संस्कृति और साहित्य', पृ. 53)। इससे भी पहले उन्होंने लिखा था, 'पंतजी ने कार्ल मार्क्स पर भी कविता लिखी है और गांधीजी पर भी। मूलतः दोनों में कोई अंतर नहीं, मार्क्स गांधीवादी है और गांधीजी मार्क्सवादी और दोनों ही छायावादी हैं' (वही, पृ. 36)। लेकिन अधिकतर प्रगतिशील आलोचकों ने पंतजी की क्रांति की प्रशंसा के पुल बाँध दिए और उनमें श्री प्रकाशचन्द्र गुप्त और श्री शिवदान सिंह चौहान भी थे। किंतु जैसे-जैसे विदेशी साम्राज्यवाद के विरुद्ध संघर्ष के बीच मजदूर वर्ग की राजनीति और उसकी भूमिका की तस्वीर साफ होती गई वैसे वैसे पंतजी की क्रांति सहमी हुई अपने कदम पीछे डालने लगी। 'ग्राम्या' और स्वर्ण किरण' के लंबे अर्से में जिस मानसिक संघर्ष और रुग्णता का जिक्र पंतजी ने 'उत्तरा' की प्रस्तावना में किया है उसके पीछे यही रहस्य है। उसी पीछे हटते हुए कदम के कारण हम 'ग्राम्या' और 'स्वर्ण किरण' के बीच उन्हें चुप पाते हैं और इस काल में उनकी बढ़ती हुई संघर्षभीरुता के साथ साथ उनकी अंतमखता, अहं भावना बढ़ती गई। पंतजी का कहना है कि यह काल उनके जीवन का संक्रांतिकाल था और इस मानसिक रुग्णता के बीच से उन्हें योगी अरविंद की पुस्तक 'दिव्य जीवन' ने निकाला। लेकिन सच यह है कि इस समय पंतजी की मानसिक भूमि 'दिव्य जीवन' के बीज के लिए तैयार हो चुकी थी और उसमें मार्क्सवाद का पनपना असंभव था। योगी अरविंद की पुस्तक ने सचमुच उन्हें कोई नई दिशा नहीं दी; उस दिशा में तो वे स्वयं बढ़ रहे थे और

'दिव्य-जीवन' उन्हें मार्ग में पाथेय के रूप में मिल गया। उन्हीं की भांति और अनेक साहित्यिकों की विचारधारा बदली जिन्होंने कभी योगी अरविंद की पुस्तक 'दिव्य-जीवन' को देखा भी नहीं था। दुनिया के हर मुल्क में पंतजी जैसे कितने ही साहित्यिकों के जीवन में ऐसी बातें हुई हैं।

लेकिन एक ओर तो यहाँ पंतजी अपनी मानसिक रुग्णता से मुक्ति पाने की बात करते हैं और दूसरी ओर यह दावा भी कि 'युगवाणी' और 'ग्राम्या' की रचनाओं और 'स्वर्ण किरण' में एक ही विचारशृंखला है। अगर 'युगवाणी' और 'ग्राम्या' की विचारभूमि ठीक थी तो फिर बीच में उनके मन में गांठें और गुत्थियों के पड़ने का सवाल कहां उठता है? और यदि उन्हें इन गांठों और गुत्थियों से मुक्ति मिली, उनका मानसिक रोग दूर हुआ तो इस नई स्वस्थता को 'युगवाणी' और 'ग्राम्या' के युग से जोड़ने की बात क्यों? 'स्वर्ण किरण' के खुले प्रतिक्रियावाद को अपने प्रगतिशील अतीत के आवरण में छिपाने के प्रयत्न में पंतजी तर्क के इस दलदल में आ फंसते हैं।

इस मानसिक रुग्णता के बीच पंतजी ने क्या देखा और कैसे 'दिव्य-जीवन' ने उनका उद्धार किया? उन्होंने देखा कि जनसंघर्ष साम्राज्यवाद से संघर्ष के अतिरिक्त एक और व्यापक राजनीतिक, सामाजिक और आर्थिक पहलू ग्रहण करता जा रहा है। उन्होंने हिंदुस्तान में जगह जगह किसानों और मजदूरों के आंदोलनों और उनकी हड़तालों का जिक्र सुना। और उन्होंने इन सबसे भयानक चीज जहाजियों का सशस्त्र विद्रोह देखा और उस विद्रोह के पीछे मजदूरों, किसानों और छोटे तबके के लोगों की सक्रिय सहानुभूति देखी। हमारे देश के बड़े बड़े नेताओं की भांति उन्होंने अभिजातवर्ग की दीवारें हिलती देखीं। इसी भय के कारण नेताओं ने अंग्रेजी साम्राज्यवाद से समझौता किया ताकि जनसंघर्ष का तूफान उनके वर्ग को खत्म न कर दे। और तब से उन्होंने अपना सबसे बड़ा दुश्मन पहचान लिया, साम्यवाद, मार्क्सवाद! किंतु आज की दुनिया में साम्यवाद पर सीधा आक्रमण करने और स्वयं ही अपनी कब्र खोदने में कोई खास फर्क नहीं, विशेषत: उन देशों में जहां जनता जागरूक है।

मार्क्सवादी विचारधारा की महान शक्ति के कारण उसके अनेक शत्रु भी कहते हैं कि जहां तक साम्यवाद के सिद्धान्तों की बात है वे उन्हें अच्छे लगते हैं। इस प्रकार वे अपना अभिजातवर्गीय प्रतिनिधित्व छिपाना चाहते हैं। लेकिन वर्ग-संघर्ष से उन्हें विरोध है क्योंकि इसी तर्क की आड़ में वे साम्यवाद पर हमला कर सकते हैं। ठीक यही चीज पंतजी के साथ हुई है। उन्होंने अभिजात वर्ग की संस्कृति के शत्रुओं को पहचान लिया है, वर्गसंघर्ष और जन क्रांति, और अपनी कविताओं में वे तरह तरह से इन पर हमला करते हैं। उस हमले में उनका सबसे अच्छा हथियार वह 'नवमानववाद' या 'स्वर्ण चेतना' है, जिसकी अभिव्यक्ति 'स्वर्ण

किरण', 'स्वर्णधूलि' और 'उत्तरा' में हुई है। इन कविताओं की यही प्रतिक्रियावादी भूमिका और उपादेयता है।

आज की सारी समस्याओं, सामाजिक विषमताओं की जड़ में पंतजी भौतिक परिस्थितियों और मानव चेतना के बीच विपर्यास देखते हैं। उनके अनुसार 'यंत्र-युग के मनुष्य की चेतना में अभी सांस्कृतिक परिपाक नहीं हुआ है', यानी मनुष्य वाष्प, विद्युत तथा (अणुशक्ति) का स्वामी तो बन गया है किंतु उसकी चेतना का स्तर इस वैज्ञानिक उन्नति के साथ साथ ऊर्ध्वगामी नहीं हुआ है और इसलिए वह इन शक्तियों का उपयोग नहीं करता, वरन दुरुपयोग। मनुष्य की 'नैतिक लंगड़ाहट' जब तक दूर नहीं होती, तब तक आज की समस्याओं का समाधान नहीं हो सकता। इस प्रकार पंतजी पूँजीवादी शोषण से पैदा हुई समस्याओं को मानव चेतना की 'नैतिक लंगड़ाहट' से जोड़कर पूंजीवाद को 'अंतश्चेतनावाद' अथवा 'नवमानववाद' की ओट में ले लेते हैं। उनकी योजना इस प्रकार है :

> युगपुरुष को पूर्णतः सचेष्ट करने के लिए यदि लोकसंगठन के साथ गांधीवाद को पीठिका बनाकर मनःसंगठन (संस्कार) का भी अनुष्ठान उठाया जाए और मनुष्य की सामाजिक चेतना (संस्कृति) का विकसित विश्व परिस्थितियों (वाष्प, विद्युत आदि) के अनुरूप नवीन रूप से सक्रिय समन्वय किया जाए तो वर्तमान के विक्षोभ के आर्तनाद तथा क्रांति की क्रुद्ध ललकार को लोक-जीवन के संगीत तथा मनुष्यता की पुकार में बदला जा सकता है, एवं क्रांति के भीतरी पक्ष को भी सचेष्ट कर उसे परिपूर्ण बनाया जा सकता है। इस युग में क्रांति विकास, सुधार जागरण के आंदोलन की परिणति एक नवीन सांस्कृतिक चेतना के रूप में होना अवश्यम्भावी है, जो मनुष्य के पदार्थ, जीवन, मन के सम्पूर्ण स्तरों का रूपान्तर कर देगी तथा विश्वजीवन के प्रति उसकी धारणा को बदलकर सामाजिक संबंधों को नवीन अर्थगौरव प्रदान कर देगी। इसी सांस्कृतिक चेतना को मैं अंतर्चेतना या नवीन सगुण कहता हूं। मैं जनवाद को राजनीतिक संस्था या तंत्र के बाह्य रूप में ही न देखकर भीतरी, प्रजात्मक मानव चेतना के रूप में भी देखता हूँ और जनतंत्रवाद की आंतरिक (आध्यात्मिक) परिणति को ही 'अंतर्चेतनावाद' अथवा 'नव-मानववाद' कहता हूं। (पृ. 4)।

यहां पंतजी ने इस नए 'वाद' का उद्देश्य स्पष्ट कर दिया है; वह है 'वर्तमान के विक्षोभ के आर्तनाद तथा क्रांति की क्रुद्ध ललकार' से बचना। इस योजना से यह भी स्पष्ट है कि मनुष्य-समाज की 'विकसित बाह्य परिस्थितियों' को आधारभूत मानकर मनःसंगठन और मनुष्य की सामाजिक चेतना में परिवर्तन किसी सामाजिक क्रांति के परिणाम न होकर मनुष्य की चेतना के विकास के परिणाम

होंगे। इसलिए पंतजी के अनुसार किसी बाह्य सामाजिक क्रांति की आवश्यकता क्या ? आवश्यकता है मन और चेतना में क्रांति की। यहां पर वह बतला देना अनुचित न होगा कि यद्यपि बार-बार पंतजी हमारी एकांगी शिक्षा और पश्चिम की विचारधारा को आज की समस्याओं का दोषी ठहराते हैं, फिर भी स्वयं वे पश्चिम की प्रतिक्रियावादी विचारधाराओं का, चाहे वे मनोविज्ञान की हों या विज्ञान की, उपयोग कदम कदम पर करते हैं। पश्चिम के प्रतिक्रियावादी विचारक भी पूंजीवाद द्वारा पैदा हुई विभीषिकाओं पर पर्दा डालने के लिए हरएक चीज का दोषी मानव-चेतना और मन को ठहराते हैं। अमरीका का प्रसिद्ध प्रतिक्रियावादी विचारक वाल्टर लिपमैन अपनी पुस्तक 'द गुड सोसाइटी' में कहता है कि 'अगर मनुष्य यह सोचता है कि वह सामाजिक व्यवस्था को अपने हाथों में ले सकता है तो वह अपने को धोखा भर दे रहा है।' (पृ. 32) यह सामाजिक व्यवस्था ईश्वर की सृष्टि है और मनुष्य की योजनाओं या इच्छाओं से परे। इसी प्रकार ये विचारक शोषकों और शोषितों को 'मानव' की एक ही कोटि में रखकर दोनों को एक-सा ही दोषी ठहराते हैं और जन-संघर्षों की अनिवार्यता को गलत बतलाते हैं। वे इस बात को तो मानते हैं कि उनकी संस्कृति का पतन हो रहा है, उनकी जीवन मान्यताएँ टूटती फूटती जा रही हैं और समाज असुंदर बनता जा रहा है किंतु इसके लिए वे दोषी पूंजीवादी शोषण को नहीं ठहराते, बल्कि मानवचेतना में आवश्यक विकास की कमी को। पंतजी की योजना कोई उनकी अपनी योजना नहीं है। इसी से मिलती जुलती योजनाएं हर पूंजीवादी देश में तैयार की जा रही हैं। जोड ने राधाकृष्णन के दर्शन के संबंध में लिखी गई अपनी पुस्तक 'पूर्व का 'प्रत्याक्रमण' (काउण्टर अटैक फ्राम दि ईस्ट) में एक स्थान पर लिखा है :

> आज की पश्चिमी सभ्यता एक दर्जन प्रतिभासम्पन्न व्यक्तियों के कार्यों को ऐसे लोगों के हाथों में दे देने का फल है जो अपनी भावनाओं में बर्बर मनुष्यों के स्तर पर हैं और संस्कृति में स्कूली लड़कों के स्तर पर ' अर्थात पश्चिम के लोगों की चेतना में उतना विकास नहीं हुआ है जितना विकास विज्ञान के कारण उनकी शक्ति में हुआ है। जोड का कहना है, 'पश्चिमी संसार निस्संदेह एक ऐसे युग से गुजर रहा है जिसमें से होकर कुशाग्र बालक गुजरते हैं जब उनके पास इतनी बुद्धि नहीं होती कि जो कुछ ज्ञान वे प्राप्त करते हैं उसे पचा सकें।

बरट्रेंड रसेल का कहना है कि विज्ञान मनुष्य की इच्छाओं को नहीं बदलता, वह केवल उसे अपनी इच्छाओं को पूर्ण करने की अधिक क्षमता दे देता है। इसलिए यदि मनुष्य की इच्छाएं अच्छी हुईं तो उन्हें पूर्ण करने का साधन भी अच्छा सिद्ध होता है और यदि बुरी तो उन्हें पूर्ण करने का साधन भी बुरा सिद्ध होता है। यहां भी

दोष किसी सामाजिक व्यवस्था का नहीं, बल्कि मनुष्य के मन का है। हर तरह से ये विचारक पूंजीवादी शोषण की ओर से वकालत करते नजर आते हैं। इसी प्रकार वे जनता को संघर्ष की ओर से मोड़कर धर्म, सांस्कृतिक आंदोलनों इत्यादि की भूलभुलैया में ले जाना चाहते हैं। जोड का कहना है कि सारी समस्याओं का हल एक नई धार्मिक आस्था है जो केवल पूर्व पश्चिमी दुनिया को दे सकता है और चूंकि जोड को मालूम है कि यदि इस धार्मिक आस्था के पीछे केवल एक दो व्यक्ति पड़े तो जनसंघर्ष में कोई फर्क न पड़ेगा, इसलिए उसका कहना है कि इस आस्था को सारे समाज को अपनाना होगा, उसके लिए एक व्यापक आंदोलन की आवश्यकता है जिसमें सारा समाज भाग ले।

> पश्चिम के व्यक्ति को एक आस्था की सख्त जरूरत है। परंपरागत विश्वासों के ह्रास के कारण जो आध्यात्मिक खोखलापन रह गया है उससे वह तंग है और वह अपने अकेलेपन की अभिव्यक्ति पागल की भांति हरएक तिनके को पकड़कर सहारा लेने की इच्छा से करता है। सच तो यह है कि वह अनादि अनंत को अकेले प्राप्त करने के विचार से डरता है और उतना ही डर उसे इस बात से लगता है कि उसके जीवन में आधारों का एकमात्र पथप्रदर्शन उसकी अपनी सहज बुद्धि भर हो।

पंतजी जिस मनःसंगठन और सामाजिक चेतना के अनुष्ठान की बात उठाते हैं वह जोड की इस नई सामाजिक आस्था से भिन्न नहीं और दोनों के आशय एक से ही प्रतिक्रियावादी हैं। पंतजी भी योगी अरविंद 'महाचेतना' को वैयक्तिक और सामाजिक दोनों रूपों में समाज की सारी समस्याओं का समाधान बतलाते हैं। यह 'महाचेतना' किसी भी सजग सामाजिक क्रांति से कतराकर चलेगी, क्योंकि जोड ने तो आज की सारी पतनोन्मुखी प्रवृत्तियों (डेकेडेंस) की व्याख्या ही इस प्रकार की है कि 'सत्यं, शिवं और सुंदरं' अलौकिक, मानवेतर मान्यताएं हैं और मनुष्य का उन्हें प्राप्त करने का सजग प्रयत्न अनिवार्यतः उसके और ईश्वर के बीच संघर्ष के कारण बन जाता है। अपनी पुस्तक 'डेकेडेंस' में वह कहता है :

> ह्रासशीलता इस बात का संकेत है कि मनुष्य इस सृष्टि में अपनी स्थिति को ठीक से नहीं समझने की कोशिश करता, सबूत की कमी होने के बावजूद अपनी स्थिति और अपने भविष्य के विषय में ऊंचे ख्याल रखता है और अपने समाज को अपनी इच्छा के अनुसार चलाने की बात सोचता है और इस गलतफहमी के कारण अपने भविष्य की योजनाएं बनाता है।

वाल्टर लिपमैन भी कहता है :

> मनुष्य जिस दुनिया पर शासन करता है वह उसकी बनाई हुई नहीं है।

> बल्कि उसे बनी-बनाई मिली है। मनुष्य द्वारा उसको अपने नियंत्रण में रखने के प्रयत्नों को हद-से-हद यही कहा जा सकता है कि वे एक ऐसे विधान में, जो मनुष्य की शक्ति और समझ के परे है, मध्यस्थता और हस्तक्षेप, व्याघात और विघ्न मात्र हैं। (दि गुड सोसाइटी, पृ. 32)।

पंतजी का भी 'दृढ़ विश्वास है कि केवल राजनीतिक-आर्थिक हलचलों की बाह्य सफलताओं द्वारा ही मानव के भाग्य (भावी) का निर्माण नहीं किया जा सकता।' (पृ. 3) उनका यह कहना है कि 'हमारे मन तथा चेतना के सापेक्ष स्तर प्रबुद्ध तथा अंतःसंगठित न हो सकने के कारण युग के राजनीतिक आर्थिक संघर्ष मानवसभ्यता के अभ्युदय की ओर ले जाने के बदले, विश्वयुद्धों का रूप धारण कर, भूव्यापी रक्तपात तथा विनाश ही की ओर अग्रसर करने में सफल हो सके हैं।' (पृ. 9) इससे प्रकट हो जाता है कि पंतजी का समन्वयवाद किस चीज पर जोर देता है। उनके यह कह देने भर से कि वे 'वर्गहीन सामाजिक विधान' को भी चाहते हैं उनके समन्वयवाद के क्रांति-विरोधी रूप में कोई अंतर नहीं पड़ता, क्योंकि उनकी योजना में मन तथा चेतना के सापेक्ष स्तर प्रबुद्ध तथा अंतःसंगठित करना सबसे पहला काम है और इस काम का जो विश्लेषण वे अन्य स्थानों पर करते हैं उससे यह जाहिर हो जाता है कि यह समन्वयवाद जन-संघर्ष के रास्ते में केवल धोखे की टट्टी रहा है। जड़ और चेतना, 'परिस्थितियां यंत्र तथा तत्संबंधी राजनीतिक आर्थिक आंदोलन' और 'नवीन आदर्श, नैतिक दृष्टिकोण तथा तत्संबंधी मान्यताएं आदि' में सामंजस्य स्थापित करने के बहाने वे शुद्ध आदर्शवादी दर्शन प्रस्तुत कर रहे हैं जिसमें हमारे विचार भौतिक परिस्थितियों के प्रतिबिंब नहीं हैं, वरन भौतिक परिस्थितियां हमारे विचारों का प्रतिबिंब हैं, इसीलिए जरूरत भौतिक परिस्थितियों के बदलने की नहीं, वरन चेतना को बदलने की है। यदि आर्थिक राजनीतिक आंदोलनों को भी उन्हें स्वीकार करना ही पड़ता है तो वह केवल युग के यथार्थ के दबाव में आकर, लेकिन इसके कारण उनके समन्वयवाद में असंगति आ जाती है। उनका कहीं वर्गसंघर्ष की आवश्यकता को स्वीकार करना और कहीं अस्वीकार करना इसी असंगति के दलदल में फंस जाने के कारण है।

पंतजी के समन्वयवाद का आशय और भी खुल जाता है जब वे वर्गसंघर्ष और राज्यक्रांति पर आक्रमण करते हुए लिखते हैं :

> मैं युग की प्रगति की धाराओं का क्षेत्र वर्गयुद्ध में भी मानते हुए (यद्यपि अपने देश के लिए उसे अनावश्यक तथा हानिकर समझता हूं) उससे कहीं अधिक विस्तृत तथा ऊर्ध्व मानता हूं, सुधार जागरण के प्रयत्नों को भी अपने अपने स्थान पर आवश्यक समझता हूं।

पंतजी ने अपने देश के सामंतवाद और सरमायादारी की रक्षा के लिए जो

वाक्यांश कोष्ठकों में लिखा है वह उनकी नजरों में इतना बड़ा स्वयंसिद्ध सत्य है कि उसके लिए किसी तर्क की आवश्यकता नहीं। हो न हो पंतजी को कोई ऐसी चीज अपने देश में मिली है जिसके कारण वर्गसंघर्ष यहां 'अनावश्यक तथा हानिकर' होगा। किंतु दूसरे देश के साहित्यिक भी यदि ऐसा ही कहने लगें और वर्गसंघर्ष को देश निकाला देने लगें तो फिर दुनिया के किस कोने में वर्गसंघर्ष की आवश्यकता समझी जाए ? क्या पंतजी उस देश की जनता को शीघ्र से शीघ्र वर्गसंघर्ष का संदेश भेज देंगे जहां वे उसकी आवश्यकता समझते हैं ? अच्छा हुआ होता यदि पंतजी अपनी बुद्धि की सीमा दिखाकर ही रह जाते और कम से कम ईमान पर आंच न आने देते। यह ठीक है कि पंतजी दूसरे देशों के सरमायादारों के प्रति स्वामिभक्ति दिखलाने के लिए बाध्य नहीं हैं, लेकिन क्या यहां के सरमायादार अन्य देशों में अपने ही वर्ग वालों के विरुद्ध वर्गसंघर्ष के संदेश भेजे जाने पर खुश होंगे ? अच्छा हुआ होता यदि पंतजी सिर्फ इतना ही कहकर रह जाते : 'मार्क्सवाद की उपयोगिता एक व्यापक समतल सिद्धान्त की तरह स्वीकार कर चुका हूं किंतु सांस्कृतिक दृष्टिकोण से उसके रक्तक्रांति और वर्गयुद्ध के पक्ष को मार्क्स के युग की सीमाएं मानता हूं।' इसमें जनता के प्रति भी उदारता दिखाने का निर्वाह हो जाता और उनके आकाओं के प्रति उनकी भक्ति भी प्रकट हो जाती। और यह भी अच्छा ही हुआ होता कि जहां पंतजी ने चुपके चुपके पश्चिम के अनेक प्रतिक्रियावादियों को अपना गुरु बना लिया है वहां वे डीन इंज की इन पंक्तियों का भी उद्धरण दे देते :

> जहां तक इस नई बाइबिल यानी मार्क्स की रचनाओं का संबंध है उनके विषय में बरट्रैंड रसेल का यह कहना कि उनकी बौद्धिक पृष्ठभूमि उन्नीसवीं सदी के मध्य की है बिलकुल ठीक है। वे आज की आर्थिक परिस्थितियों पर लागू नहीं हो सकती। जिस समाज में हम आज रहते हैं उसमें वर्गसंघर्ष बिलकुल पुरानी चीज है क्योंकि हमारा समाज तेजी से उस अवस्था को प्राप्त करने जा रहा है, जिसमें वर्ग न रह जाएंगे, अमीरों की संख्या अंगुलियों पर गिनी जा सकेगी और बहुसंख्यक नफे के भागीदार होंगे।

इस प्रकार के तर्क से पंतजी के विश्ववाद की भी रक्षा हो जाती। यह तो विश्ववाद नहीं हुआ कि अपने यहां पूंजीवादी और अभिजातवर्ग की रक्षा की जाए और दूसरे देशों में उन्हें बेमुरव्वती के साथ भाड़ में झोंक दिया जाए।

पंतजी ने शायद पश्चिम के अपने गुरुओं का नाम खुलकर इसलिए नहीं लिया कि तव पूर्व और पश्चिम का विभाजन कैसे हो पाता और पूर्वपश्चिम को संदेश क्या देता? अपने सांस्कृतिक जेहाद की मौलिकता को कायम रखने के लिए ही उन्होंने हर कदम पर पश्चिम के प्रतिक्रियावादी लेखकों और विचारों को उद्धृत

और प्रतिध्वनित करते हुए भी उनका नाम नहीं लिया है।

पंतजी द्वारा किया गया पूर्व और पश्चिम का भेद कितना निरर्थक और वास्तविकता से दूर है। स्वयं उनके गुरु योगी अरविंद पूर्व और पश्चिम में वह अंतर नहीं मानते जो पंतजी मानते हैं। पश्चिम के अपने रहस्यवाद और नव-चेतनवाद हैं और उसे पूर्व के ऋण के बोझ से दबने की आवश्यकता नहीं है। लेकिन सच तो यह है कि दुनिया आज बहुत स्पष्ट रूप से दो शिविरों में बंटी हुई है; एक शिविर है दुनिया भर की सरमायादारी और फासीवाद का और दूसरा शिविर है दुनिया भर की मेहनतकश और आम जनता का जो शोषण की चक्की में पिसती चली आ रही है। यह मेहनतकश और आम जनता अपने अभियान पर आगे बढ़ती जा रही है और उसे भरमाने के लिए आज फिर जोरों के साथ ईश्वर और अध्यात्मवाद का सहारा लिया जा रहा है। पूर्व और पश्चिम दोनों में ही एक से विचारक हैं और उनके दो दल हैं जो इन दोनों शिविरों में बंटे हुए हैं। पंतजी और ऊपर के उद्धृत पश्चिम के विचारकों में इतना ही साम्य नहीं है, वरन् डीन इंज ने बिलकुल वही समाधान रखा है जो पंतजी ने। डीन इंज का कहना है कि अब युद्ध और अर्थलोभ दोनों से दुनिया ऊब गई है और वे बेजान शक्तियाँ हैं। उन्हें उम्मीद है कि अब फिर ईसाइयत का जोर बढ़ेगा। लेकिन आश्चर्य की बात यह है कि युद्ध और अर्थलोभ के बेजान हो जाने के पश्चात भी दुनिया में चारों ओर संकट का चित्र दिखाई पड़ता है। इस संकट का कारण कोई न कोई शैतान तो होना ही चाहिए जो अपनी ताकत बढ़ाता ही जा रहा है; और पादरी साहब के मत से वह शैतान विज्ञान है। तो आखिर इस शैतान का किस तरह से मुकाबला किया जाए? वह इस प्रकार कि यदि विज्ञान ने विकास किया है, मनुष्य ने विकास किया है तो ईश्वर में विकास क्यों न हो। आखिर ईश्वर में विकास न होने के कारण ही तो ये दोनों उसके अधिकार के बाहर चले गए हैं। इसलिए मनुष्य को किसी उदार महामानव, ईश्वर में विकसित होना है। ईश्वर कभी मर नहीं सकता। तो फिर क्यों न मनुष्य इस विकसित ईश्वर का अपने भीतर ही निर्माण करे और अपनी चेतना इतनी उन्नत बना ले कि उसके सारे कार्य कल्याणमय और नैतिक हों। पंतजी की नई चेतना इस ईश्वर निर्माण से कोई भिन्न चीज नहीं है। 'स्वर्णधूलि' में उन्होंने इसी 'विकासशील' ईश्वर के निर्माण में विश्वास होने के कारण इस प्रकार कहा है :

ईश्वर को मरने दो, हे मरने दो,
वह फिर जी उट्ठेगा, ईश्वर को मरने दो।
वह क्षण-क्षण मरता, जी उठता,
ईश्वर को नित नव-स्वरूप धरने दो!

शत रूपों में, शत नामों में, शत देशों में,
शत सहस्रबल होकर उसे सृजन करने दो,
क्षण अनुभव के विजय पराजय जन्म मरण,
औ, हानि लाभ की लहरों में उसको तरने दो।
ईश्वर को मरने दो, हे, फिर-फिर मरने दो।

और ईश्वर का यह 'प्रगतिशील' रूप शोषण की व्यवस्था को बढ़ते हुए जनसंघर्ष की चोट से बचाने के लिए है। लेकिन अब जनसंघर्ष की लहर इस जोर के उफान पर है कि ईश्वर और उसके गढ़ने वाले डूबकर लापता हो जाएंगे। जीवन और मृत्यु की शृंखला में इस नए ईश्वर का यह अंतिम जीवन होगा और उस दुनिया में उसका साथ देने के लिए उसके दरबारी कवि भी भेज दिए जाएंगे। वहां पर पंतजी को अधिक चकित न होना पड़े इसलिए यह बतला देना अच्छा होगा कि वहां उन्हें काले लोगों के विरुद्ध जेहाद बोलने वालों के नेता जेनरल स्मट्स भी मिलेंगे क्योंकि वे भी इस प्रकार के 'विकास', ईश्वरनिर्माण में यकीन रखने वाले व्यक्तियों में थे, उन्होंने भी 'लोकायन' जैसा किंतु उससे अधिक प्रसिद्ध 'होली सन' नाम का एक नया पंथ चलाया था जिसका उद्देश्य वही विकसित चेतना वाला आदर्श प्राप्त करना है : 'पर्सनालिटी इज स्टील ए ग्रोइंग फेक्टर इन दि युनिवर्स एंड इज मेयरली इन इट्स इनफैंसी ('होली सन' इवोल्यूशन, पृ. 279)

यह दिखलाने के लिए कि वे किसी वर्ग के लाभ और हानि की बात से ऊपर और तटस्थ हैं और जो कुछ कह रहे हैं बस मानवता भर के हित के लिए, पंतजी अपने अतीत की दुहाई देते हैं।

> मैंने सदैव ही उन आदर्शों, नीतियों तथा दृष्टिकोणों का विरोध किया है जो पिछले युगों की संकीर्ण परिस्थितियों के प्रतीक हैं, जिनमें मनुष्य विभिन्न जातियों, सम्प्रदायों तथा वर्गों में विकीर्ण हो गया है। उन सभी विशिष्ट सांस्कृतिक मान्यताओं के विरुद्ध मैंने युग की कोकिल से पावक-कण बरसाने को कहा है जिनकी ऐतिहासिक पृष्ठभूमि अब खिसक गई है और जो मानव चेतना को अपनी खोखली भित्तियों में विभक्त की हुई हैं। (पृ. 5-6)।

इसमें संदेह नहीं कि पंतजी ने पूंजीपति वर्ग का विद्रोह उन सामंती शृंखलाओं के प्रति अभिव्यक्त किया था जो उसके अपने विकास में बाधा पहुचाती हैं और यह काम हर जगह उस वर्ग के साथ पैदा होने वाली रोमैंटिक विचारधारा ने किया है। इसमें भी संदेह नहीं कि पंतजी ने कांग्रेस की गरमदली विचारधारा, समाजवादी विचारधारा को अभिव्यक्त किया, किंतु इसका मतलब यह नहीं कि पंतजी ने कभी भी पूंजीपति-वर्ग की नींव पर गहरा आक्रमण किया है। उनका समाजवाद भी अभिजात-वर्ग के नेतृत्व में ही प्राप्त होने वाली चीज है, उसमें

मेहनतकश जनता की क्रांतिकारी भूमिका, उसके अधिनायकत्व के लिए कोई स्थान नहीं। इसलिए पंतजी का समाजवाद अभिजातवर्ग के स्वार्थ के ऊपर नहीं; हम उसे सिर्फ उस असंतोष का प्रतिबिंब भर कह सकते हैं जो आम लोगों में ब्रिटिश साम्राज्यवाद से समझौता करने और उसके सामने घुटने टेक देने वाली नीति से पैदा हुआ था। अगर पंतजी का समाजवाद मेहनतकश जनता के नेतृत्व में आनेवाला होता तो आज जब सर्वहारा वर्ग उसके लिए संघर्षशील है उस समय पंतजी सरमायादारों की वकालत न करते। आज पंतजी अपनी प्रगतिशीलता की दुहाई देकर यह कहना चाहते हैं कि वे दोनों वर्गों के बीच पंच बनकर समझौता करा सकते हैं। वे उस समय पंच बनना चाहते हैं जब सरमायादारी कहीं पर आखिरी लड़ाई लड़ रही है, और कहीं पर आखिरी सांसें ले रही है। आजकल सरमायादारों और सामंतों और मजदूर किसान वर्ग और आम जनता में समझौता कराने वाले पंचों को ढूंढ़ने के लिए बहुत दूर जाने की जरूरत नहीं। जहां कहीं सरमायादारी और सामंतवाद खतरे में है, वहां ऐसे पंच अपनी सेवाएं, बिना निमंत्रण के ही मानवता के नाम पर अर्पित करने के लिए उत्सुक हैं।

पंतजी अपनी बुद्धि की सारी शक्ति लगाकर मार्क्सवाद पर आक्रमण करते हैं। मार्क्स एंगेल्स को झींगुरों के बराबर घोषित कर, आधुनिक भूतविज्ञान और मनोविज्ञान के सहारे आत्मा के अस्तित्व को सिद्ध कर वे आखिर में इस नतीजे पर पहुंचे हैं कि :

> मात्र अधिदर्शन (मेटाफिज़िक्स) के सिद्धांतों द्वारा जड़चेतन (मैटर-स्पिरिट) की गुत्थी को सुलझाना इतना दुरूह है कि युगमन के अनुभव के अतिरिक्त इसका समाधान सामान्य बुद्धिजीवी के लिए संभव नहीं। अतएव साहित्य के क्षेत्र में मान्यताओं की दृष्टि से हम मार्क्सवाद या अध्यात्मवाद की दुहाई देकर आज जिन हास्यास्पद तर्कों में उलझ रहे हैं उससे अच्छा यह होगा कि हम एक दूसरे के दृष्टिकोणों का आदर करते हुए दोनों की सच्चाई स्वीकार कर लें। (पृ. 7)

उनकी तटस्थता की पोल खोलना कोई मुश्किल काम नहीं। पंतजी साहित्य के क्षेत्र को इससे मुक्त रखना चाहते हैं कि मार्क्सवाद और अध्यात्मवाद की दुहाई देकर हास्यास्पद तर्कों में न उलझा जाए, लेकिन 'स्वर्ण किरण' और 'स्वर्णधूलि' में कोरा अध्यात्मवाद नहीं तो और क्या है? और यदि इस कथन का यह आशय लिया जाए कि वे साहित्य को राजनीति से अलग रखना चाहते हैं तो इस 'राजभवन' की पूजा और स्तुति का क्या आशय है, नंगों और भूखों को प्रभु के द्वार पर मोअज्जिन की भांति बुलाने का मतलब क्या है? तटस्थता का बाना लेकर वास्तव में पंतजी कोरा अध्यात्मवाद घुसेड़ना चाहते हैं। वे यह कहना चाहते हैं कि उनकी

सज्जनता तो देखो कि वे मार्क्सवाद और अध्यात्मवाद दोनों को ही सत्य मानते हैं और दूसरी ओर मार्क्सवादी कितने अभद्र हैं कि वे बदले में अध्यात्मवाद को सत्य मानने के लिए तैयार नहीं होते। लेकिन 'उत्तरा' की भूमिका से स्पष्ट है कि यह सज्जनता का अभिनय भी पंतजी सफलतापूर्वक नहीं कर सकते हैं। दर्शन के क्षेत्र से जब यह सज्जनता राजनीति के क्षेत्र में जाती है तो वहां कम्युनिस्टों से कहती है—जब मैं मजदूरों और पूंजीपतियों, सामंतों और किसानों, राजप्रमुखों और जनवाद, शोषण और न्याय इनमें से हर एक को मानती हुई सामंजस्य स्थापित कर सकती हूं तो तुम लोग भी क्यों नहीं वैसा ही करते? तुम लोग क्यों नहीं उदारता और भद्रता का परिचय देते हुए यह घोषणा करते कि तुम्हें पूंजीपतियों, राजप्रमुखों और शोषण से कोई शिकायत नहीं? ऐसे लोगों के विषय में लेनिन ने कहा था :

> योरप और एशिया दोनों में प्रयोग के बाद भी जो कोई अब वर्ग से परे राजनीति और वर्ग से परे समाजवाद की बात करता है वह पिंजड़े में रखा जाने लायक है और उसको नुमायश के लिए आस्ट्रेलिया के कंगारु के पास में रखना चाहिए। ('मार्क्स-एंगेल्स-मार्क्सिज्म', पृ. 179)

किस तरह पंतजी पूंजीवादी रथ में अध्यात्मवाद के घोड़े जोतते हैं? पहले तो वे कहते हैं, 'पदार्थ, जीवन, मन तथा आत्मा की मान्यताएं हमारी बुद्धि के विभाजन भर हैं; संपूर्ण सत्य इनसे परे तथा इनमें भी व्याप्त होने के कारण एक तथा अखण्ड-नीय है।' (पृ. 7-8) इस प्रकार वे पदार्थ और आत्मा से परे एक संपूर्ण और शाश्वत सत्य की कल्पना और उसकी व्याप्ति से दोनों की एकता सिद्ध करने के पश्चात सत्य की कल्पना और उसकी व्याप्ति से दोनों की एकता सिद्ध करने के पश्चात अपना सामंजस्यवाद वाला नुस्खा पेश करते हैं : 'यदि हम आदर्श तथा वस्तु को एक ही सत्य का, जो अव्यक्त तथा विकासशील होने के कारण दोनों से अतिशय तथा ऊपर भी है, सूक्ष्मस्थूल रूप या बिंबप्रतिबिंब मान लें तो दोनों दृष्टि-कोणों नें सहज ही सामंजस्य स्थापित किया जा सकता है।' (पृ. 8) यह सामंजस्य दार्शनिक धरातल के साथ साथ सामाजिक और राजनीतिक धरातल पर भी होता है। इस सामंजस्य को मान लेने के बाद :

> आदर्श तथा वस्तुवादी, अपनी अपनी उपयोगिता तथा सीमाओं को मानते हुए विश्वकर्म में परस्पर सहायक की तरह हाथ बंटा सकते हैं। विनय, आत्मत्याग, सच्चाई, सहानुभूति, अहिंसा आदि व्यावहारिक आदर्शों को अपनाकर, जो मनुष्यत्व की परिचायक, सनातन सामाजिक विभूतियां हैं, दोनों शिविरों का संयुक्त कर्म भूनिर्माण के कार्य को अधिक परिपूर्ण रूप से आगे बढ़ा सकता है। (पृ. 8)

इस प्रकार अध्यात्मवाद के शाश्वत सत्य की कल्पना के समानांतर शाश्वत सनातन गुणों; विनय, आत्मत्याग, सच्चाई, सहानुभूति, अहिंसा आदि की कल्पना कर पंतजी वर्गसंघर्ष को अनावश्यक सिद्ध करते हैं। वर्गसंघर्ष के बढ़ने के साथ साथ आज सारे प्रतिक्रियावादी अहिंसा का जाप करने लगे हैं। हालांकि मजदूरों और किसानों तथा साधारण जनता का शोषण शांतिपूर्वक चलता रहे, इसके लिए बड़ी बड़ी फौजें रखी जाती हैं और जनता के हर आजादी और रोटी के आंदोलन को बड़ी बेशर्मी और क्रूरता के साथ हिंसा का प्रयोग कर कुचला जाता है, लेकिन इस दमन के विरोध में पंतजी की आवाज नहीं उठती; वहां उनकी अहिंसा का नारा निरर्थक और अनावश्यक होगा और उस समाज में जहां जनता बंदी है और शोषण चल रहा है और जहां उस व्यवस्था को कायम रखने के लिए बड़ी बड़ी फौजें हैं, वहां अहिंसा केवल सरमायादारी के हित का साधन बन सकती है। जैसाकि चीन में जनता की विजय के रहस्य की व्याख्या करते हुए स्तालिन ने लिखा है 'चीन की क्रांति की विशेषता और उसका गुण इसमें है कि वह सशस्त्र क्रांतिविरोधी शक्तियों के विरुद्ध सशस्त्र क्रांति है।' इस प्रकार पंतजी के अध्यात्मवाद, शाश्वत सत्य शाश्वत गुण जैसे अहिंसा आदि पूंजीवादी शोषण की शृंखला की अनेक कड़ियां भर हैं।

पंतजी अहिंसा को 'मानव चेतना का नवनीत, विश्व मानवता का एकमात्र सार' और मानव के पास 'एक मात्र जीवन अवलंब तथा संजीवन' कहते हुए भी जानते हैं कि अहिंसा का यह सब चमत्कार केवल शासक वर्ग के लिए है। वे इस बात पर अपना सिर धुनते हैं कि 'दुर्भाग्यवश हमारे तरुण बुद्धिजीवी अध्यात्मवाद को बादलों के ऊपर का सत्याभास मानते हैं और उसे हमारे प्रति-दिन के जीवन में एक सूक्ष्म किंतु सक्रिय सत्य के रूप में नहीं देखते।' (पृ. 10) आज के तरुण बुद्धिजीवी अध्यात्मवाद को बादलों के ऊपर का सत्याभास भर ही नहीं मानते, वे उसे जमीन पर प्रतिक्रियावादियों का हथियार भी समझते हैं और इसीलिए वे उसकी ओर केवल उपेक्षा दिखा कर ही नहीं रह जाते, बल्कि उसकी धार को मोड़ देते हैं। ताकि वह प्रगति के दुश्मनों के हाथ में एक बोझ मात्र बनकर रह जाए।

आज का तरुण बुद्धिजीवी वर्ग जो स्वयं शोषण का शिकार है, अधिकतर जनसंघर्ष की ओर आता जा रहा है क्योंकि उसने देख लिया है कि जिस सौंदर्य की कल्पना वह दिनरात किया करता है, उसे जिंदगी में वह तभी उतार सकता है, जब सामंतवाद, पूंजीवाद और साम्राज्यवाद का अंत हो जाए। जिस तरह आज कांग्रेस की नेताशाही तरुणवर्ग का राजनीति में भाग लेना देखकर घबड़ाती है, उसी प्रकार पंतजी भी तरुण बुद्धिजीवियों के इस रवैए से घबड़ाते हैं। इस प्रवृत्ति को रोकने की आवश्यकता बतलाते हुए वे तर्क करते हैं कि इस प्रकार वैयक्तिकता का अंत हो जाएगा। 'यदि पुरानी दुनिया (मध्ययुग) अति वैयक्तिकता के पक्षपात

से पीड़ित थी तो नई दुनिया अति सामाजिकता के दलदल में फंसने जा रही है।' (पृ. 10) आज दुनिया भर में पूंजीवादी सभ्यता और संस्कृति की रक्षा में लगे हुए विचारक और लेखक यह राग अलाप रहे हैं कि मनुष्य जिस प्रकार अपनी सामाजिक, आर्थिक और राजनीतिक समस्याओं को सुलझाने में लगा हुआ है, उसका दुष्परिणाम उसकी वैयक्तिकता का लोप हो जाना होगा। इस प्रकार वे यह सिद्ध करना चाहते हैं कि आज पूंजीवादी और सामंतवादी व्यवस्था में वैयक्तिकता बनी रहती है और इसी में इसका विकास हो सकता है जब कि तथ्य यह है कि इस व्यवस्था में वैयक्तिकता न सिर्फ मेहनतकश जनता की खत्म हो जाती है, वरन उस पूँजीपति की भी जो शोषण के अपने वीभत्स रूप के कारण समाज की सहानुभूति और प्रेम से दूर होता जाता है। पंतजी इतिहास को कितनी अच्छी तरह समझते हैं, समाज की व्यवस्थाओं के विकास का उनका ज्ञान कितना गहरा है यह इसी से स्पष्ट हो जाता है कि उन्हें उस मध्य युग में वैयक्तिकता की अधिकता दिखलाई पड़ती है जब समाज का अधिकांश भाग सामंतों और महंतों के चंगुल में बुरी तरह फंसा हुआ था।

इस प्रकार पंतजी अध्यात्मवाद द्वारा शाश्वत सत्यों के रूप में अभिजात और सामंतवर्गीय नैतिकता का, जो उनके लिए कवच है, समर्थन करते हैं। कांट के अध्यात्मवादी दर्शन ने भी शाश्वत नैतिकता की कल्पना की थी और इस नैतिकता का आधार वह मनुष्य के अनुभव या उसके वर्ग-स्वार्थ को न मानकर निरपेक्ष ज्ञान या बुद्धि को मानता था। लेकिन मार्क्स और एंगेल्स ने समाज के विकास का वैज्ञानिक अध्ययन कर यह सिद्ध किया कि सारी नैतिकता और तथाकथित शाश्वत गुणों के पीछे कोई न कोई वर्गस्वार्थ रहा है। एंगेल्स ने कहा कि :

> वास्तविक मानवीय नैतिकता, जो वर्गसंघर्ष और उसकी विरासत के रूप में पैदा हुई विचारधारा से परे होगी, तभी संभव है कि जब समाज वर्गगत असंगतियों को केवल दूर ही नहीं कर देगा वरन् जब व्यावहारिक जीवन में उनका नामोनिशान भी मिटा देगा। (ऐंटीड्यूरिंग, पृ. 141)।

इसलिए अहिंसा इत्यादि को सनातन गुण कहकर पंतजी आज उनके वर्ग-रूप पर पर्दा डालना चाहते हैं। मध्ययुग की 'अनेक प्रकार की विकृतियां, संकीर्णताएं तथा दुर्बलताएं' वे मानते हैं, लेकिन साथ ही उनका यह भी कहना है कि, 'बाहर की इस काई को हटा लेने के पश्चात् भारत के अंतश्चेतन मानस में जो कुछ शेष रहता है, उसके जोड़ का आज के संसार में कुछ भी देखने को नहीं मिलता।' (वही, 12) लेकिन आज योरप और अमरीका के पूंजीवादी विचारक भी, जिनके यहां पंतजी भारत का संदेश भेजना चाहते हैं, इन्हीं चीजों को अपनी सभ्यता और संस्कृति का सार मानते हैं। स्वयं पंतजी के गुरु श्री अरविंद का यह कहना है :

> कुछ लोगों में यह प्रवृत्ति है कि वे पूर्व की आत्मिकता या उसके रहस्यवाद और पश्चिम के वस्तुवाद का जिक्र करते हैं; किंतु पूर्व से किसी भांति न्यून मात्रा में नहीं पश्चिम ने भी आत्मा की खोजें की हैं।'

इस प्रकार सभ्यता और संस्कृति के पुनरुत्थान के नाम पर, प्राचीन और सनातन मूल्यों का नारा उठाकर वास्तव में ये लोग जनसंघर्ष की निंदा करना चाहते हैं। इसी प्रकार का अध्यात्मवाद उनकी अंतर्राष्ट्रीयता के पीछे भी है। 'एकता का दृष्टिकोण ऊर्ध्व दृष्टिकोण है।' (पृ. 12), 'विविध तथा अविभक्त होना जीवन सत्य का सहज अंतर्जात गुण है' (वही) इत्यादि कहकर पंतजी इस बात पर पर्दा डालना चाहते हैं कि आज की अंतर्राष्ट्रीयता भी वर्गों के आधार पर निर्मित होती है। दुनिया भर के पूंजीवादी अंतर्राष्ट्रीयता के नाम पर ब्रिटेन और अमरीका के साम्राज्यवादियों से गठबंधन करते हैं और शोषण की व्यवस्था को संसार भर में बनाए रखना चाहते हैं या फिर से कायम करना चाहते हैं। दूसरी ओर मजदूरवर्ग की भी अंतर्राष्ट्रीयता है जो दुनिया भर के मेहनतकशों के स्वार्थ को एक मानकर दुनिया को दो भागों में बंटी हुई समझती है, सरमायादारी की दुनिया और मेहनतकशों की दुनिया। लेकिन पंतजी की अंतर्राष्ट्रीयता वर्गस्वार्थों के परे का बना लेकर यह दिखलाना चाहती है कि एक देश की मेहनतकश जनता दूसरे देश के पूंजीवादियों के प्रति मित्रता के भाव रख सकती है क्योंकि, 'एकता का सिद्धांत' (वही, 15) ठहरा अंतर्मन की चीज और इस शाश्वत सिद्धांत को भला वर्गस्वार्थ कैसे छू सकता है। इस प्रकार हमारे देश की पूंजीवादी व्यवस्था के दलाल नेता बाहरी पूंजीवादियों से जो तरह तरह के समझौते कर रहे हैं, उनसे प्रेम का आदानप्रदान बढ़ा रहे हैं वह कोई वर्गस्वार्थ के कारण थोड़े ही, बल्कि अंतर्मन के इस सिद्धांत के अनिवार्य दबाव के कारण है। इसी अंतर्राष्ट्रीयता के विकास के साथ साथ भारत 'विश्व निर्माण' का अपना बड़ा उत्तरदायित्व निबाह सकेगा, क्योंकि 'हमारी गौतम और गांधी की ऐतिहासिक भूमि है।' (पृ. 13) पंतजी को शायद यह याद नहीं कि पश्चिम भी ईसा और उन जैसे अनेक संतों की भूमि है और वहां भी आजकल साम्यवाद को बर्बर कहकर और अहिंसा इत्यादि शाश्वत गुणों की दुहाई देकर उसका विरोध किया जाता है। गौतम और गांधी की भूमि जो चीज पश्चिम को देने जा रही है उस चीज से वहां का बाजार आजकल काफी पटा हुआ है। हां, विविधता के विचार से इस भारतीय माल की भी वहां कुछ खपत हो सकती है और हो रही है। इसी खपत के कारण आज अमरीका में, जहां करोड़ों हब्शी इनसान की तरह जिंदगी व्यतीत करने के अवसर से वंचित हैं, जहां वे बिना अपराध के या छोटे से छोटे अपराध के लिए जला या गोली से उड़ा दिए जा

सकते हैं, जहां इल्कस क्लान, जिसे वहां के फासिस्त पूंजीवादी आर्थिक और राजनीतिक सहायता देते हैं, हब्शियों के सिरों को काटना अपना एकमात्र उद्देश्य मानता है, गांधी के नाम का जोरों का प्रचार है; वहां गांधीजी की मूर्तियां स्थापित की जा रही हैं और उनकी स्थापना में सबसे प्रमुख भाग बड़े बड़े सरमायादार लेते हैं। इसलिए 'अणुयुत मानवजाति के पास अहिंसा ही एक मात्र जीवन अवलंब तथा संजीवन है' (पृ. 13) कहने से कहीं अधिक उपयुक्त होगा यह कहना कि वर्गसंघर्ष के भय से मृतप्राय अभिजात-वर्ग और उसके पिट्ठुओं के लिए अहिंसा ही एकमात्र जीवन अवलंब तथा संजीवन है।

इसलिए 'अहिंसात्मक होना व्यापक अर्थ में संस्कृत होना, मानव बनना' (पृ. 13) नहीं है, बल्कि आज की सामाजिक परिस्थितियों के संदर्भ में शोषण और अन्याय का बर्बरता पर सभ्यता और संस्कृति का मुलम्मा चढ़ाना है। कुछ दिन हुए पं. नेहरू ने हिंदी और अंग्रेजी में अपने सम्मान में अभिनंदन ग्रंथ भेंट किए जाने के अवसर पर कहा था कि उन्हें इस बात का बड़ा दुःख रहता है कि आज मनुष्य की आत्मा असंस्कृत (कोअर्स) होती जा रही है। उनका यह दुःख आसानी से समझा जा सकता है क्योंकि आज सर्वहारा और साधारण जनता जब अपने अधिकारों के लिए पूंजीवाद और उसके संरक्षकों से लड़ रही है, उनसे नफरत करती है और उस नफरत को साफ साफ शब्दों में प्रकट करती है तो उन्हें इसे आत्मा का असंस्कृत होना कहने के सिवा और क्या कहने को रह जाता है? संस्कार तो उन्हें उस मनुष्य में दिखाई देता है जो भेड़ बना रहे; किंतु जो भी उनके वर्गस्वार्थ पर चोट करता है वह असंस्कृत है, उसकी आत्मा गिरी हुई है। इस प्रकार संस्कृति का नारा उठाकर सरमायादारी अपनी रक्षा करना चाहती है और पंतजी जब यह कहते हैं कि 'अहिंसात्मक होना व्यापक अर्थ में संस्कृत होना' मानव बनना है तो उनका उद्देश्य कुछ दूसरा नहीं। आगे चलकर 'उत्तरा' की भूमिका में ही पंतजी के 'स्वस्थ सांस्कृतिक जागरण' की पोल खुल जाती है। वर्ग-संचरण को वे 'अविद्या' का क्षेत्र मानते हैं जहां 'मन तथा आत्मा के संचरण गौण तथा अज्ञान के अधीन है।' (पृ. 14) राजनीति तथा अर्थशास्त्र 'मानव जीवन के सत्य के संपूर्ण स्तरों' को नहीं अपनाते, अतएव

> हमें अपने मन तथा आत्मा के शिखरों की ओर चढ़ने वाले एक ऊर्ध्व संचरण की भी आवश्यकता है, जो हमारे ऊपर के वैभव को धरती की ओर प्रवाहित कर समाज के राजनीतिक आर्थिक ढांचे को शक्ति, सौंदर्य, सामंजस्य तथा स्थायी लोककल्याण प्रदान कर सके। (पृ. 15)।

मन तथा आत्मा के शिखरों की ओर चढ़ने वाले 'ऊर्ध्व संचरण' और 'हमारे ऊपर के वैभव' का केवल एक आशय है : अहिंसा। यहां पर विचार करने की बात

यह है कि मनुष्य की चेतना का विकास होता है, एक विकसित ईश्वर तक का निर्माण होता है, लेकिन मान्यताएं वहीं की वहीं रह जाती हैं। ईश्वर और चेतना बदल जाएं तो बदल जाएं, किंतु ये मान्यताएं सनातन हैं, नई चेतना और नए ईश्वर के आ जाने से नई मान्यताएं नहीं आने वाली हैं। आखिर यह क्यों ? पंतजी इसका उत्तर कैसे दें ? किंतु यह इसलिए होता है कि पूंजीवादी व्यवस्था को अपनी रक्षा के लिए नई चेतना और नए ईश्वर की आवश्यकता तो है, किंतु मान्यताएं पुरानी ही उसकी रक्षा में काम दे सकती हैं और उनकी जगह पर नई मान्यताओं की आवश्यकता नहीं। यही कारण है कि पंतजी संस्कृति को वर्गवाद के दृष्टिकोण से नहीं देखना चाहते और कहते हैं कि 'उसके मूल मन से कहीं गहरे, बाहरी परिस्थितियों के अतिरिक्त, भीतरी सूक्ष्म परिस्थितियों में भी हैं।' (पृ. 16) वर्गवाद के दृष्टिकोण से संस्कृति को देखने से फिर सनातन मूल्यों की कागजी नाव बिलकुल डूब जो जाएगी और उससे जुड़े हुए सामाजिक अभिजात और सामंत वर्ग के स्वार्थ सतह पर तिरने जो लगेंगे। पंतजी के अनुसार संस्कृति और कला को 'सत्य, शिव, सुंदर' की सूक्ष्म परिस्थितियों के धरातल पर लाने से उनका वर्गवादी रूप छिप जाता है। इस सत्य, शिव, सुंदर की त्रिमूर्ति की परिभाषा पंतजी के शब्दों में यह है 'जिस सत्य को हम क्षुधा, काम कहते हैं उसी को सूक्ष्म धरातल पर सत्य, शिव, सुंदर। एक हमारी सत्ता की बाहरी भूख प्यास है, दूसरी भीतरी।' (पृ. 16) पंतजी जैसे अंतश्चेतनावादी और अध्यात्मवादी क्षुधा, काम और सत्य, शिव,सुंदर को एक ही कोटि में इसलिए रखते हैं ताकि यह दिखलाया जा सके कि जैसे क्षुधा, काम सनातन और शाश्वत हैं, वर्गों के विभाजन से ऊपर हैं उसी प्रकार सत्य, शिव, सुंदर भी सनातन, शाश्वत और वर्गों के विभाजन से ऊपर हैं। वे इस बात को हजम कर जाना चाहते हैं कि समाज में सारे मनुष्य अपनी क्षुधा और काम को जिस तरह एक ही ढंग से संतुष्ट नहीं करते, उसी प्रकार समाज में सारे मनुष्यों के लिए सत्य, शिव और सुंदर भी एक नहीं हैं। मजदूर जो अपना पेट कड़ी मेहनत के बाद भी नहीं भर पाता, जो अपनी छोटी छोटी इच्छाओं को भी पूरी नहीं कर सकता, कैसे उस सत्य, शिव और सुंदर को स्वीकार करे जो अभिजात और सामंत वर्गों ने उसका खून चूसते रहने के लिए उस पर नैतिकता और सनातन मूल्यों के रूप में लाद दिया है। उसके जीवन में जो सत्य, शिव और सुंदर हो सकता है, वह उसके शोषकों के लिए मौत है। लेनिन के अनुसार वर्गसंघर्ष का बीज यहीं पड़ जाता है। उन्होंने कहा है :

> विभिन्न प्रयत्नों या कार्यों में संघर्ष का कारण यह है कि समाज में विभिन्न वर्ग हैं और उसमें उनकी स्थिति और जीवन-प्रणाली विभिन्न है। ('मार्क्स-एंगेल्स-मार्क्सिज्म', पृ. 27)।

ऐसे देखने से पंतजी और अन्य सत्य-शिव-सुंदरवादियों का आशय स्पष्ट हो जाता है। पंतजी के सामंत और अभिजातवर्गीय दर्शन के शव को इन सनातन मूल्यों और मान्यताओं के कंधे ही ढो सकते हैं, लेकिन यदि इन सनातन मूल्यों और मान्यताओं का ही 'राम नाम सत्य' हो गया तो ?

और इन सनातन मूल्यों और मान्यताओं का 'राम-नाम-सत्य' मार्क्सवाद के कारण होता जा रहा है। इसलिए पंतजी मार्क्स और एंगेल्स को अपनी बुद्धि और तर्क की विवशता और पराजय के कारण तिनका तोड़ तोड़ कर गालियां और शाप देते हैं और यह उम्मीद करते हैं कि इससे कुछ न कुछ अवश्य होगा। एक नमूना यह है :

> सहस्रों वर्षों से अध्यात्मदर्शन की सूक्ष्म सूक्ष्मतम झंकारों से रहस-मौन निनादित भारत के एकांत मनोगगन में मार्क्स तथा एंगिल्स के विचारदर्शन की गूंजें बौद्धिकता के शुभ्र अंधकार के भीतर से रेंगने वाले झींगुरों की रुंधी झनकारों से अधिक स्पंदन नहीं पैदा करतीं। (पृ. 20)।

एक दूसरा नमूना, 'जिस मार्क्स तथा एंगिल्स के उद्धरणों को दुहराते हमारा तरुण बुद्धिजीवी नहीं थकता, उसे अन्य दर्शनों के साथ अपने देश के दर्शन का भी सांगोपांग तुलनात्मक अध्ययन अवश्य करना चाहिए और देखना चाहिए कि ऊंट और हिमालय के शिखर में कितना अंतर और क्या भेद है।' (पृ. 20-21) इन वाक्यों के कहने का हावभाव उन लोगों की कल्पना अच्छी तरह से कर सकती है जिन्हें गांवों में खास किस्म के कुछ झगड़ों को देखने का अवसर मिला है। मार्क्सवाद पर इस प्रकार आक्रमण के तीन कारण हैं। (1) वर्गसंघर्ष, (2) रक्तक्रांति, (3) सर्वहारा वर्ग का अधिनायकत्व। इन सबमें पंतजी के उन्नायकों के लिए कोई स्थान नहीं।

भारत के महान् उत्तरदायित्व की ओर संकेत करते हुए पंतजी, आज के तरुण बुद्धिजीवी की बिगड़ी हुई आदतों को जानते हुए भी, उसको कुछ सलाह दिए बिना नहीं रह सकते। उनकी सलाह का आशय और कुछ नहीं है—बस, यहां की और दुनिया भर की सरमायादारी को साहित्य और एक नई चेतना के आंदोलन, लोकायन, की ओट में ले लेना। सरमायादारी और राजप्रमुखों की ओर से वकालत करते हुए बुद्धिजीवियों को संबोधित कर वे कहते हैं :

> मैं जानता हूं कि स्वाधीनता मिलने के बाद हम बुद्धिजीवियों को जिन सृजनात्मक तथा सांस्कृतिक शक्तियों के प्रादुर्भाव होने तथा उनके विकास के लिए प्रशस्तक्षेत्र मिलने की आशा थी, वैसा नहीं हो सका है।

उनमें यह साहस नहीं कि इस बात का विश्लेषण करें कि हमारी सौंदर्य-

कल्पनाएं आज रूप क्यों नहीं ले रहीं। ऐसा करने में उन्हें स्वीकार करना पड़ेगा कि आज भी देश की जनता मुक्त नहीं हुई है क्योंकि उसका अधिकांश सरमायादारी और सामंती व्यवस्था के जुए में जुता हुआ है। मुक्ति के बिना जनता नई संस्कृति का निर्माण नहीं कर सकेगी और जनता की सहायता के बिना सुंदर जीवन की कल्पना को कवि और चितेरे रूप और रंग न दे सकेंगे। इस परिस्थिति का विश्लेषण करने के पश्चात् वे किस तरह कह सकते थे कि बुद्धिजीवियों को उस निजाम को कायम रखने के लिए जीतोड़ परिश्रम करना चाहिए जो स्वयं उनके शोषण को भी नहीं दूर कर सका है। इसलिए बुद्धिजीवियों से यह न कहकर कि वे साम्राज्यवाद और अपने देश की सरमायादारी और सामंती व्यवस्था के विरुद्ध एक ताकतवर मोर्चा बनाएं और जनसंघर्ष में सक्रिय सहयोग दें, क्योंकि इसी में उनकी अपनी मुक्ति का रहस्य है,पंतजी उनको गांधीवाद से आशाएं बंधाते हैं क्योंकि आज की परिस्थितियों में लोककल्याण का वेश धारण कर गांधीवाद सरमायादारी की रक्षा अच्छी तरह कर सकता है। इसलिए 'नवीन मानवता तथा सांस्कृतिक चेतना,' 'नवयुग' इत्यादि की बातें सर्वहारा और जनता को दृष्टि में रखकर नहीं की गई हैं। इनका आशय पूंजीवादियों की बर्बरता के हाथ में एक सुंदर किंतु जहरीला अस्त्र रख देना है। विश्वनिर्माण, विश्व एकीकरण का प्रादुर्भाव तथा अंतःक्रीड़ा हो रही है' (पृ. 23) साहित्यस्रष्टा का यह कर्तव्य है कि वह 'थोथी बौद्धिकता तथा सैद्धांतिकता के मृगजालमरु में भटकी हुई अंतःशून्य मनुष्यता का ध्यान उसके चिर उपेक्षित अंतर्जगत तथा अंतर्जीवन की ओर आकर्षित कर सके' (पृ. 23), इत्यादि को पढ़ने के बाद ऐसा जान पड़ता है कि पंतजी शब्दों के ऊहापोह की भी एक डिवीजन सरमायादारों और राजभवन में रहने वालों की खिदमत में पेश करना चाहते हैं।

लेकिन एक ओर तो वे विश्वनिर्माण, विश्वएकीकरण इत्यादि जैसी बड़ीबड़ी उत्तरदायित्वपूर्ण बातों का बोझ साहित्यिक के कंधे पर डालते हैं और दूसरी ओर वे उसे क्रियाशील होने से मना करते हैं। इसी प्रकार उन्हें मार्क्सवादियों के कम्युनिस्ट भी होने पर क्रोध आता है। इसी कारण पंतजी यह कह सकते हैं :

> सौंदर्यस्रष्टा एवं जीवनद्रष्टा चाहे बाल्मीकि हों या गोर्की, वह सेनानायक या सैन्यवाहक नहीं होता, वह संदेश या युगसंकेत वाहक ही होता है। वह 'भावात्मक चेतना का ही सृजनगंभीर शंखघोष करता है। (पृ. 24)

इस संबंध में उदारता के साथ सिर्फ यही कहा जा सकता है कि पंतजी अगर जान-बूझकर झूठ नहीं कह रहे तो यहां गोर्की का भी नाम लेकर उन्होंने यह दिखला दिया है कि वे उसके बारे में केवल दो बातें जानते हैं : नंबर एक, गोर्की एक साहित्यिक था, नंबर दो, वह एक महान साहित्यिक था।

आदर्शों के लिए संघर्ष करने से भागने की यह प्रवृत्ति पंतजी के साहित्य और विचारधारा पर काफी रोशनी डालती है। वह यह कि इधर पंतजी का सारा का सारा साहित्य उनकी 'युगवाणी' और ग्राम्या' की सीमित प्रगतिशीलता से भी भागने का प्रयास और बहाना है। जनसंघर्ष के बढ़ने के साथ उन्होंने उस प्रगतिशील विचारधारा से अपने को बिलकुल काट लिया है। आज भी जब वे लोककल्याण की बात करते हैं, सामंत और अभिजातवर्ग की संकुचित नैतिकता को गलत बतलाते हैं, वर्गयुद्ध की सीमित उपादेयता को स्वीकार करते हैं, मार्क्सवाद के 'वैज्ञानिक (लोकतंत्र के रूप में) आदर्शवाद' (पृ. 21) और 'जनहित और सर्वहारा के पक्ष' को आकर्षण की चीज बतलाते हैं, तो दूसरी ओर धीरे धीरे अपनी उसी 'प्रस्तावना' में ही लोककल्याण को सामंत और अभिजात वर्ग के कल्याण से भी जोड़ देते हैं। वे नैतिकता का आधार सामंत और अभिजात वर्ग के स्वार्थ को मानकर स्थापित करते हैं, वर्गयुद्ध को 'अविद्या' कहते हैं। वे मार्क्स के दर्शन को खोखला कहते और उसे गालियां देते हैं। यह अजीब हालत है कि किन चीजों की उपादेयता वे एक स्थान पर (आंशिक रूप से ही सही) स्वीकार करते हैं, उन्हीं चीजों को धीरे धीरे दूसरे स्थानों पर कुत्सित कहते हैं। इसका रहस्य गोर्की के एक लेख से खुल जाता है जिसमें उसने 'फिलिस्टिनों' के बारे में यह लिखा था :

> कभी कभी ऐसा होता है कि घटनाओं के दबाव के कारण 'फिलिस्टीन' के मन में ऐसे विचार आ जाते हैं जो उसके लिए पराए होते हैं किंतु यही विचार उसके दुःख का स्रोत बन जाते हैं जैसे एक्जिमा, गुर्दे की पथरी अथवा यकृत रोग। ऐसे मामलों में अपने कष्ट को किसी पीड़ानाशक की मदद से दूर करने की कोशिश करेगा जैसे, धर्म, निराशावाद, मदिरा, व्यभिचार, गुण्डागर्दी आदि।

आज पंतजी के साहित्य में जिन चीजों की भरमार है, उनके सहारे ऊंची संस्कृति या साहित्य के निर्माण की बात दिवास्वप्न मात्र है।

'उत्तरा' की प्रस्तावना के पढ़ने के बाद यह बिल्कुल स्पष्ट हो जाता है कि पंतजी ने अपनी कलम को सरमायादारी और सामंतवादी विचारधारा के सुपुर्द कर दिया है। अपने छायावादी युग में उन्होंने मध्ययुगीन सामंती प्रवृत्तियों से विद्रोह किया था किंतु आज वे न केवल सरमायादारी के ही समर्थक हैं वरन सामंतवादी संस्कृति के वर्गसंबंधों इत्यादि को अध्यात्म का सहारा लेकर आवश्यक और उचित बतलाते हैं। मानव की मुक्ति की लंबीचौड़ी बातें करते हुए, लोकायन की योजना बनाते हुए इस कवि ने आज यह आवाज नहीं उठाई है कि सामंतवाद और सरमायादारी का खात्मा सांस्कृतिक विकास की पहली शर्त है। आज जब स्वयं इस देश में मजदूर, किसान और साधारण जनता शोषण और दमन का शिकार

हो रही है तब भी इस कवि पर कोई असर नहीं होता, दुनिया भर में नई चेतना की ज्योति जगाने का स्वप्न देखने वाला कवि साम्राज्यवाद के विरुद्ध आवाज नहीं उठाता, अमरीकी और ब्रिटिश साम्राज्यवादी योजनाओं की निंदा नहीं करता और स्वयं उसका गुरु कोरिया की जनता के स्वातंत्र्यसंग्राम को कम्युनिस्ट साम्राज्यवादी नीति कहता है। पंतजी का विरोध केवल कम्युनिस्टों से ही नहीं है, वरन् देश की उस सारी जनता से भी है जो कम्युनिस्ट न होते हुए इस चीज को समझती है कि वह आज भी आजाद नहीं है, कि उसका सांस्कृतिक उत्थान साम्राज्यवाद और उसके सामने हाथ जोड़कर खड़ी रहने वाली क्रांतिविरोधी शक्तियों के अंत के बिना संभव नहीं है, और जो उन सबके साथ कंधे से कंधा भिड़ाकर लड़ने को तैयार हैं जो इन सबको खत्म करना चाहते हैं।

4

अनामिका : एक परिसंवाद*

चंद्रबली सिंह

दुख ही जीवन की कथा रही, क्या कहूं आज जो नहीं कही।

धर्मवीर भारती : चंद्रबली जी, निराला की जो पंक्तियां आपने पढ़ीं उनमें उनकी वह मनःस्थिति प्रतिभासित होती है जो 'अनामिका' की अधिकांश कविताओं में की पृष्ठभूमि में है। लेकिन कभी आपने इस बात पर भी ध्यान दिया है कि जिस दुःख की कथा की ओर उनका संकेत है वह दुःख केवल उनका वैयक्तिक दुःख था या उस सारी पीढ़ी का दुःख था ? काव्य के क्षेत्र में अनुदारता, संकीर्णता और रूढ़िवादिता का विरोध सहना पड़ रहा था और जीवन में विषमता और राजनीतिक दासता का कटु अनुभव हो रहा था। 'अनामिका' की कविताओं की यह अंतर्निहित पीड़ा, सारी पीढ़ी की पीड़ा की प्रतीक थी या केवल व्यक्ति निराला की ?

चंद्रबली सिंह : भारती जी, यह तो स्पष्ट है कि कवि का जीवन उसकी रचनाओं को प्रभावित करता है। निराला का जीवन अत्यंत उथलपुथल का, संघर्षों का जीवन रहा है। किंतु उनकी कविताओं में केवल उनके व्यक्तिगत संघर्षों का चित्र रहता तो उनका युगांतरकारी महत्व न होता। निराला का व्यक्तिगत संघर्ष उनके युग के संघर्ष का अंग रहा है। इसलिए उनमें सामाजिक चेतना इतनी उभर कर आई है। अपने जीवन के संघर्षों से ऊपर उठकर युग को एक नए जीवन का संदेश, एक नई आस्था देने के कारण ही निराला का व्यक्तित्व बहुत अंशों में युग का व्यक्तित्व है। उन्होंने चोटें सहकर भी इस आस्था को नहीं छोड़ा। उनकी आस्था उन चोटों के ऊपर उसी तरह उठती है, जिस तरह उनकी वनबेला, जिसको एक गहन निराशा के क्षण में कवि ने आशा के प्रतीक के रूप में देखा :

> यह ताप, त्रास
> मस्तक पर लेकर उठी अतल की अतुल सांस

---

* आकाशवाणी, इलाहाबाद से प्रसारित परिसंवाद।

ज्यों सिद्धि परम
भेद कर कर्म जीवन के दुस्तर क्लेश, सुधम
आई ऊपर,
जैसे पार कर क्षार सागर
अप्सरा सुघर
सिक्त तन केश शत लहरों पर
कांपती विश्व के चकित दृश्य के दर्शन-सर।

धर्मवीर भारती : इसमें कोई संदेह नहीं। किंतु 'अनामिका' की ही कविताओं में कुछ अत्यंत रसमयी कविताएं वे हैं जिनमें निराला का स्वर चरम वैयक्तिक हो गया है। इतना वैयक्तिक कि वे कह उठते हैं :

गाता हूं गीत मैं तुम्हें ही सुनाने को
भले और बुरे की
लोक निंदा यश कथा की
नहीं परवाह मुझे
गाता हूं गीत मैं तुम्हें ही सुनाने को।

या फिर वे अपने गीतों की भी उपेक्षा करते हैं, अपने साहित्यिक भविष्य को भी भुलाकर कहते हैं :

कुछ हुआ न हो
मुझे विश्व का सुख श्री केवल यदि तुम पास रहो
मेरे नभ के बादल यदि न कटे
चंद्र रह गया ढंका
तिमिर रात को तिर कर यदि न अटे
लेश गगन मास का
रहेंगे अधर हंसते, पथ पर, तुम हाथ यदि गहो,
कुछ हुआ न हो।

इससे तो आप भी इनकार नहीं करेंगे कि इन कविताओं में रस की कमी नहीं। ये मार्मिक हैं। इनकी आवाज में ताकत है। लेकिन हैं ये चरम वैयक्तिक कविताएं और 'अनामिका' में ऐसी कविताएं कम नहीं हैं। इनमें युग की चेतना उभरी है या नहीं, यदि नहीं तो इनका सौंदर्य फिर किस पर आधारित है?

चंद्रबली सिंह : भारती जी, यहां आपने दो प्रश्न उठा दिए हैं जिनमें से एक का संबंध तो निराला जी की समर्पण की भावना और दूसरे का संबंध ऐसी भावना की अभिव्यक्ति के सौंदर्य से है। निराला में अद्वैतवाद और प्रखर सामाजिक चेतना

दोनों न केवल समानांतर रूप से उपस्थित है, बल्कि उनमें पारस्परिक अटूट संबंध है। उनकी अनेक कविताएं विराट को लक्ष्य करके लिखी गई हैं। समाज से संघर्ष में हारकर कभी कभी वे आत्मपरक हो उठे, किंतु यह उनके काव्य की सामान्य मनोभूमि नहीं है। आप 'अनामिका' की ही अनेक कविताओं को लीजिए जिनमें कवि विराट या किसी काल्पनिक स्वर्ग इत्यादि को छोड़कर जमीन का ही आश्रय लेता है। उदाहरणार्थ, उनकी 'नर्गिस' कविता को लें, कवि जिसमें ज्योत्स्ना को, जो 'स्वर्ग की परी' है, नर्गिस के समक्ष तुच्छ ठहराता है :

स्वर्ग झुक आए यदि धरा पर तो सुंदर
या कि यदि धरा चढ़े स्वर्ग पर तो सुघर।
बही हवा नर्गिस की, मंद छा गई सुगंध
धन्य, स्वर्ग यही, कह किए मैंने दृग बंद।

निराला की ग्लानि और निराशा से भरी हुई कविताएं जो हृदय को स्पर्श करती हैं उसका प्रधान कारण मेरी समझ में यह है कि उनमें कवि के हृदय का दर्द है, ऐसा दर्द जिसका संबंध उसके व्यक्तित्व के विद्रोह से है। किंतु निराला ने सतत इस ग्लानि और निराशा के वातावरण से ऊपर उठने की कोशिश की है। जिन पंक्तियों को आपने उद्धृत किया है उनमें भी संसार के विरोध के प्रति कवि उपेक्षा अभिव्यक्त करता है। 'सरोज स्मृति' में निराला जी एक ओर दर्द भरे शब्दों में कहते हैं :

हो गया व्यर्थ जीवन
मैं रण में गया [हार।

और दूसरी ओर भाग्य को चुनौती भी देते हैं :

खण्डित करने को भाग्य अंक
देखा भविष्य के प्रति अशंक।

'राम की शक्तिपूजा' के राम भी जिनमें निरालाजी स्वयं प्रतिबिंबित हैं, इसी प्रकार ग्लानि से भरकर एक ओर कहते हैं :

धिक् जीवन को जो पाता ही आया विरोध
धिक् साधन जिसके लिए सदा ही किया शोध।

किंतु वही राम, शक्ति का वरदान प्राप्त करने के लिए देवी के सम्मुख अपनी एक आंख, जो कमल का प्रतीक है, कमल के स्थान पर चढ़ाने को प्रस्तुत हो जाते हैं :

कहती थी माता मुझे सदा राजीव नयन।
दो नील कमल हैं शेष अभी यह पुनश्चरण
पूरा करता हूं देकर मातः एक नयन।

राम ने एक नयन को उत्सर्ग करने के लिए तैयार होकर शक्ति का वरदान प्राप्त किया और निराला ने अपना सारा जीवन उत्सर्ग कर अपनी कविता और व्यक्तित्व को शक्तिमान बनाया है।

धर्मवीर भारती : बिल्कुल ठीक। केवल इसमें एक छोटी सी बात और जोड़ देनी चाहिए। यद्यपि निराला के विद्रोह की विषयवस्तु सामाजिक है, लेकिन उनकी समस्त चिंतनशैली, शब्दावली, मनोभूमि और परंपरा वेदांत के चरम व्यक्तिवाद की है। वे इन सब का साक्षात्कार अपने मन में अपने अंदर ही करना चाहते हैं। इस दृष्टि से उनकी एक छोटी सी कविता बड़ी ही अर्थपूर्ण है :

सहज सहज पग धर आओ उतर
देखें वे सभी, तुम्हें पथ पर
वह जो सिर बोझ लिए आ रहा
वह जो बछड़े को नहला रहा
उनके दिल की धड़कन से मिली
होगी तस्वीर जो कहीं खिली
देखूं मैं भी वह कुछ भी हिली
तुम्हें देखने पर भीतर भीतर।

तो भीतर की ओर का यह आग्रह और बाह्य का यह दर्शन जहां पूर्ण समन्वय पाता है वहां उनकी कविता में अतुल शक्ति है। जहां इनमें से कोई एक दूसरे पर हावी हो जाता है वहीं उनकी कविता में उलझन, अस्पष्टता और दुरूहता आ जाती है। या तो वह बाह्य पर आधारित नीरस विवरण बन जाता है या बिल्कुल भीतर पर आधारित कुछ ऐसा उलझा हुआ पद्य जिसे समझना दुष्कर है 'अनामिका' में ऐसे बहुत से अंश मिले होंगे जिनका अर्थ ढूंढ़ने में एड़ीचोटी का पसीना एक करना पड़ता है। फिर भी आप निश्चयपूर्वक नहीं कह सकते कि आपने जो अर्थ ढूंढ़े वह सही ही हैं। ऐसे स्थलों की दुरूहता का कारण आप क्या मानते हैं? चिंतन तथा अनुभूति की उलझन या टेकनीक और शैली का असंतुलन?

चंद्रबली सिंह : आंशिक रूप से तो इन दोनों ने ही निरालाजी की कविता को कुछ दुरूह बनाया है। लेकिन हमें यह भी नहीं भूल जाना चाहिए कि निरालाजी के अनेक विरोधी आलोचकों ने उनको उखाड़ने के लिए भी उनकी कविताओं का मजाक उड़ाया, उनके मुक्त छंद को रबड़ केचुआ छंद कहा। निराला ही क्यों, सभी छायावादी कवि इस प्रकार के अन्याय या उपेक्षा के शिकार हुए। निराला ने तो इन

आलोचकों के विरुद्ध जो संघर्ष किया वह अपने प्रयोगों में उनकी अपूर्व लगन और निष्ठा का प्रमाण है। विरोधियों के बीच कवि सम्मेलनों में जाकर उन्होंने अपने मुक्त छंद की धाक जमा दी। उन्होंने स्वयं अपनी कविता और कला पर लेख लिखे। 'प्रबंध प्रतिभा' में उनका 'मेरे गीत और कला' शीर्षक से लेख है। साहित्य में जब नई अकांक्षाओं, नए भावों को रूपायित करने के लिए नए उपमानों, नए चित्रों, नई शैली का उदय होता है तो बहुधा इस प्रकार का विरोध होता है। लेकिन स्वयं उस युग में भी निराला के अनेक समर्थक थे। यह ठीक है कि निराला में काव्य को संवारने, भावों को समासशैली या वक्रशैली में व्यक्त करने की प्रवृत्ति उसे कभी कभी दुरूह बना देती है। उनकी दुरूहता के पीछे उनकी अद्वैतवादी विचारधारा, किसी विराट की कल्पना और अपने युग के मुक्तिप्रयासों को लौकिक प्रेम और प्रकृति के रूपकों में उतारने का प्रयत्न है। किंतु मैं समझता हूं कि जैसे जैसे छायावाद के कवियों की मनोभूमि और उनकी शैली से हमारा परिचय बढ़ता गया है वैसे वैसे उन पर से दुरूहता का आवरण भी हटता गया है।

धर्मवीर भारती : किंतु इतना ही कारण यथेष्ट नहीं प्रतीत होता। जहां तक अद्वैतवादी शब्दावली और रूपकों का प्रश्न है, हिंदीभाषी जनता कबीर के समय से अद्वैतपरक लौकिक प्रेम के रूपकों को समझती आई है। अद्वैतपरक रूपकों में कहीं निराला स्पष्ट हैं, कहीं दुरूह। मुझे इसका कारण दूसरा प्रतीत होता है। वास्तव में उनके काव्य व्यक्तित्व में एक गहन विरोधाभास प्रारंभ से ही रहा है। कहीं उन्होंने अपने विद्रोह को सामाजिक अर्थ दिया है और कहीं वह विद्रोह उनके अहं को आहत और विक्षुब्ध करके छोड़ गया है। यही प्रतिक्रियाएं शैली के क्षेत्र में भी मिलती हैं। कहीं कहीं वह शैली सामान्य स्तर तक आई है, कहीं कहीं अपने आहत अहं को संतोष देने के लिए उन्होंने शैली का अद्भुत चमत्कार दिखाकर पाठक को अभिभूत करना चाहा है या आलोचक को स्तब्ध कर प्रतिशोध लेना चाहा है। ऐसे स्थलों पर अर्थ गौण हो गया है। चमत्कार प्रमुख और वाग् तथा अर्थ में एक गहरी खाई आ गई है। निराला की शैली में, उनके विरोधाभासपूर्ण व्यक्तित्व की ही भांति, ये दोनों धाराएँ 'अनामिका' से 'अर्चना' तक लगातार चली आई हैं। जहां निराला में आत्मप्रदर्शन उभरा है वहां शैली दुरूह है, जहां सहज आत्माभिव्यक्ति है वहां वे पाठक की मनोभूमि तक बहुत सरलता से पहुंच जाते हैं। एक बात शैली की चित्रात्मकता के विषय में भी जान लेना आवश्यक है। निराला की शैली पंत तथा महादेवी की शैली से इस अर्थ में बहुत पृथक है। पंत और महादेवी अपने भावों को चित्रों के माध्यम से पाठक तक पहुंचाते हैं, निराला ध्वनि के माध्यम से। चित्रात्मक शैली सहज ग्रहणीय होती है, ध्वन्यात्मक शैली अधिक सूक्ष्म और गूढ़ होती है। निराला का शब्दशैलियों पर विशेष आग्रह रहा है। 'अनामिका' में तो नहीं, पर बाद की

'नए पत्ते' 'बेला' आदि संग्रहों की बहुत सी कविताओं में ध्वनि इतनी गूढ़ और वैयक्तिक है कि उन कविताओं की सहज प्रेषणीयता सहज हो गई है।

चंद्रबली सिंह : भारतीजी, मैं समझता हूं कि संक्षेप में निराला के छंद प्रयोग पर भी विचार किया जाए। निरालाजी ने अपने मुक्त छंद को रीतिकालीन बंधनों और विदेशी दासता से मुक्ति के आंदोलन के साथ जोड़ा। उन्होंने 'परिमल' की भूमिका में लिखा :

> मनुष्यों की मुक्ति की तरह कविता की भी मुक्ति होती है। मनुष्यों की मुक्ति कर्मों के बंधन से छुटकारा पाना है और कविता की मुक्ति छंदों के शासन से अलग हो जाना।

इस प्रकार मुक्त छंद में उनके प्रयोग रीतिकालीन साहित्यिक और सांस्कृतिक रूढ़ियों के विरुद्ध छायावादी आंदोलन में एक अत्यंत महत्व का स्थान रखते हैं। उन्होंने 'अनामिका' में 'मित्र के प्रति' शीर्षक कविता में रीतिकालीन परंपरा पर इस प्रकार चोट की :

सत्य, बंधु, सत्य वहाँ
नहीं अर्र बर्र,
नहीं वहां भेक, वहां
नहीं टर्र टर्र।
एक यहीं आठ पहर
वही पवन हहर हहर,
तपा तपन ठहर ठहर
सजल कण उड़े।
गए सूख भरे ताल,
हुए रूख हरे शाल,
हाय रे, मयूर व्याल,
पूंछ से जुड़े।

मैं इसे अत्यंत आवश्यक समझता हूं कि निराला के प्रयोगों को छायावाद के साहित्यिक और सांस्कृतिक आंदोलन के अनुबंध में देखा जाए। मुक्तछंदों को हिंदी में लोकप्रिय बनाने का श्रेय निराला को ही है। उन्होंने एक जागरूक कलाकार की भांति व प्रवृत्तों और मात्रावृत्तों के आधार पर मुक्तछंद और मुक्त गीतों का निर्माण किया है।

निराला की कविता की एक दूसरी विशेषता स्वरों का विस्तार है, जो अपूर्व आज का निर्माण करता है। जैसे, 'राम की शक्तिपूजा' में संध्या समय हतोत्सा-

हित होकर लौटे राम का वर्णन :

दृढ़ जटा मुकुट हो विपर्यस्त प्रति लट से खुल
फैला पृष्ठ पर, बाहुओं पर, वक्ष पर, विपुल
उतरा ज्यों दुर्गम पर्वत पर नैशांधकार,
चमकतीं दूर ताराएं ज्यों हों कहीं पार।

इनमें पंक्तियों का प्रवाह स्वरों का समुद्र लहरा देता है। इसमें चित्र विराटता भी दर्शनीय है। ऐसे चित्रों के निर्माण में भी निराला हिंदी साहित्य में अद्वितीय हैं। अनामिका में 'वनबेला' 'सरोजस्मृति' आदि कविताओं में ऐसे अनेक चित्र हैं। अंत में मैं कहूंगा, निराला ने अपने साहित्य और व्यक्तित्व से हमारे साहित्यिकों को महान प्रेरणा दी है। और 'अनामिका' कवि के उदात्त और संघर्षशील व्यक्तित्व और काव्य को उभार कर रखती है।

धर्मवीर भारती : इसमें कोई संदेह नहीं, निराला के काव्य की महानता उनके जीवन या काव्य की किसी भी असफलता के कारण कम नहीं होती। उन्होंने स्वयं लिखा है कि :

बार बार हार हार मैं गया
खोजा जो हार क्षार में नया
उड़ी धूल तन सारा भर गया
नहीं फूल, जीवन अविकच है
यह सच है।

लेकिन इससे भी बड़ा सच यह है कि जीवन या काव्य की यह पराजय नीलकंठ की ग्रीवा का कलुष मात्र है। उनके काव्य में संघर्ष की चुनौती, समर्पण का आग्रह और आस्था का जो अटूट बल है, वह अद्वितीय है। वैयक्तिक पीड़ा में सामाजिक अर्थ ढूंढ़ निकालने की क्षमता अद्‌भुत है और कम से कम मुझे तो 'अनामिका' के इस गीत में सृजन और निर्माण की वीणा को पुनः संवारने का अद्‌भुत संदेश मिलता है जो हर पीड़ा और गतिरोध में कहता है :

फिर संवार सितार लो।
बांध कर फिर ठाट अपने अंक पर झंकार दो।

और यह स्वर अपराजेय है, क्योंकि निराला का यह स्वर निर्माण का स्वर है, जो उन्हें विद्रोह के गहन मंथन के उपरांत मिला है।

5

परिमल और छायावाद

हिंदी में छायावादी युग भक्तिकाल की तरह एक महान सांस्कृतिक आंदोलन के उत्कर्ष का युग रहा है। जीवन की जो व्यापक उदार कल्पना और उस कल्पना को शब्दों और प्रतीकों में उतारने का जो आकुल प्रयास हमें छायावादी युग में दीख पड़ता है, वह भक्तिकाल को छोड़कर हिंदी के किसी अन्य युग या काल में नहीं दीख पड़ता। भक्तिकाल के कवियों की भांति हिंदी के छायावादी कवि भी अपने कवि कर्म के सांस्कृतिक महत्व के प्रति जागरूक थे।

आज छायावादी युग के सांस्कृतिक महत्व को सभी स्वीकार करते हैं। किंतु छायावाद के कवियों को जिस विरोध और संघर्ष के बीच से गुज़रना पड़ा, आलोचना को अंधड़ों में जिस प्रकार अपनी नई आस्था के दीप को बचाते रहना पड़ा, उसकी तुलना किसी अन्य से नहीं की जा सकती। जीवन और सौंदर्य की उनकी नई उद्भावना से लेकर उनकी कला के रूप और छंदों तक का उपहास किया गया। पंतजी की कोमल और रससिक्त कविता भी उनमें से कुछ को कांटे की तरह चुभती थी। निराला पर आक्रमण करने में शिष्टाचार तक को तिलांजलि दे दी है। उनके मुक्त छंद को 'रबड़ केचुआ छंद' की संज्ञा दी गई। निराला जी ने आगे चलकर इन आक्षेपों और आक्रमणों का उल्लेख 'सरोज स्मृति' (अनामिका) में किया है:

एक साथ जब शत धात धूर्ण
आते थे मुझ पर तुले तूर्ण,
देखता रहा मैं खड़ा अपल
वह शरक्षेप, वह रणकौशल।

निराला जी ने जिन शब्दों में अपनी 'वन बेला' कविता में अपने कविजीवन की साधना को व्यक्त किया है, उन्हीं शब्दों में हम लगभग सभी छायावादी कवियों के कविजीवन को व्यक्त कर सकते हैं। कोमल, तन्वि, सुगंधपूर्ण वनबेला का जीवन उत्सर्ग का जीवन है (अनामिका)। इसलिए कवि उसे अपना आदर्श मानता है:

नाचतीं वृंत पर तुम, ऊपर
होता जब उपल प्रहार प्रखर
अपनी कविता······
तुम रहो एक मेरे उर में
अपनी छवि में शुचि संचरित।

नए सांस्कृतिक दृष्टिकोण और उसकी अवतारणा करने वाले नए काव्यरूप की रक्षा के प्रश्न ने हमारे सभी छायावादी कवियों को आलोचक भी बनने के लिए बाध्य किया। प्रसाद, पंत, निराला और महादेवी, सभी ने छायावाद-विरोधी आलोचकों से टक्कर ली और उसके दौरान हिंदीसाहित्य के लिए नया दृष्टिकोण, नया गद्य और नई आलोचनापद्धति दी। उनमें से हर एक ने अपने दृष्टिकोण और अपनी टेकनीक का वर्णन, उसकी व्याख्या, विश्लेषण और समर्थन किया जिसके फलस्वरूप आलोचना का साहित्य केवल परिमाण में ही नहीं वरन् गुण में भी अत्यंत समृद्ध हुआ। इन प्रारंभिक आलोचनाओं में 'पल्लव' और 'परिमल' की भूमिकाओं का ऐतिहासिक महत्व है।

इन भूमिकाओं में पंत और निराला ने हिंदी की रीतिकालीन परंपरा की धज्जियां उड़ाईं। पंतजी ने मध्ययुगीन साहित्य के संकुचित दृष्टिकोण और उसकी रूढ़िबद्ध काव्यपरंपरा को आधुनिक युग के जीवन के लिए अपर्याप्त और अहितकर बतलाया। प्रसाद जी ने उन आलोचकों को, जो छायावाद के एक प्रमुख पक्ष रहस्यवाद को विदेशी कहते थे, अपने लेख 'रहस्यवाद' में उत्तर दिया। उन्होंने रहस्यवाद को भारतीय दर्शन के आनंदवाद से जोड़ते हुए लिखा :

> आर्य संस्कृति में आनंद भावना, प्रिय कल्पना और प्रमोद हमारी व्यवहार्य वस्तु थी। आज की जातिगत निर्वीयता के कारण उसे ग्रहण न कर सकने पर, 'यह सेमेटिक है' कहकर संतोष कर लिया जाता है।

स्वयं प्रसादजी ने छायावाद और रहस्यवाद में भेद मानते हुए और छायावाद के शैली पक्ष पर अधिक जोर देते हुए भी छायावाद की परिभाषा इन शब्दों में की :

> कविता के क्षेत्र में पौराणिक युग की किसी घटना अथवा देशविदेश की सुंदरी के मात्र वर्णन से भिन्न जब वेदना के आधार पर स्वानुभूतिमयी अभिव्यक्ति होने लगी, तब हिंदी में उसे छायावाद के नाम से अभिहित किया गया। ('यथार्थवाद और छायावाद')।

महादेवी ने भी छायावाद को स्थूल के विरुद्ध सूक्ष्म की प्रतिक्रिया कहा। उन्होंने भी छायावाद के दृष्टिकोण और रूप की सांस्कृतिक भूमिका को महत्व दिया। किंतु निरालाजी के 'परिमल' की भूमिका की विशेषता यह है कि उन्होंने छायावाद को

बड़े ही स्पष्ट शब्दों में हमारे राष्ट्रीय आंदोलन और सांस्कृतिक जागरण से जोड़ा। छायावादी युग से ठीक पूर्व की कविता का उल्लेख करते हुए उन्होंने 'परिमल' की भूमिका में लिखा :

> इस समय के और पराधीन काल के काव्यानुशासनों को देखकर हम जाति की मानसिक स्थिति को भी देख ले सकते हैं। अनुशासन के समुदाय चारों तरफ से उसे जकड़े हुए हैं, साहित्य के साथ साथ राज्य, समाज, धर्म, व्यवसाय, सभी कुछ पराधीन हो गए हैं। चित्र स्वयं समीप हैं इसलिए उन्हें प्यार करने वाली वृत्ति भी एक सीमा के अंदर चक्कर लगाया करती है और इस प्रकार इस वृत्ति को धारण करने वाला मनुष्य भी चाहे पहले का स्वतंत्र हो, पर पीछे से सीमा में बंधकर पराधीन हो जाता है। नियम और अनुशासन भी सीमा के ही परिचायक होते हैं और क्रमशः मनुष्य जाति को क्षुद्र से क्षुद्रतर तथा गुलाम से गुलाम कर देने वाले।

छायावाद की इन सारी परिभाषाओं को यदि संक्षेप में रखा जाए तो कहा जा सकता है कि छायावाद मूलतः प्रसार का साहित्य है। यह युग द्विवेदीयुग की शास्त्रीय एवं संकुचित नैतिकता के स्थान पर व्यापक और उदार मानवीय नैतिकता के उदय का युग है। निरालाजी ने 'परिमल' की भूमिका में साहित्य में प्रचलित 'प्राचीन गुलामी प्रथा' का विरोध किया। इस भूमिका का अधिकांश इस प्राचीन 'गुलामी प्रथा' को प्रश्रय देकर अपना 'गुरुत्व' स्थापित करने वाले आलोचकों को लक्ष्य में रखकर लिखा गया है। छायावाद के उदय की कविताओं के संबंध में भूमिका के प्रारंभ में ही उनका कथन है :

> हिंदी के उद्यान में अभी प्रभातकाल ही की स्वर्णछटा फैली है। उसमें सोने के तारों का बुना कल्पनाजाल ही अभी है, जिसमें किशोर कवियों ने अनंत विस्तृत नील प्रकृति को प्रतिभा में बांधने की चेष्टाएं की हैं···वे हिंदी के इस काल के शुष्क साहित्यहृदयों में उन मनोहर प्रतिमाओं को प्रतिष्ठित करने का विचार कर रहे हैं। इसीलिए, अभी जागरण के मनोहर चित्र, आह्लाद परिचय आदि जीवन के प्राथमिक चिह्न ही देख पड़ते हैं।

आगे चलकर उन्होंने 'परिमल' की भूमिका में ही कल्पना के इस प्रसार का सामाजिक और सांस्कृतिक प्रसार से एकात्म किया। उन्होंने लिखा :

> साहित्य की मुक्ति उसके काव्य में देख पड़ती है। इस तरह जाति के मुक्ति प्रयास का पता चलता है। धीरे धीरे चित्रप्रियता छूटने लगती है। मन एक खुली हुई प्रशस्त भूमि में विहार करता है। चित्रों की सृष्टि तो होती है, पर वहां उन तमाम चित्रों को अनादि और अनंत सौंदर्य में मिलाने की चेष्टा

> रहती है। पल्लवों के हिलने में किसी अज्ञात चिरंतन अनादि सर्वज्ञ को हाथ के इशारे अपने पास बुलाने का इंगित प्रत्यक्ष करते हैं। इस तरह चित्रों की सृष्टि असीम सौंदर्य में पर्यवसित की जाती है। और यही जाति के मस्तिष्क में विराट दृश्यों के समावेश के साथ ही साथ स्वतंत्रता की प्यास को भी प्रखरतर करते जा रहे हैं।

इस प्रकार छायावाद को भारतीय जीवन और उसके सांस्कृतिक जागरण से जोड़कर 'परिमल' की भूमिका उन आलोचकों को उत्तर है जो छायावाद को अभारतीय या पश्चिम की नकल मात्र कहते थे।

'परिमल' की भूमिका में छायावाद के उदय काल के चित्र को ही अंकित करना उन्होंने पर्याप्त नहीं समझा। उन्होंने छायावाद की आध्यात्मिक काल्पनिकता और सूक्ष्मप्रियता को उसकी सीमा बतलाते हुए उसके विकास की संभावनाओं की ओर भी संकेत किया। उन्होंने लिखा :

> छायावाद में अभी कर्म की अविश्राम धारा बहती हुई नहीं दीख पड़ती। इस युग के कुछ प्रतिभाशाली अल्पवयस्क साहित्यिक प्राचीन गुरुडम के एक छत्र साम्राज्य में बगावत के लिए शासनदण्ड ही पा रहे हैं, अभी उन्हें साहित्य के राजपथों पर साधिकार स्वतंत्र रूप से चलने का सौभाग्य नहीं मिला। परंतु ऐसा जान पड़ता है इस नवीन जीवन में भीतर से शीघ्र ही एक ऐसा आवर्त बंधकर उठने वाला है जिसके साथ साहित्य के अगणित जलकण उस एक ही चक्र की प्रदक्षिणा करते हुए उसके साथ एक ही प्रवाह में बह जाएंगे और लक्ष्यभ्रष्ट या निदाघ से शुष्क न हो, एक ही जीवन के उदार महासागर में विलीन होंगे। यह नवीन साहित्य के क्रियाकाल में संभव होगा।

भूमिका में निरालाजी की यह भविष्यवाणी, जिसके प्रतिफलन के संकेत 'परिमल' की 'बादलराग' की कविताओं में ही मिलते हैं, आगे चलकर छायावादी कवियों की व्यापक सामाजिक चेतना के रूप में अक्षरशः सत्य सिद्ध हुई। वास्तव में हमारा आज का हिंदी साहित्य छायावाद की परंपराओं को ही लेकर विकसित हुआ है; मुक्ति की कामना और अनेक सामाजिक और सांस्कृतिक रूढ़ियों से निरंतर संघर्ष में ही ढला और निखरा है।

हिंदी और राष्ट्रीय आंदोलन में व्यापक ऐक्य के संबंध में भी निरालाजी 'परिमल' की भूमिका में संकेत करते हैं। यह मानते हुए भी कि बंगला के 'आधुनिक अमर साहित्य का उन पर काफी प्रभाव है, उन्होंने औचित्य की रक्षा' के विचार से हिंदी के गौरवमय भविष्य का भी उल्लेख किया। उन्होंने हिंदी के गौरवमय अतीत की ओर संकेत करते हुए वर्तमान में उसके राष्ट्रीय रूप को उभारकर रखा है। उन्होंने हिंदी विरोधियों के संबंध में लिखा :

> वे नहीं जानते, उस तलवार के जमाने में सिर काटकर भी साहित्य में अपनी संस्कृति की रक्षा करने वाले वे गत शताब्दियों के महापुरुष अपनी भाषा और लिपि के भीतर से असीम बल अपनी संतानों को दे गए हैं।

उन्होंने हिंदी में मुसलमानकाल की साहित्यिक परंपरा के विकास और रक्षा में व्यापक राष्ट्रीय एकता के लक्षण भी देखे और हिंदी के उन्नायकों के प्रति इन शब्दों में श्रद्धा प्रकट की, 'साहित्य के साथ साथ राष्ट्रसाहित्य की भी कविता का उन्हीं लोगों ने प्रथम शृंगार किया है।' हिंदी की सांस्कृतिक भूमिका के संबंध में 'परिमल' में व्यक्त किए गए विचारों से स्पष्ट है कि निरालाजी उसके साहित्य को राष्ट्रीय आंदोलन के एक महान और व्यापक माध्यम के रूप में देखना चाहते थे। 'परिमल' की भूमिका में हिंदी साहित्य के भावी विकास की इंगित दिशा ही आज के हिंदी साहित्य की दिशा है।

'परिमल' की भूमिका का दूसरा महत्वपूर्ण अंश अपने मुक्त छंद पर निराला जी का वक्तव्य है। अपनी टेकनीक पर जितना उन्होंने लिखा है, हिंदी के किसी अन्य छायावादी कवि ने नहीं क्योंकि उसे लेकर जितनी कटु आलोचना उनकी हुई उतनी किसी अन्य छायावादी कवि की नहीं हुई।

सभी छायावादी कवियों ने छायावाद की शैली, उसके भीतर शब्दचयन, संगीत, चित्रयोजना इत्यादि को रीतिकालीन परंपरा के प्रति विद्रोह कहा। किंतु निरालाजी ने अन्य छायावादी कवियों से अधिक संश्लिष्ट ढंग से छायावाद के सांस्कृतिक उपक्रम और अपने मुक्त छंद में अन्योन्याश्रित संबंध की स्थापना की। छायावाद में सांस्कृतिक प्रसार और मुक्ति की प्रवृत्ति का उल्लेख करते हुए उन्होंने लिखा :

> मनुष्यों की मुक्ति की तरह कविता की भी मुक्ति होती है, मनुष्यों की मुक्ति कर्मों के बंधन से छुटकारा पाना है और कविता की मुक्ति छंदों के शासन से अलग हो जाना।

मुक्तकाव्य के आलोचकों को संबोधित करते हुए उन्होंने कहा :

> मुक्तकाव्य कभी साहित्य के लिए अनर्थकारी नहीं होता, किंतु उससे साहित्य में एक प्रकार की स्वाधीन चेतना फैलती है, जो साहित्य के कल्याण की ही भूल होती है। जैसे बाग की बंधी और वन की खुली हुई प्रकृति। दोनों ही सुंदर हैं, पर दोनों के आनंद तथा दृश्य दूसरे दूसरे हैं। जैसे आलाप और ताल की रागिनी।

'प्रबंध प्रतिमा' में 'मेरे गीत और कला' शीर्षक निबंध में उन्होंने पुनः कहा, 'भावों की मुक्ति छंद की भी मुक्ति चाहती है। यहां भाषा, भाव और छंद, तीनों

स्वतंत्र हैं।'

इसमें संदेह नहीं कि डी. एल. राय और रवींद्रनाथ ठाकुर की भांति हिंदी के छायावादी कवियों का संगीत अंग्रेजी काव्य से प्रभावित था। किंतु निरालाजी ने पुराणपंथी आलोचकों को मुंहतोड़ जवाब देने के लिए वैदिक साहित्य का उदाहरण दिया और कहा, 'वैदिक साहित्य में इस प्रकार की स्वच्छंद सृष्टि को देखकर हम तत्कालीन मनुष्यस्वभाव की मुक्ति का अंदाजा लगा लेते हैं।' वैदिक साहित्य के इस मुक्त स्वभाव के विषय में उन्होंने लिखा, 'हृदय तक मन को उठा सकने वाले जो कुछ भी करते हैं, मुक्त स्वभाव से करते हैं, इसलिए वह कृति जैसे ईश्वर की ही कृति हो जाती है।' इसी चीज को उन्होंने फिर 'मेरे गीत और कला' लेख में इस प्रकार व्यक्त किया :

> 'भयो सिद्ध कर उल्टा जापू' अगर किसी पर खप सकता है तो हिंदी के एकमात्र मुझ पर। कबीर उलटबांसी के कारण विशेषता रखते हैं, पर वहां छंदों का साम्य है, उलटबांसी नहीं, यहां छंद और भाव, दोनों की उलटी गंगा बहती है। यह सब उलट-पुलट मैंने जानबूझकर नहीं किया और यह उलट-पुलट है भी नहीं। इससे सीधा और प्राणों के पास पहुंचता रास्ता छंदों के इतिहास में दूसरा नहीं, वेद इसीलिए वेद है।

निरालाजी ने इसी लेख में यह भी बतलाया है कि ब्रजभाषा की साहित्यिक परंपरा और आधुनिक जीवन में कोई साम्य नहीं रह गया था, ब्रजभाषा हिंदी के 'प्राणों की भाषा' नहीं रह गई थी। इसलिए उसकी लीक पर चलना जीवन से इनकार करना था।

उन्होंने अतुकांत काव्य और मुक्तछंद के भेद को भी स्पष्ट किया है। अतुकांत काव्य मात्राओं के बंधन में रहता है। और निरालाजी के अनुसार 'जहां मुक्ति रहती है, वहां बंधन नहीं रहते। न मनुष्यों में, न कविता में?' निराला ने 'परिमल' की भूमिका में लिखा है :

> मुक्त छंद तो वह है जो छंद की भूमि में रहकर भी मुक्त है।···केवल प्रवाह कवित्तछंद का सा जान पड़ता है।···मुक्त छंद का समर्थक उसका प्रवाह ही है। वही उसे छंद सिद्ध करता है, और उसका नियमसाहित्य उसकी मुक्ति।

इससे उन्होंने उन लोगों को सावधान किया है जो मुक्त छंद का अर्थ काव्य में अराजकतावाद से लेते हैं।

6

प्रसाद के काव्य में समरसता

जिन लोगों को 'प्रसाद' जी के साथ कुछ क्षण भी रहने का सौभाग्य प्राप्त हुआ था, उनका कथन है कि 'प्रसाद' जी का व्यक्तित्व उनकी स्मित रेखाओं में प्रस्फुटित हो उठता था। वे प्रकृति से अत्यंत गंभीर, शांत, मितभाषी और संकोचशील थे। कभी कभी उनके मिलने वालों को आश्चर्य होता था कि 'आंसू' की भावनाओं के गरल को पीकर इस कवि में पीड़ा की ऐंठन का कोई अवशेष न था। हमें यह भी ज्ञात है कि 'प्रसाद' जी का जीवन विषमताओं से रहित न था। किंतु उनमें उलझनों के सिंधु में तिरते रहने की अद्भुत क्षमता थी। जीवन की अधिक से अधिक अनुभूति रहते हुए भी वे निर्लिप्त से जान पड़ते थे। उनकी अनुरक्ति में भी एक अद्वितीय दार्शनिक तटस्थता थी। वे रह रह कर मुस्करा उठते थे, किंतु उनकी मुस्कराहट अवसाद के परमाणुओं से बिलकुल अछूती न थी। उनके व्यक्तित्व में रहस्यपूर्ण संतुलन था और इस संतुलन के लिए उन्हें काफी साधनाएं करनी पड़ीं। अपने हृदय की जिज्ञासा को शांत करने के लिए जीवन भर उन्हें अनुसंधान करते रहना पड़ा। यह अनुसंधान आध्यात्मिक था और इसमें सफलता प्राप्त करने के पूर्व कवि को अनेक स्थलों पर मानसिक संघर्षों का सामना करना पड़ा और सुख दुख, प्रेम विरह के आरोह अवरोह के मध्य उन्हें समतल भूमि मिली थी। इन विभिन्न परस्पर विरोधी प्रवृत्तियों और स्थितियों के सामंजस्य को उन्होंने समरसता की संज्ञा दी।

यहां हम संक्षेप में 'प्रसाद' जी के काव्य में उन कड़ियों के क्रमिक विकास पर दृष्टि डालेंगे जिन्होंने अंततोगत्वा उनके दार्शनिक दृष्टिकोण में समरता को इतना प्रमुख स्थान दिया।

'प्रसाद' जी के सर्वप्रथम काव्य 'चित्राधार' में छायावाद की एक प्रमुख प्रवृत्ति दृष्टिगत होती है, वह है जिज्ञासा। कवि प्रकृति को देखता है। उसके हृदय में एक गुदगुदी सी पैदा होती है। प्रकृति की सुंदर वस्तुओं में एक धुंधला आभास मिलता है किसी ऐसी चेतना का जो इन विभिन्न आकारों में एक सूत्र सी दौड़ती जान पड़ती है। फिर भी उसके हृदय में जिज्ञासाओं की भीड़ है, और इनके साथ वह 'प्रेमपथिक' की भूमि में प्रवेश करता है। अंतर इतना है कि यह जिज्ञासा यहां पर

अत्यंत मानवीय है। उसका प्रेम स्वभावतः व्यक्तिगत सीमाओं को पार कर किसी व्यापक सत्ता से मिलने के लिए विकल प्रतीत होता । यहां उसे अनंत प्रेम के दर्शन होते हैं। प्रकृति और मानव दोनों के सुख दुख की व्यक्तिगत इकाइयों में उसे अपूर्णता का आभास होता है।

'झरना' में कवि की जिज्ञासा और भी तीव्र स्वरूप धारण कर आती है। जीवन का सूनापन, उसका विषाद अभी तक वह नहीं दूर कर पाया है। उसके जीवन में एक नवीन प्रभात आकर छिप चुका है। उसने बुद्धि के सहारे अपने जीवन का लक्ष्य तो पहचान लिया है, किंतु उसकी भावनाओं का प्रवाह सुदूर कल्पना के शिखर को स्पर्श नहीं कर पाता। लक्ष्य और वास्तविक स्थिति में इस व्यवधान के कारण उसके जीवन में विश्राम नहीं। विश्रांत होकर भी वह उस अंतिम लक्ष्य का चिंतन किया करता है :

> वह उमंग सरिता आएगी आर्द्र किए रूखी सिकता
> सकल कामना स्रोत लीन हो पूर्ण विरति कब पावेगी ?

और इसी प्रतीक्षा में :

> गा रहा हूं बस दुःख का राग
> मिल गया विराग में अनुराग
> न वीणा ही रही वंशी कहां है ?
> हृदय हुआ है मेरा एकतारा।

'झरना' की अमा अभी राका नहीं बन पाई है। अभाव की इस भावना की सबसे उत्कृष्ट और तीव्रतम अभिव्यक्ति 'आंसू' में हुई है। मैं यहां इस विवाद में नहीं पड़ना चाहता कि 'आंसू' केवल मानवविरह से संबद्ध है या इसकी उद्भावनाभूमि आध्यात्मिक है। पर इतना अवश्य कहूंगा कि 'प्रसाद' जी के व्यक्तित्व का विकास सदा ही इन दोनों के सामंजस्य से हुआ है। अतएव 'आंसू' में आध्यात्मिक और शारीरिक या लौकिक चेतना का सम्मिश्रण है किंतु हमें तो अपना ध्यान विशेषतः 'आंसू' के इस पक्ष पर केंद्रित करना है कि प्रसाद जी की समरसता की दार्शनिक भूमि के निर्माण में इसका बड़ा ही महत्वपूर्ण स्थान है। इसमें हम प्रेम और विरह का समझौता देखते हैं और कवि विरहजन्य वेदना को भी एक वरदान के रूप में ग्रहण करता है। विरह उसके प्रेम की मांसलता को एक अत्यंत भावनापूर्ण हृदय देता है। उसकी ज्वाला कल्याण की धात्री है। अपनी ज्वाला को संबोधित कर कवि कहता है :

> निर्मम जगती को तेरा,
> मंगलमय मिले उजाला।

इस जलते हुए हृदय की,
कल्याणी शीतल ज्वाला।

यहां मिलन और विरह, आसक्ति और विरक्ति, दोनों एक दूसरे के आलिंगन में आकर एक हो गए हैं।

यहां 'आंसू' और 'कामायनी' के बीच भी एक सुंदर शृंखला है। 'लहर' और 'कामायनी' की मानसिक भूमि में उतना अंतर नहीं जितना दोनों की कला और दृष्टिकोण में। यहां उनकी कला के विवेचन से हमारा संबंध नहीं। दृष्टिकोण संबंधी भेद यह है कि व्यापक जीवनदृष्टि हमें 'लहर' में नहीं मिलती। 'कामायनी' ने तो हमारे जीवन के आध्यात्मिक से लेकर अत्यंत भौतिक पक्षों को भी समरसता के भाव से रंजित कर दिया है। 'लहर' में हम प्रेम और विरह से आगे बढ़ कर मानवजीवन के अनेक पक्षों, जैसे आशा और निराशा, राग और विरक्ति इत्यादि की ओर भी कवि का इंगित पाते हैं। मानवजीवन की उद्भावना कवि इस प्रकार करता है :

वसुधा के अंचल पर,
यह क्या कन कन सा गया बिखर ?
जल शिशु की चंचल क्रीड़ा सा
जैसे सरसिज दल पर,
लालसा निराशा से ढलमल
वेदना और सुख में विह्वल
यह क्या है रे ! मानव जीवन ?
कितना है रहा निखर।

इसीलिए वह अपनी मानसिक शक्तियों को जीवन में सामंजस्यजन्य सुंदरता के प्रतिपादन के लिए प्रेरित करता है :

ओ री मानस की गहराई
तेरा विषाद द्रव तरल तरल
मूर्च्छित न रहे ज्यों पिए गरल,
सुख लहर उठा री सरल सरल
लघु लघु सुंदर सुंदर अविरल,

'कामायनी' इसी संकेत को हमारे सामने खोल कर रख देती है और इसके लिए एक विस्तृत जीवनपीठिका की योजना भी करती है। कथा का उद्गम भी जीवन में समरता के अभाव और उसका अवसान समरसता के निर्माण में है। देवसृष्टि का नाश इसलिए होता है कि उसने 'अहं' की निरंकुश साधना में सुख की सीमाओं

का उल्लंघन कर दिया। मनु ज़ब निराशा से आक्रांत है उस समय नवीन सृष्टि का संदेश देते हुए श्रद्धा उससे इस प्रकार कहती है :

विषमता की पीड़ा से व्यस्त
हो रहा स्पंदित विश्व महान,
यही सुख दुख विकास का सत्य
यही भूमा का मधुमय दान।
नित्य समरसता का अधिकार,
उमड़ता कारण जलधि समान।
व्यथा से नीली लहरों बीच,
बिखरते सुख मणिगण द्युतिमान।

मनु और श्रद्धा का विछोह भी मनु के हृदय में एकांगी वासना के कारण होता है। वे श्रद्धा के प्रति अपने प्रेम को वासनापूर्ण एकाधिकार में परिणत करना चाहते हैं :

यह जीवन का वरदान, मुझे
दे दो रानी अपना दुलार!
केवल मेरी ही चिंता का
तव चित्त वहन कर रहे भार।

मनु और इड़ा का, जो बुद्धि का प्रतीक है, संयोग श्रद्धा और मनु के व्यवधान को और भी बढ़ा देता है। तभी से सारस्वत प्रदेश में बुद्धिवाद के निरंतर विकास के साथ साथ दुःखवाद की नींव और भी दृढ़ होती है। इस भौतिकवाद की एकांत उपासना में भी उपद्रव खड़े होते हैं। सारस्वत प्रदेश ने इड़ा और मनु के नेतृत्व में प्रकृति के साथ संघर्ष कर वर्णों की सृष्टि की है, श्रम का विभाजन किया है, शस्त्रों और यंत्रों का आविष्कार किया है। किंतु यहां जब मनु इड़ा पर भी 'निर्बाधित अधिकार' चाहते हैं तो सारा प्रजातंत्र विद्रोह कर उठता है और अपने नायक पर आक्रमण करता है। इड़ा ने मनु को समझाया कि मनुष्य का जीवत संघर्षमय है और संघर्षों में उसका विकास है। किंतु श्रद्धा फिर मनु से मिलकर उन्हें ठीक राह पर लाती है और जीवन में समरसता की आवश्यकता का प्रतिपादन करते हुए संघर्ष का खंडन करती और इड़ा को उसकी भूल बतलाती है :

जीवन धारा सुंदर प्रवाह,
सत, सतत, प्रकाश सुखद अथाह;
ओ तर्कमयी! तू गिने लहर,
प्रतिबिम्बित तारा पकड़, ठहर;
तू रुक रुक देखे आठ पहर;

वह जड़ता की स्थिति भूल न कर;
सुख दुख की मधुमय धूप छांह;
तूने छोड़ी यह सरल राह।

इसी समरसता के आधार पर जीवन को ले चलने का संकेत हमें उस समय मिलता है जब श्रद्धा मनु और अपने प्रेम के फल, श्रद्धामय और मननशील मानव को इड़ा के साथ छोड़ जाती है।

इस समरसता का पूर्ण प्रतिपादन श्रद्धा मनु को कैलाश से 'इच्छा' 'ज्ञान' और 'कर्म के अरुण' उज्ज्वल और श्यामल आलोक गोलकों को दिखलाकर तथा उनकी एकांगिताजन्य अपूर्णता की ओर संकेत द्वारा करती है। 'इच्छा' का लोक जीवन की मध्यभूमि है, जिसमें सुख और दुःख दोनों हैं। 'ज्ञान' लोक में सुख और दुःख दोनों के प्रति उदासीनता है। 'कर्म' का लोक संघर्ष का लोक है, जहां सुख दुःख में परिणत हो जाता है, जहां स्थूलता के सामने भाव का कोई मूल्य नहीं। ये तीन लोक पृथक पृथक हैं, जिसके फलस्वरूप :

ज्ञान दूर कुछ क्रिया भिन्न है
इच्छा क्यों हो पूरी मन की;
एक दूसरे से न मिल सके
यह विडंबना है जीवन की।

और इन्हीं तीनों लोकों को श्रद्धा अपने स्मित से एक कर देती है। वही सर्वोपरि आनंद की स्थिति है और ऐसे लोक में :

शापित न यहां है कोई
तापित पापी न यहां है;
जीवन वसुधा समतल है
समरस है जो कि जहां है।

संक्षेप में 'प्रसाद' के काव्य में समरसता के क्रमिक विकास की रूपरेखा यहां अंकित की गई है। समरसता उनकी विचारधारा की प्रधान दिशा है। यह केवल व्यवहार-कुशलता नहीं, वरन इसका निर्माण हमारी अनुभूति के सारे अवयवों को लेकर हुआ है। यह माना जा सकता है कि इस समरसता का एक व्यावहारिक रूप भी है, किंतु व्यावहारिकता ही 'प्रसाद' के दर्शन की अंतिम परिभाषा नहीं। साथ ही वह योगियों का निर्वेद भी नहीं। उन्होंने लिखा :

आगम के अनुयायी सिद्धों ने प्राचीन आनंदमार्ग को अद्वैत की प्रतिष्ठा के साथ अपनी साधनापद्धति में प्रचलित रखा और इसे वे रहस्य संप्रदाय कहते थे।

> इन लोगों ने पाशुपत योग की प्राचीन साधनापद्धति के साथ साथ आनंद की योजना करने के लिए काम-उपासनाप्रणाली भी दृष्टांत के रूप में स्वीकृत की। यह रतिप्रीति अद्वैतमूला भक्ति रहस्यवादियों में निरंतर प्रांजल होती गई। इस दार्शनिक सत्य को व्यावहारिक रूप देने में किसी विशेष अनाचार की आवश्यकता न थी। संसार को मिथ्या मान कर असंभव कल्पना के पीछे भटकना नहीं पड़ता था। दुखवाद से उत्पन्न संन्यास और संसार से विराग की आवश्यकता न थी। अद्वैतमूलक रहस्यवाद के व्यावहारिक रूप में विश्व को आत्मा का अभिन्न अंग शैवागमों में मान लिया गया था।

प्रसादजी की सहृदयता को देख कर कोई यह कहने का साहस नहीं कर सकता कि उनका दर्शन वैराग्य का दर्शन है। उनका आनंद तटस्थताजन्य नहीं, उसका संगीत हमारी चेतना के गह्वरों में बहते अनेक निर्झरों का सम्मिलित संगीत है। उनकी समरसता में उदासीनता का संदेश नहीं, उसका संदेश है जीवन के विविध रसों का आस्वादन करते हुए भी अपने को निर्लिप्त रखना। कोरा संन्यास जीवन के लिए घातक है और ईश्वर की सृष्टि का अपमान है। इससे व्यक्तित्व कुंठित होने की आशंका रहती है, यह मानव चेतना की पुकारों का गला घोंटना है। व्यक्तित्व की एक एक पूर्ण इकाई में एक एक विश्व सन्निहित रहता है। 'प्रसाद' जी के शब्दों में :

> यह मनुष्य आकार चेतना का है विकसित,
> एक विश्व अपने आवरणों में है निर्मित।

चेतना की बहुमुखी सजगता का अभाव जीवन की अपूर्णता है और अतिक्रमण जीवन का अभिशाप, यही 'प्रसादजी' की व्यापक दृष्टि का रहस्य है। एकांगिता की अपूर्णता का परिचय देकर हमारे आधुनिक भौतिकवाद को चेतावनी देते तथा हमारी चेतना के लिए एक नवीन आधारभूमि की योजना करते हैं। वे जीवन का उत्कर्ष आनंद की प्राप्ति मानते हैं और समरसता को उस आनंद का उद्‌गमस्रोत बतलाते हैं। उनके अनुसार जीवन में सुख दुख, प्रेम विरह इत्यादि के प्रति निरपेक्ष भाव की कमी हम में समरसता के अभाव का कारण है। 'कामायनी' की यही मूल भावना श्रद्धा के उस प्रश्न का :

> जीवन में सुख अधिक या कि दुख,
> मंदाकिनि कुछ बोलोगी।
> नभ में नखत अधिक सागर,
> में या बुद बुद हैं गिन दोगी?
> प्रतिबिंबित हैं तारा तुझ में,

सिंधु मिलन को जाती हो।
या दोनों प्रतिबिंब एक के,
इस रहस्य को खोलोगी।

उत्तर है। जीवन के स्पंदन, स्पंदन हैं। उन पर सुख दुःख का आरोप हमारी अविकसित चेतना की अपूर्णता का चिन्ह है। यदि हमने अपने व्यक्तित्व को विश्व की विशालता दे दी तो प्रत्येक स्पंदन आनंद का स्पंदन है, हम नहीं कह सकते सुख का या दुःख का। 'प्रसादजी' इसको दूसरे शब्दों में इस प्रकार रखते हैं :

> हमारी आवश्यकता है अपरोक्ष अनुभूति, समरसता तथा प्राकृतिक सौंदर्य द्वारा 'अहम्' का 'इदम्' से समन्वय। यही आनंद का लोक है। और यही जीवन की शाश्वत स्थिति है।

7

दिनकर की भाव और विचारभूमि

'अंगारा जिस पर इंद्र धनु खेल रहे' इससे अधिक सुंदर और संक्षिप्त परिचय दिनकर का शायद ही कोई और हो। क्योंकि यद्यपि इस द्वंद्व की स्पष्ट और दार्शनिक अभिव्यक्ति 'द्वंद्व' नाम की रचना में ही हुई है, फिर भी इसकी शृंखला दिनकर की रचनाओं में आदि से लेकर अंत तक है। यह द्वंद्व केवल दिनकर तक ही सीमित न रहकर इस युग के अनेक कवियों, विशेषतः राष्ट्रीय कवियों में दीख पड़ता है। इसके मूल में जाने के लिए हमें इसे भारत के आधुनिक दो आंदोलनों की पृष्ठभूमि में रखना होगा। इनमें से एक आंदोलन राजनीतिक है, और दूसरा साहित्यिक। एक ओर गांधीजी के प्रवेश के अनंतर भारत की पूर्ण स्वतन्त्रता के लिए सक्रिय आंदोलन और दूसरी ओर भारतीय साहित्य में छायावाद का जन्म और उसकी व्यापक प्रवृत्ति। हिंदी साहित्य के इतिहासकार बहुधा गुप्तजी, एक भारतीय आत्मा, नवीन और दिनकर इत्यादि को एक ही सांस में राष्ट्रीय कवि कहकर छुट्टी पा लेते हैं, किंतु गंभीरता से देखने से ज्ञात होता है कि गुप्तजी और बाद वाले कवियों की राष्ट्रीय चेतना में दो युगों का व्यवधान है। एक युग नैतिकता के बोझ से आक्रांत जीवन में व्यापक अनुभूति और भावना के लोक के प्रति सशंक और भीरु, जीवन और प्रकृति के मधुर सौंदर्य की उपासना से उदासीन, इतिवृत्तात्मक साहित्य का निर्माणकर्त्ता और दूसरा युग निर्बाध जीवन के लिए तृषित और उसमें कूद जानेवाला, सौंदर्योपासक, गीतिप्रधान, कल्पनाप्रिय, प्रकृति के स्निग्ध कोमल नारीत्व प्रधान रूप पर अनुरक्त। 'भारत भारती' और 'हिमकिरीटनी' 'कुंकुम' और दिनकर की कृतियों में इन दो युगों के भिन्न भिन्न स्वर स्पष्ट हैं। 'भारत भारती' द्विवेदी युग की उत्कृष्ट प्रतिनिधि रचना है; शैली और भाव दोनों में और इन कवियों की रचनाओं में छायावाद और राष्ट्रीयता की सरणियां हिल मिलकर कहीं तो एकाकार हो गई हैं, जैसे माखनलाल चतुर्वेदी में, कहीं समानांतर दौड़ती हैं, जैसे बालकृष्ण शर्मा 'नवीन' में; और कहीं एक दूसरे पर अपना आधिपत्य स्थापित करने के लिए व्यग्र और संघर्षशील हैं, जैसे दिनकर में। इन दो युगों का अंतर केवल भावभूमि और शैली तक ही सीमित नहीं, वरन् उनकी

राष्ट्रीयता के स्तरों और उनके सामाजिक और राष्ट्रीय दृष्टिकोण तक व्याप्त है। भारत का सक्रिय स्वतंत्रता संग्राम अपने प्रथम चरण में केवल विदेशी साम्राज्यवाद के विरुद्ध था, किंतु ज्यों ज्यों हमारा संग्राम आगे बढ़ता गया, त्यों त्यों उसके आर्थिक पहलू भी उभरते गये और भारतीय स्वतंत्रता के दो स्पष्ट मोर्चे बनते गये, एक तो अंग्रेजी साम्राज्यवाद के विरुद्ध और दूसरा स्वयं अपने देश के ही सामंतवाद के विरुद्ध। यही नहीं, अब तो धीरे धीरे ये समस्याएं देश के सीमांतों को पार कर विश्वव्यापक बन रही हैं और हमारी आंखों के सम्मुख हिंदी के एक तरुण कवि के शब्दों में 'आदर्शों के दो पहाड़ टकराते' दीख पड़ रहे हैं, पूंजीवाद और साम्राज्यवाद। इन सबका प्रभाव आज के कवियों पर पड़ा है और उनकी सामाजिक और राजनीतिक चेतना खुलती जा रही है। भारत की स्वतंत्रता के पश्चात् तो राष्ट्रीयता के नाम पर संदिग्ध शिविरों में रहने का समय ही चला गया। हमें दिनकर के काव्य और उसकी भावभूमि को इन्हों परिवर्तनों के संदर्भ में देखना चाहिए।

उनकी सबसे पहली रचना 'रेणुका' अतीत के गौरव पर रुदन के स्वर में है :

> घूम रहा पलकों के भीतर, स्वप्नों सा गत विश्व विराट।

वह अयोध्या, मिथिला, कपिलवस्तु, नालंदा, मगध इत्यादि के ध्वंसावशेषों को देखकर आंसू बहाता है और पुनः उसी अतीत गौरव के लौटने की आशा प्रकट करता है। वह अपनी कविता द्वारा कुछ ऐसी चेतना की सृष्टि करना चाहता है कि :

> गत विभूति भावी की आशा, ले युग धर्म पुकार उठे
> वर्तमान की चित्रपटी पर, भूतकाल संभाव्य बने।

कवि प्रलयंकर शंकर से इस कुत्सित सृष्टि को नाश कर देने की प्रार्थना करता है; उसके हृदय में किसी नवीन 'शिव, सत्य और सुंदर' की अभिलाषा खेल रही है। फिर भी उसकी दिशा निश्चित नहीं, और इसका कारण है कवि में किसी निश्चित समाजदर्शन का अभाव। इसीलिए इस अवस्था में न तो कवि में समाज में प्रगति की शक्तियों को परखने का संकेत मिलता है और न वह हिमालय सा दृढ़ आशावाद, जो इस परख का परिणाम होता है। यहां तक कि वह विधिवाद, नियतिवाद आदि की भी बातें करता है :

> हम मानव हम शोभा विधान
> जाने किस्मत में लिखा हाय
> विधि ने दुःख का क्यों उपाख्यान।

किंतु कवि की सामाजिक चेतना भावुकता के स्तर पर भी इतनी प्रखर है कि वह पलायन का पोषक नहीं बन जाता। वह धरती पर ही रहना चाहता है और अपने भीतर छिपे विशुद्ध कल्पना की मनोवृत्ति को पुकार कर कहता है :

व्योम कुंजों की परी अयि कल्पने। भूमि को निज स्वर्ग पर ललचा नहीं।
रुक न सकती मृत्तिका आकाश में शक्ति है तो आ बसा अलका यहीं ।।

उसे नभ की तारिकाओं से और सिंधु के मोती से कहीं अधिक प्रिय है धरती का फूल :

नभ के तारे दूर, अलग इस अतल जलधि के सीप
देव नहीं, हम मनुज इसी से प्रिय तुम भूमि प्रदीप

दूसरी ओर यह भी स्मरण रखने की बात है कि भले ही वह पलायन की वृत्ति का पोषक न हो, किंतु वह छायावादी प्रभावों से बिलकुल मुक्त नहीं और उसी प्रभाव के कारण रह रह कर उसमें वर्तमान की कुरूपता की ओर से आंखें फेर लेने की चाह जग उठती है। आगे चलकर स्वयं कवि ने 'रसवंती' में उसी शीर्षक की रचना में इस बात की स्वीकृति की है :

लिए क्रीड़ा वंशी दिन रात पलातक शिशु सा मैं अनजान।
कर्म के कोलाहल से दूर, फिरा गाता फूलों के गान।

'रसवंती' 'हुंकार' के बाद की रचना है। स्पष्ट है कि 'हुंकार' में भी कवि की यह मनोवृत्ति, जो उसे क्लिष्ट संसार से मधुरता के लोक की ओर खींचती रहती है, बिलकुल दब नहीं गई है। उसका हृदय उत्तरदायित्व और स्वांतःसुखाय के द्वंद्व में उलझा हुआ है :

रह रह पंखहीन खग सा मैं गिर पड़ता भू की हलचल में।

यह नहीं कि कवि ने नभ का मोह छोड़ दिया हो, वरन् बात यह है कि वह उड़ नहीं पाता। पृथ्वी के आकर्षण के कारण, उसकी ज्वाला से अपने पंखों के झुलस जाने के कारण :

रंगों की दुनिया जो एक मिली थी मिट्टी को चढ़ा भेंट दी मैंने।

एक क्षण कवि कहता है :

न लूंगा आज रजत के शंख, न गाऊंगा पौरुष के राग;
स्वामिनी ! जलने दो उर बीच एक पल तो यह मीठी आग।

और दूसरे क्षण युग धर्म की पुकार के आगे सिर झुका लेता है :

फकता हूं, लो तोड़ मरोड़ अरी निष्ठुरे। बीन के तार;
उठा चांदी की उज्ज्वल शंख फूंकता हूं भैरव हुंकार।

'हुंकार' में एक दूसरा दृष्टिकोण संबंधी परिवर्तन यह होता है कि कवि की राष्ट्रीय चेतना एक अन्य प्रकार की व्यापक सामाजिक चेतना का आकार धारण कर लेती है और अतीत के लिए रुदन मात्र नहीं रह जाता। कवि स्वयं 'हुंकार' के आमुख में इस बात को स्वीकार करता है कि उसका अतीत के प्रति रुदन एक प्रकार का पलायन ही था :

समय ढूह की ओर सिसकते, मेरे गीत विकल धाए
आज खोजते उन्हें बुलाते वर्तमान के पल आए।

उसकी राजनीतिक विचारधारा धीरे धीरे स्पष्ट होने लगती है। उसकी दृष्टि की व्यापकता का संकेत भी हमें मिल जाता है, जब वह भारत के जागरण को एशिया और समस्त शोषित संसार के जागरण के अनुबंध में देखता है। 'हुंकार' में 'भविष्य की आहट' कविता में वह लिखता है :

पूर्व की छाती फटी किस रोर से ? कालिमा भागी अचानक रात की।
खेलने हिम श्रृंग पर चढ़कर लगीं रश्मियां क्या एशिया के प्रात की ?

वर्तमान समस्याओं का एक दूसरा पहलू भी 'हुंकार' में कवि देखता है, वह है आर्थिक वैषम्य और शोषण। एक ओर जहां दूध से श्वान नहलाए जाते हैं, वहां दूसरी ओर आदमी के बच्चे 'दूध दूध' चिल्लाते हैं। इस समस्या का सुलझाव भीख नहीं है, और न ईश्वर से प्रार्थना। वह तो क्रांति है और इसीलिए वह बड़े ललकार भरे शब्दों में कहता है :

हटो व्योम के मेघ पंथ से स्वर्ग लूटने हम आते हैं
'दूध दूध' ओ वत्स ! तुम्हारा दूध खोजने हम जाते हैं।

स्पष्ट रूप से कवि साम्य के उठते हुए स्वरों को पहचानता है और बोल उठता है :

आज कंपित मूल क्यों संसार का ? अर्थ का दानव भयाकुल मौन है ;
झोंपड़ी हंस चौंकती, वह आ रहा साम्य की वंशी बजाता कौन है ?

निस्संदेह 'रेणुका' और 'हुंकार' के बीच कवि कई मंजिलें तै कर चुका है। उसकी दहाड़ में और अधिक ओज आ गया है और उसकी ध्वनि अधिक तुमुल हो उठी है और अधिक स्पष्ट भी।

'रसवंती' कवि के हृदय में चलते द्वंद्व के मधुर पक्ष की अस्थायी विजय है; अस्थायी इसीलिए कि कवि के हृदय की जो ज्वाला है, वह उसे पूर्णतया आकाश

का कल्पक नहीं बनने देती। वह स्वप्न देखता है, किंतु स्वप्नों पर भी धरती की धूमिल छाया जा पड़ती है। 'रसवंती' में भी वह स्वप्नपरी के पीछे न दौड़ सका। उसके ही शब्दों में, 'मिट्टी की गंध हवा में भर गई। आदर्श में नग्न उंगलियों के धब्बे लग गए। तृषित के पथ में एक विराम स्थल है।' दिनकर ने मानो क्षमा-याचना के रूप में निवेदन किया है :

> संभव है, अपने अर्थ में मुझे प्रगतिशील समझने वाले कुछ पाठक 'रसवंती' से निराश भी हों। उनके आश्वासन के लिए मैं निवेदन करूंगा कि दिन भर सूर्य के ताप में जलने वाले पहाड़ के हृदय में भी चांदनी की शीतलता को पाकर, कभी कभी बांसुरी का कोई अस्पष्ट स्वर गूंजने लगता है, जो पत्थर की छाती फोड़कर किसी जलधारा के बह जाने की आकुलता का नाद है। 'रसवंती' को मैं 'कुरूप पर्वत की बांसुरी' कहना चाहता था, लेकिन है यह 'दाह की कोयल' और धूप में उड़ने वाली एक बूंद शबनम।

इस व्याघात की अभिव्यक्ति कवि ने स्थान स्थान पर 'रसवंती' में की है। उसी शीर्षक की कविता में रसवंती को संबोधित करता हुआ वह कहता है :

> द्वार कारा का बीचोबीच इधर मैं बंदी, तुम उस ओर
> प्रिये ! तो भी ममता से हाथ खींचती क्यों मेरा पट छोर

आज उसके दाह में कल्पना पिकी असमय पधारी है, किंतु आग में पड़े संसार ने जो कुछ उसके पास छोड़ दिया है, वह उसके चरणों में समर्पित है :

> चिलचिलाती धूप का यह देश, कल्पने ! कोमल तुम्हारा वेश
> × × × ×
> पड़ चुका है आग में संसार, आज तुम असमय पधारीं, क्या करूं सत्कार
> × × ×
> दाह के आकाश में मंदाकिनी की धार
> धूप में पड़ती हुई शबनम अरी अनमोल
> कौन तुम बोलीं पिकी के बोल ?

कवि 'रसवंती' को आश्वासन देता है कि यदि इस समय वह उसकी गोद में अधिक समय तक नहीं रह सकता तो इसकी कोई चिंता नहीं। उसने तो केवल युगधर्म की पुकार पर अपनी उपासना को स्थगित कर रखा है। किंतु 'देशमाता का तोरण द्वार' सज जाने के पश्चात वह फिर उसके पास आएगा, उस रोज :

> फोड़ दूंगा माया के दुर्ग तोड़ दूंगा मैं वज्र कपाट;
> व्योम में गाने को जिस रोज बुलाएगा निर्बल विराट।

'रसवंती' परुष के विरुद्ध मधुर की प्रतिक्रिया अवश्य है, किंतु वह प्रतिगामिनी नहीं। उसमें एक स्वस्थ हृदय के मधुर उद्‌गार हैं।

'द्वंद्व गीत' अपने नाम के अनुसार, कवि के हृदय में चलते इन द्वंद्वों की संश्लिष्ट अभिव्यक्ति है। एक ओर कवि जीवन की अग्नि परीक्षाओं को जीवन का मधुर दर्द मानता है और दूसरी ओर शिकायत करता है :

सब कुछ दिया मूक प्राणों की वंशी में वाणी देकर
पर क्यों हाय, तृषा दी उर में भीषण हाहाकार दिया।

उसने जीवन की मधुरता का मोह युग की मांग पर बलिदान कर दिया है। एक नवीन युग का गायक बनकर। किंतु, उसकी बलि सार्थक भी होगी ?

आएगा वह कभी पिपासे गीतों को शीतल करने
जीवन के सपने बिखेरकर जिसके पंथ सजाता हूं।

व्यथा से भरकर वह मानव रजनी में विभा के लिए चिल्ला उठता है। सौंदर्य का आकर्षण उसके सामने है, किंतु उसके सामने ही एक दूसरे प्रकार का भी सौंदर्य है :

वह होगी कैसी छवि जो छिप रही चिता की धूलों में।

कल्पना की देवी से उसकी प्रार्थना है कि वह कवि की उपेक्षा से खिन्न न हो :

मधुबाले, तेरे अधरों से मुझको रंच विराग नहीं
यह न समझना देवि ! कुटिल तीरों के दिल पर दाग नहीं।
जी करता है हृदय लगाऊं पल पल चूमूं प्यार करूं
किंतु, आह यदि हमें जलाती क्रूर चिता की आग नहीं।

बार बार इस भाव की आवृत्ति 'द्वंद्व' में हुई है।

यदि कवि 'द्वंद्व' में बिलकुल निराशावादी नहीं हो गया है तो इसका कारण है उसकी सामाजिक चेतना की प्रखरता। 'द्वंद्व' के कवि को ऐसे व्यक्ति से घृणा है जो अपने ही सुख दुख का दुर्वह बोझ ढोने में लगा हुआ हो, वह अहंवाद के विरुद्ध है :

कौन चढ़ाई चढ़े शृंग पर अपना एक बोझ लेकर ?

और यदि कवि के हृदय में रह रहकर निराशा के बादल छा जाते हैं तो इसके लिए हमें दो मूल कारणों की ओर ध्यान देना होगा। पहला कारण है कवि की नियतिवादी प्रवृत्ति और दूसरी ओर परमात्मा की सृष्टि में नियमन के अभाव का दर्शन।

इसे कवि का दिशाभ्रम समझना चाहिए। इसमें हमें ऐसा जान पड़ता है कि कवि को सामाजिक उथल पुथल के बीच जन्म लेती हुई नवीन संस्कृति की पहचान नहीं। वह चिता को तो देखता है, किंतु उसकी राख से उर्वरा हुई भूमि में नवीन समाज के अंकुर को निकलते नहीं देख पाता; वह कर्दम को तो देखता है, किंतु उसके ऊपर झांकती हुई कमल की पंखुड़ियों को नहीं देखता; वह विध्वंस को तो देखता है, किंतु उसके पीछे मानव की विकासोन्मुख क्रियाकलाप और सृजनात्मक शक्तियों का गायन नहीं कर पाता। 'द्वंद्व' एक आस्थाहीन कवि का विक्षिप्त प्रलाप है।

'कुरुक्षेत्र' में कवि की चेतना स्पष्ट और सबल बनकर आई है। 'कुरुक्षेत्र,' कवि के कथनानुसार, महाभारत की पुनरावृत्ति नहीं। उसमें कुरुक्षेत्र की पीठिका में वर्तमान राजनीतिक और सामाजिक समस्याओं का समाधान उपस्थित किया है। युधिष्ठिर गांधीवादी दर्शन के प्रतिनिधि हैं और भीष्म उन वामपक्षी राजनीतिज्ञों के प्रतिनिधि हैं जो स्वत्व के लिए अहिंसा को कायरता का प्रच्छन्न सुंदर रूप के अतिरिक्त और कुछ नहीं मानते। कवि का दृष्टिकोण भीष्म का दृष्टिकोण है। उसके मत में आत्मिक शक्तियों का प्रयोग आत्मिक युद्ध में ही किया जा सकता है, किंतु दानवी शक्तियों के आगे आत्मिक शक्तियां निरुपाय और असमर्थ ही रहेंगी। ऐसी शक्तियों का दमन केवल भौतिक शक्तियों के द्वारा किया जा सकता है। इस प्रकार हिंसा और अहिंसा की प्रवंचना और व्यामोह में पड़े हुए अपने देशवासियों के लिए कवि का यह दृष्टिकोण है। दूसरी बात यह है कि 'कुरुक्षेत्र' में उसकी 'हुंकार' वाली साम्य की धुंधली चेतना अब बिलकुल निखर कर आती है और कवि उसकी चर्चा केवल चलते ढंग से ही न कर उसके अनेक पहलुओं पर विचार करता है। षष्ठ सर्ग के अंत में वह इस प्रकार प्रार्थना करता है :

> साम्य की वह रश्मि स्निग्ध, उदार
> कब खिलेगी, कब खिलेगी विश्व में भगवान ?

वह युद्ध की समस्या पर विचार कर इस निष्कर्ष पर आता है कि उसका अंत एक नवीन न्यायाश्रित समाज के निर्माण के बिना नहीं हो सकता। युद्ध रोकना है तो संसार में चलते हुए शोषण और पूंजीवाद को खत्म करना अनिवार्य है।

> वट की विशालता के नीचे जो अनेक वृक्ष
> ठिठुर रहे हैं उन्हें फैलने का वर दो;
> राह रोकता है जो मही का भीमकाय वृक्ष
> उसकी शिराएं तोड़ो, डालियां कतर दो।

'वैयक्तिक भोगवाद' को ही वह उस 'विष की धारा' का उद्गम मानता है जिसमें

पड़कर यह समूचा मानवसमाज तड़प रहा है। अब उसमें 'द्वंद्वगीत' और उसके पूर्व के भाग्यवाद का भी पता नहीं। असंदिग्ध शब्दों में वह उसकी आलोचना इस प्रकार करता है :

भाग्यवाद आवरण पाप का, और शास्त्र शोषण का,
जिससे रखता दबा एक जन भाग दूसरे जन का।

भीष्म युधिष्ठिर से कहते हैं :

धर्मराज यह भूमि किसी की नहीं क्रीत है दासी
हैं जन्मना समान परस्पर इसके सभी निवासी।

किंतु कवि साम्य का प्रेमी होते हुए भी राष्ट्रीयवादी सर्वप्रथम है। यदि हम उसकी इस युग की स्थिति का उल्लेख आज के भारत के राजनीतिक दलों के अनुसार करें, तो हम कहेंगे कि उसकी सहानुभूति हिंदुस्तान के समाजवादी दल के साथ है। इस स्थिति का स्पष्ट संकेत हमें उसकी नवीनतम कृति 'सामधेनी की एक कविता में मिलता है जिसका शीर्षक है 'मास्को और दिल्ली'। वह मास्को का अभिनंदन करता है और उसके लाल झंडे का। इसलिए कि उसमें एक नवीन समाज के जन्म का संदेश है। वह मास्को को 'नवशिवे' 'समत्व की शिखा' इत्यादि कह कर संबोधित करता है.। किंतु वह भारतीय कम्युनिस्टों पर आक्षेप करता है; क्योंकि उसके विचार से राष्ट्र की स्वाधीनता का प्रश्न प्रथम है तब साम्यवाद अथवा और किसी वाद का फल। भारतीय कम्युनिस्टों के दृष्टिकोण पर उसका आक्षेप इस भांति है :

एक देश है जहां विषमता से अच्छी हो रही गुलामी,
जहां मनुज पहले स्वतंत्रता से हो रहा साम्य का कामी।

'सामधेनी' में आकर कवि का दृष्टिकोण व्यापक हो गया है और उसमें पूर्व की कविताओं की विक्षिप्तता का भी नाम नहीं। अब वह अपनी समसामयिक दुनिया को देखता है; उसे उसका अंत समीप जान पड़ता है। चारों ओर वीभत्सता ही नजर आती है। किंतु उसमें दृढ़ विश्वास है जो एक स्थिर दीपशिखा की भांति है।

1942 तक की कविताओं में चरमोत्कर्ष का संकेत मिलता है और उसके बाद उसका उतार धीरे धीरे शुभ संदेशों की ओर होता है। उसे जान पड़ने लगता है कि 'मंजिल दूर नहीं है' और क्रांति के लिए बलिदानों के प्रतिफलन का शुभ मुहूर्त्त आया सा जान पड़ता है। वह क्रांति के पथिक को आश्वासन देता है :

जिस मिट्टी ने लहू पिया वह फूल खिलाएगी ही,
अंबर पर घन बन छाएगा ही उच्छ्वास तुम्हारा।

कवि मनुसंतान के विकासोन्मुख अवरोह को देखकर चांद से गर्वभरे शब्दों में कहता है :

> स्वर्ग के सम्राट को जाकर खबर कर दे,
> रोज ही आकाश चढ़ते जा रहे हैं वे,
> रोकिए जैसे बने इन स्वप्न वालों को
> स्वर्ग की ही ओर बढ़ते आ रहे हैं वे।

यहां तक कि 'अंतिम मनुष्य' में भी, जो घोर निराशाजन्य है, वह मनुष्य के विश्वास की नींव अडिग बतलाता है। आज के प्रलय के क्षण में भी उसी के सहारे मनुष्य गौरव के साथ भस्म हो रहा है :

> लेकिन अंतिम मनुज प्रलय से अब भी नहीं डरा है,
> एक अमर विश्वास ज्योति सा उसमें अभी भरा है।

'सामधेनी' में कवि के शब्दों में एक अद्भुत प्रवाह है और उस प्रवाह में उसके प्रगतिशील विचार निखर कर निकले हैं। समय का दवाब उसे मुड़कर मधुर की ओर देखने का अवकाश ही नहीं देता। उसके सामने देश की अनेक समस्याएं कोलाहल करती हुई खड़ी हैं। इसीलिए वह अपने को उसके द्वंद्व से छुड़ाकर, जो उसके भीतर चल रहा था, कुछ समय के लिए पूर्णतया चारण कवि बन जाना चाहता है। उसके सामने अब गानतरु में पारिजातपुष्प लगाने का आदर्श नहीं रहा। अब वह कुछ और स्वप्न देखने लगा है :

> देश की मिट्टी का असि वृक्ष,
> गानतरु होगा जब तैयार,
> खिलेंगे अंगारों के फूल,
> फलेगी डालों में तलवार।

अब वह अपने युग के सामने विनत है।

आज कवि के हृदय में धधकती आग का सबसे बड़ा कारण दूर हो गया है। आज उसकी माता का 'तोरण द्वार' सज गया है। उसका सपना सच बनकर खड़ा है। हमारे सभी राष्ट्रीय कवि एक चौराहे पर खड़े हैं, जहां से मार्ग विभिन्न दिशाओं की ओर जाते हैं। कौन सा पथ ग्रहण करेंगे वे ? अब भावुकता का युग चला गया और ठोस निर्माण का युग आया है। और उनके दायित्व की गुरुता और अधिक हो गई है। इन कवियों को एक नई आस्था, तीव्र सृजनात्मक आस्था को अपनाना है। तभी वे क्रियात्मक रूप से आने वाले भारत के निर्माण में सहयोग दे सकते हैं, अन्यथा समाज में उनका स्थान कटी हुई पतंग से बेहतर न होगा। हमें

आशा है कि दिनकर समाज के पददलितों की ओर से आवाज उठाएंगे। उन्होंने मानो अपनी कविता के मर्म को बतलाते हुए अपनी आलोचना की पुस्तक 'मिट्टी की ओर' में एक लेख में इस प्रकार लिखा है :

> वास्तविकता के संघर्ष में असंतोष की जो चिनगारी उड़ती है, वही मेरा स्वप्न है। युगों के दर्पण में कविताकामिनी का अपार्थिव रूप देखकर शून्य में पंख खोलकर उड़ने की इच्छा जरूर हुई; परंतु इसे देश की अपनानित मिट्टी का प्रभाव कहिए या मेरा अपना भाग्यदोष कि कल्पना के नंदनकानन में भी मिट्टी की गंध मेरा पीछा नहीं छोड़ सकी, जब तक सत्य का आधार नहीं मिला, स्वप्न के पैर डगमगाते रहे। यह कह दूं तो मंतव्य अधिक स्पष्ट हो जाए कि देशमाता का शस्यश्यामल अंचल सिर्फ इसीलिए सुंदर नहीं लगा चूंकि उसमें प्राकृतिक सुषमा बिखर रही है। वरन, इसीलिए कि उसके साथ भारतीय किसानों का श्रम, उनकी आशा और अभिलाषाएं लिपटी हुई हैं, (पृ. 56)।

जिस कवि के पैर देश की जनता के आंदोलन के बीच में इस प्रकार जमे हुए हों, उससे सर्वदा प्रगति की शक्तियों को सहयोग मिलता रहेगा, इसमें संदेह नहीं होना चाहिए। कम से कम उसे अपने शब्दों को तो पूरा करना है ही, 'साहित्य इतिहास की बांदी नहीं, बल्कि उसका सहायक है', ('मिट्टी की ओर', पृ. 74)।

8

युग की गंगा

केदारनाथ अग्रवाल हिंदी के उन प्रगतिशील कवियों में से हैं जो सामयिकता को ही काव्य की सच्ची कसौटी मानते हैं। शिवदानसिंह चौहान के समन्वयवाद से उनकी सहमति नहीं। यह उचित ही था कि आज की नवीन चेतना से अनुप्राणित कविताओं के प्रथम संग्रह का नाम उन्होंने 'युग की गंगा' चुना। केदारनाथ अग्रवाल में युग के प्रति मोह सा है। इसीलिए एक बार प्रेम और रोमांस की दुनिया से निकल आने के बाद उनमें स्वप्न और जागरण का वह संघर्ष नहीं दीख पड़ता जिसके बीच से होकर हमारे अनेक कवि गुजर चुके हैं। गिरिजाकुमार माथुर की भांति उनमें 'नाश और निर्माण' के द्वंद्व का कोई पहलू नहीं। ''युग की गंगा' में बड़ी तटस्थता के साथ उन्होंने 'नींद के बादल' अलग रख दिए हैं। नींद के बादल' में कवि ने लिखा :

> नींद के बादल रात के जादू के बाद दिन के लाल सवेरे के साथ ही ओझल हो जाते हैं। इसी प्रकार मेरे नए सवेरे के साथ प्रेम की इस संग्रह वाली कविताओं की इतिश्री हो जाती है।

कवि का यह सवेरा वह है जिसमें 'युग की गंगा' वेग से पाषाणों पर दौड़ती, चट्टानों को तोड़ती, प्राचीन को डुबाती, 'नई बस्तियां, शांतिनिकेतन, नव संसार' बसाती, 'सूखी खेती' को सींचती, 'भूखी प्यासी, दुर्बल, निर्बल धरती' को हरियाली देती और अनेक अवरोधों को मिटाती हुई जनसागर की ओर उन्मुख दीखने लगती है।

युग और जनता के लिए लिखने वाले कवियों में केदार का नाम इस 'युग की गंगा' के कारण अग्रगण्य है। इस दृष्टिकोण से केदारनाथ अग्रवाल की एक विशेषता भी है। अनेक कवि युग के लिए लिख रहे हैं, किंतु उनका साहित्य केवल उन बुद्धिजीवियों के लिए होता है जो जनता के साथ हैं। इस बात को हमें मानना ही पड़ेगा कि अभी तक जनता और कवि का माध्यम एक नहीं हुआ है। कवि जनता की भाषा नहीं बोलता और जनता आर्थिक और बौद्धिक दोनों क्षेत्रों

में इतनी शोषित रही है कि उसके लिए ऊपर उठना आसान नहीं। ऐसी विषम परिस्थिति में भी केदारनाथ अग्रवाल ने जनकाव्य लिखने की कोशिश की है। उनकी वाणी में जनता की वाणी की सादगी और प्रयोगात्मकता है, उसका प्रवाह और तीखापन है। इस कवि की अनेक कविताएं सुन्दर लोक-गीत बन सकती हैं— 'चंदू', 'धरती', 'गुम्मा ईंट', 'किसानों का गाना'। 'धरती' की पंक्तियों में मानो जनघन गरज उठे हों :

यह धरती है उस किसान की,
जो बैलों के कंधों पर
बरसात घाम में,
जुआ भाग्य का रख देता है
खून चाटती हुई वायु में।
पैनी कुसी खेत के भीतर,
दूर कलेजे तक जाकर,
जोत डालता है मिट्टी को,
पांस डाल कर,
और बीज फिर बो देता है,
नए वर्ष में नई फसल के।
ढेर अन्न का लग जाता है।
यह धरती है उस किसान की।

उनकी 'युग की गंगा' ग्रामों और नगरों से बहती, युग का स्वर निनादित करती हुई भी ग्रामों से होकर बहना अधिक पसंद करती है। नगरों में उसे मलमूत्र के अतिरिक्त और कुछ नहीं मिलता। यदि वह कानपुर से होकर बहती है तो उस पर वैभव की छाया पड़ती है; उसमें जो अनेक घाट, धर्मशालाएं, अदालतें, विद्यालय, वेश्यालय, होटल, दफ्तर, मंदिर, मस्जिदें, हाट और सिनेमाघर बने हुए हैं उनकी नीवें देखकर हृदय तिलमिला उठता है, सहम जाता है। आखिर ये सब किस पर टिके हुए हैं? :

श्रमजीवी की उस हड्डी से
टिके हुए हैं, जिस हड्डी को
सभ्य आदमी के समाज ने
टेढ़ी करके मोड़ दिया है।

यदि वह मूलगंज की ओर जाती है तो उस पर कैसी छायाएं पड़ती हैं? तब उस पर विद्युत बल्बों का 'कोढ़ की सफ़ेदी', जैसा प्रकाश पड़ता है, उस पर ऐसे वास-

स्थानों की छाया पड़ती है जिनकी 'दीवारें पीप पड़े फोड़ों के समूह हैं', जहां से 'गंध भरी, वायु सड़ी, राक्षसी पसीने की आती है।' 'विश्व के निकृष्ट अंग मूलगंज' में उसे ऐसी नालियों का पानी मिलता है जिनमें मानवजीवन की सभी उच्च मान्यताएं डूब गई हैं :

अंध वासना में नर
खूब पिए
रंडियों के साथ खोया
नरक में डूबा
रात है
सत्य ज्ञान
उच्चादर्श
गंदी मलमूत्र की नालियों में बहते हैं।

इसी प्रकार 'अमीनाबाद' में भी एक दूसरे प्रकार की विभीषिका नजर आती है जहां धनकुबेर के नीचे :

पैरों के समीप नरकुंड बड़ा है,
प्रतिक्षण उससे
आह उमड़ कर
उठती है नंगे भूखों की
और लोप हो जाती है
धूम्र रेख सी नील निलय में।

और शहर के छोकड़े 'मांओं और बहनों को पाप की दृष्टि से ताकते हैं', समाज में गंदा धुआं छोड़ते हैं। इस प्रकार हर स्थान पर शहरी सभ्यता के प्रति केदारनाथ अग्रवाल की प्रतिक्रिया बड़े तीव्र स्वरों में बोलती है।

किंतु कवि जब 'युग की गंगा' की धारा गांव की ओर मोड़ता है तो इसलिए नहीं कि वहां जीवन का नग्न यथार्थ नहीं है, कुरूपता का अभाव है, वरन् इसलिए कि वहां अभी तक जीवन के सौंदर्य और उसकी नैसर्गिकता की अंतिम सांसें बाकी हैं, इसलिए कि जीवन का स्रोत वहां अभी तक सूख नहीं पाया है। कवि का यथार्थवादी दृष्टिकोण गांव को पलायन का नंदन नहीं बनने देता। 'गांव में' वह शोषण, अज्ञान, अंधविश्वास इत्यादि के उस दारुण दृश्य को देखता है, जिसमें :

सड़े घूर की, गोबर की,
बदबू से दबकर
महक जिंदगी के गुलाब

की भर जाती है
रार, क्रोध, तकरार, द्वेष से,
दुःख से कातर
आज ग्राम की दुर्बल
धरती घबराती है।

'चंदू' का वह करुण चित्र उसकी आंखों के सामने है जिसमें वह :

कहीं एक कोने में बैठा
हाथ चरस की चिलम दबाए
गुपचुप गुपचुप फूंक लगाता
शेष आयु का धुआं उड़ाता

किंतु उन्हीं गांवों का एक दूसरा दृश्य भी है, जिसमें एक दूनरी जगह :

एक बीते के बराबर
यह हरा ठिगना चना
बांधे मुरैठा शीश पर
छोटे गुलाबी फूल का
सज कर खड़ा है
पास ही मिलकर उगी है
बीच में अलसी हठीली
देह की पतली कमर की है लचीली
नीले फूले फूल को सिर पर चढ़ाकर
कह रही है, जो छुए यह
दूं हृदय का दान उसको

शहर में ऐसी प्रणय संभावना कहां ? :

इस विजन में,
दूर व्यापारिक नगर से,
प्रेम की प्रिय भूमि उपजाऊ अधिक है।

नगर की कृत्रिमता और प्रेमशून्यता से ऊबा हुआ कवि प्रकृति में प्रेमलीला को ईर्ष्या से भर कर देखता है :

सुन पड़ता है
वनस्थली का हृदय चीरता,

उठता गिरता,
सारस का स्वर
टिरटों टिरटों
मन होता है,
जाऊं मैं
पर फैलाए सारस के संग
जहां जुगुल जोड़ी रहती है
हरे खेत में
सच्ची प्रेम कहानी सुन लूं
चुप्पे चुप्पे।

इन सब चित्रों में कवि के सौंदर्यप्रेम, जीवन की ऊंची वस्तुओं के प्रति सम्मान का उभार है। केदारनाथ अग्रवाल का यथार्थ एकांगी नहीं। वह जीवन की कुरूपता पर ही आंखें नहीं गड़ाए रखता, वरन् उसमें जीवन के सौंदर्य की भी प्यास है। जहां वह जीवन की कुरूपता के चित्र प्रस्तुत करता है, वहां तटस्थता और विराग से नहीं, वरन् उस कुरूपता को समाज से मिटा देने की उत्तेजना, प्रेरणा देने के उद्देश्य से। इसलिए 'युग की गंगा' आज के जीवन का प्रतिबिंब ग्रहण कर ही संतोष नहीं कर लेती, वरन उसके अनेक काले धब्बों को धोती और मिटाती चलती है, और अपने स्पर्श से उसे धवलता और पवित्रता की ओर ले जाती है। केदारनाथ अग्रवाल का यथार्थ सच्चे अर्थ में एक प्रगतिशील कवि का यथार्थ है जो कुरूपता को पूंजी नहीं मानता, उसकी राशि बनाने में आनंद नहीं पाता, वरन् उसे मिटाकर उसके स्थान पर नए सौंदर्य का निर्माण भी करता चलता है। यह यथार्थ नए समाज, नई संस्कृति के सृजन की कामना से ओतप्रोत है। उनका यथार्थ 'यथार्थ के लिए यथार्थ' का एक दूसरा अतिवाद नहीं।

'युग की गंगा' में जो एक अल्हड़ तीखापन है, व्यंग्य का स्वर है, वह इसी सृजन की अभिलाषा का एक माध्यम है। आज के समाज में जब हम नए शिव का निर्माण करने चलते हैं तो हमारा काम केवल स्रष्टा का ही नहीं रहता, हमें विध्वंस का काम भी करना पड़ता है। हमारे पीछे युग युग की परंपराएं, अंधविश्वास हैं और उनमें से कुछ इतने सड़ से गए हैं कि स्वस्थ समाज के निर्माण के लिए उनको काट फेंकना ही हितकर होगा। इसी विध्वंस की शैली में केदार ने 'वरदान,' 'मिट्टी का वैभव,' 'देव भूमि,' 'देवागमन,' 'देवताओं की आत्महत्या' आदि कविताएं लिखी हैं। कवि के शब्दों में, 'इनमें 'ईश्वर' का मखौल है।' ईश्वर का ही मखौल क्यों, देवताओं का भी, और यह 'मखौल' उनके लिए वह जहर है जो जितना ही मीठा है उतना ही घातक भी। ध्वंस के कार्य में व्यंग्य को टेकनीक,

की ओर कम ही ध्यान हमारे कवियों ने दिया है। उन्होंने बहुधा ओजप्रधान शैली का ही सहारा लिया है। केदार के व्यंग्य ईश्वर के प्रति किए गए हार्डी के व्यंग्यों की याद दिलाते हैं। उनमें कटुता है, चुभने की शक्ति है, लेकिन एक विचित्र गांभीर्य भी। 'वरदान' में कवि मानव के प्रति मानव की उपेक्षा पर इस भांति व्यंग्य करता है :

वैभव की विशाल छत्रछाया में,
स्वर्ण सिंहासन पर,
रक्खी देख मंदिरों में पत्थरों की मूर्तियां,
क्षुब्ध हो गर्भवती
ईश्वर से मांगती है वरदान।
केवल पाषाण हों
कोख की मेरी भी संतान !!

'सोने के देवता' जब धर्म के लोभ से पिघला दिए जाते हैं तो कवि लिखता है :

दीन मानवजाति का यह स्वर्णदिन है !
जो हमारे पूज्य प्रभुजी,
आर्तनाद सुनार का सुन,
कोयलों की आग में आ,
रोम से, तन से, हृदय से
आज पहली बार पिघले।

'युग की गंगा' एक प्रयोगवादी कवि की रचना है, जो आवश्यकतानुसार नए नए पथों की सृष्टि करने में हिचकता नहीं। और प्रयोग में जहां नवीनता की संभावनाएं रहती हैं, वहां अति सरलीकरण की आशंका भी रहती है। यह गलती केदारनाथ अग्रवाल ने अपनी 'रनिया' कविता में की है। इसमें कवि ने शोषक की मनोवृत्ति का कुछ ऐसा चित्रण किया है जैसे वह विरागी हो। वह देखता है कि सारा हिंदुस्तान रनिया का पक्ष लेकर उसके विरोध में खड़ा है, किंतु वह युद्ध के लिए प्रस्तुत नहीं होता, वरन् यह कर अपने शोषण के अधिकारों को छोड़ देता है कि :

अब रनिया के दिन आए हैं,
जग उसके माफिक बदला है।

इस कविता में न तो अनुभूति की तीव्रता है और न उस संघर्ष का कोई संकेत है, जिसके बिना शोषक वर्ग का अंत नहीं हो सकता। शोषक का अपने अनिवार्य अंत

के सामने ऐसे झुक जाना सारे वर्गसंघर्ष का अति सरलीकरण है। ऐसे स्थलों पर उनके काव्य में एक ओर तो थोथी बौद्धिकता के आ जाने का डर रहता है और दूसरी ओर सत्य भी उभर कर नहीं आता। 'युग की गंगा' के कवि को इस अति सरलीकरण की प्रवृत्ति से बचकर चलना है। ऐसी ही गलती उससे फिर होती है जब वह यह कहता है कि 'जब जैसी अर्थनीति होती है, वैसी ही संस्कृति और सभ्यता होती है। इसलिए कवि अथवा उसके सारे व्यक्तित्व को अर्थनीति का अंश ही समझना चाहिए।' यहां आध्यात्मिक नियतिवाद के स्थान पर आर्थिक नियतिवाद की स्थापना हुई।

वास्तव में कवि अपने समाज का परिणाम मात्र नहीं, वरन यदि उसमें वर्ग-चेतना है तो वह अपने युग की प्रगतिशील शक्तियों के साथ कंधा भिड़ाकर चलता है, उन्हें आगे बढ़ाता है और स्वयं उनका निर्माण भी करता है। इसलिए लक्ष्य के दृष्टिकोण से समाज उसका नियंता उतना नहीं जितना उसका दायित्व है, और जब परंपराओं का विध्वंस हो रहा हो, उस समय जाग्रत कवि का कार्य गुरुतर हो जाता है क्योंकि अतीत की संस्कृति के अनेक उलझे हुए सूत्रों में से उसे उन सूत्रों को सुलझा-कर निकालना होता है जिनसे आगामी कल का तानाबाना नए सूत्रों को मिलाकर बुना जा सके। स्वयं लेनिन ने उन लोगों का उपहास किया था जो अतीत की परंपरा को, बिना जानेबूझे अतीत के संबंध मात्र से, त्याज्य समझते हैं और एंगेल्स ने उन लोगों की अदूरदर्शिता की निंदा की थी जो साहित्य को केवल अर्थ की शृंखलाओं से इस प्रकार बांध देते हैं कि उसे ऐसी अनेक सांस्कृतिक परंपराओं से, जो उसे स्फूर्ति दे सकती थीं, हाथ मिलाने का अवसर ही नहीं मिलता। हमारे उन तरुण कवियों के लिए, जिनकी आंखों में नवनिर्माण का सपना है और जिनके हृदय में उसके लिए सतत प्रयत्न का उत्साह है, इन आचार्यों की ये बातें गांठ बांधने योग्य हैं।

यह प्रसन्नता की बात है कि केदार का सिद्धांत केवल उनके 'प्राक्कथन' तक ही है। किंतु उनमें स्वर और दृष्टिकोण की व्यापकता की आवश्यकता है और वह आवश्यकता 'युग की गंगा' के बाद की कविताओं में तेजी से पूरी होती जा रही है। उनकी 'युग की गंगा' यों बहती है जैसे कंकड़ों पत्थरों पर नाचता, उछलता हुआ सोता। उसमें 'बरसाती नदी का गंभीर घोर गर्जन नहीं', वह हहराता घहराता हुआ हुम्म नहीं जो अनेक दानवी वृक्षों को आत्मसात कर लेता है और तटों की दानवी दाढ़ों को तोड़ देता है।

इस 'युग की गंगा' में प्रवाह तो है, किंतु आयतन और तुमुलता की कमी है। किंतु केदारनाथ विकासशील कवि हैं, उत्तरोत्तर उनमें शक्ति आती गई है। इस-लिए हमें उनसे बड़ी बड़ी आशाएं रखनी चाहिए। हमारे सामने आज अनेक आर्थिक, सामाजिक, राजनीतिक और सांस्कृतिक समस्याएं आ खड़ी हैं और हमारे बुद्धि-

जीवियों को उन्हें सुलझा कर जनता के सामने रखना है। आज का कवि केवल चित्रकार होकर नहीं जी सकता, उसे तो उनमें जान डालनी है, प्रकाश भरना है, जिनके जीवन का चित्र वह खींचता आया है। आज के युग से व्यापक संपर्क के बिना यह संभव नहीं। यह हर्ष की बात है कि केदारनाथ अग्रवाल का संपर्क अपने युग से 'युग की गंगा' की बाद की रचनाओं में बढ़ता ही गया है और उनकी आंखों में आने वाले दृश्यों की परिधि बढ़ती ही जा रही है।

9

इत्यलम्

'अज्ञेय' को बहुत से लोग प्रगतिवादी साहित्यिक मानते हैं, किंतु सच तो यह है कि 'अज्ञेय' का सारा साहित्य पूंजीवादी युग के सांस्कृतिक विघटन और अनास्था का साहित्य है। आज की परिस्थिति में 'अज्ञेय' एक विशेष प्रकार के साहित्य की अनिवार्यता मानते हैं, और यद्यपि वे उस साहित्य को एक खतरनाक साहित्य मानते हैं, फिर भी स्वयं उनका साहित्य उसकी सारी खामियों से भरा है। वह कैसा साहित्य है जो 'अज्ञेय' की दृष्टि में अनिवार्य है ? अपनी पुस्तक 'त्रिशंकु' के 'संस्कृति और परिस्थिति' लेख में वे इसका उल्लेख करते हैं कि :

> पुराने सामाजिक संगठन के टूटने से उसकी सजीव संस्कृति और परंपरा मिट गई है; हमारे जीवन में से लोकगीत, लोकनृत्य, फूस के छप्पर और दस्तकारियां क्रमशः निकल गई हैं और उनके साथ ही निकलती जा रही है वह चीज जिसके ये केवल चिह्नमात्र हैं···जीवन की कला, जीने का एक व्यवस्थित ढंग···।

इसका दोषी वे विज्ञान और यंत्रयुग को बतलाते हैं, 'पुरानी व्यवस्था के टूटने का कारण मशीन है।' यंत्रयुग की एक बुराई तो आर्थिक है, किंतु उससे भी अधिक खतरनाक बुराई 'अज्ञेय' जी के अनुसार 'सांस्कृतिक' है। 'मशीन से केवल रोजगार नहीं मारा जाता, मशीन से मानव का एक अंग मर जाता है, उसकी संस्कृति नष्ट होती है और उसका स्थान लेने वाली कोई चीज नहीं मिलती।' उनका कहना है कि मशीन से काम करते हुए मनुष्य का जीवन स्थगित रहता है, उसमें कोई तोष नहीं प्राप्त होता। इसका परिणाम यह होता है कि मनुष्य को जब अपने काम से अवकाश मिलता है तो वह अपने श्रम की क्षतिपूर्ति करना चाहता है, 'अपने स्थगित जीवन की थकान से भागना' चाहता है :

> अतः आधुनिक जीवन में संस्कृति के, और उसके प्रमुख अंग बल्कि केंद्र, साहित्य के लिए कोई स्थान है तो दूसरी अवस्था में ही है। आज साहित्य का यही मुख्य उपयोग है; और मेरी समझ में यही उसके लिए सबसे बड़ा खतरा।

इस व्याख्या में एक तरह से 'अज्ञेय' ने पलायन का और उत्तरदायित्वहीन साहित्य का समर्थन और उसकी ओर से क्षमायाचना की है। यह न कह कर कि ऐसा साहित्य जनता को भ्रम में डालने और संघर्ष की प्रेरणा के स्थान पर अफीम का नशा देने के लिए लिखा जाता है 'अज्ञेय' ने यह सिद्ध करने की चेष्टा की है कि पलायनवादी और उत्तरदायित्वहीन साहित्य मशीन युग का अनिवार्य परिणाम है।

उनका कहना है कि जनता सस्ता साहित्य मांगती है और साहित्यिक उस मांग को पूरा करने के लिए बाध्य हैं। इसलिए साहित्य का पतन होगा ही और 'साहित्य का पतन संस्कृति का और अंततः जीवन का पतन है, मशीनयुग हमारे जीवन को सस्ता, घटिया और अर्थहीन बना रहा है।' इस प्रकार 'अज्ञेय' का यह अवैज्ञानिक और प्रतिक्रियावादी दृष्टिकोण यंत्र को ऐसी नियति मान लेता है जो मनुष्य के जीवन के स्तर को कभी ऊंचा उठने ही नहीं देगी। उन्हें संस्कृति के चिह्न उन स्थलों में मिलते हैं 'जहां अभी मोटरलारी, सिनेमा और रेडियो नहीं पहुचे हैं।' उनकी नजरों में स्वर्ग वह है, जो शोषण के लिए कच्चा माल बना रहे और जहां मनुष्य प्रकृति का गुलाम बना रहे।

जिस दर्शन का प्रतिपादन 'अज्ञेय' करते हैं, वह प्रतिक्रियावादी साहित्यिकों और शोषकों का सबसे अच्छा हथियार है। एक ओर तो यह दर्शन आज की बुराइयों के कारण, उत्पादन और वितरण के क्षेत्र में फैली हुई अनैतिकता और अराजकता, पर पर्दा डालता है; दूसरी ओर यह किसी प्रकार की भी क्रांति की आवश्यकता को अस्वीकार करता है। यह नहीं कि 'अज्ञेय' अपनी विचारधारा के इस निष्कर्ष को न समझते हों क्योंकि आगे चलकर वे स्वयं कहते हैं :

> यह तो प्रायः सिद्ध हो गया है कि दैन्य और बेकारी और चिंता से मुक्ति मिलने से ही संस्कृति और सुरुचि अपने आप नहीं प्रकट हो जाते। अतः संसार की आर्थिक अवस्था सुधरने और जीविका का स्टैण्डर्ड ऊंचा होने भर से एक विश्व संस्कृति या एक राष्ट्रीय संस्कृति भी स्वयं पैदा नहीं हो जाएगी। यह झूठी आशा इसलिए और भी असार हो जाती है कि आज भी ऐसे अनेक कर्कश किंतु बलिष्ठ स्वर हैं जो चिल्ला रहे हैं कि आर्थिक अवस्था का सुधार और सामाजिक वैषम्य का अंत ही एक मात्र ध्येय है, साहित्य और कला भाड़ में जाए, या रहें भी तो राजनीतिक उद्देश्यों की अनुचर बनकर।

इस प्रकार 'अज्ञेय' आर्थिक और सामाजिक क्रांति से साहित्य को इतना स्वतंत्र समझते हैं कि उस क्षेत्र में बिना किसी क्रांति के ही उनके हिसाब से साहित्य का स्तर ऊंचा हो जाएगा। इसका अर्थ यह हुआ कि रुचिसंस्कार, जिसे 'अज्ञेय' सब से आवश्यक समझते हैं, बिना आर्थिक और सामाजिक क्रांति के भी संभव है। वे

यह नहीं समझते कि जनता जब आर्थिक और सामाजिक क्रांति की ओर बढ़ती है तो साथ ही साथ वह संस्कृति का निर्माण करती चलती है, उसका रुचिसंस्कार भी होता जाता है। संघर्ष और भौतिक विकास ही शिक्षा है; इस महान संदेश को, जो हमें सोवियत जीवन और साहित्य से मिलता है, 'अज्ञेय' समझने की कोशिश नहीं करते। वह एक 'स्वतंत्र सौंदर्य' की कल्पना करते हैं। वह 'स्वतंत्र सौंदर्य' राजनीति से परे है। साथ ही कला 'अंततः एक प्रकार का आत्मदान है जिसके द्वारा व्यक्ति का अहं अपने को अक्षुण्ण रखना चाहता है।' यहां यह स्पष्ट हो जाता है कि सामाजिक उपादेयता का राजनीतिक और भौतिक विकास से कोई संबंध मानने को 'अज्ञेय' तैयार नहीं।

'अज्ञेय' आज के युग को संक्रांति का युग कहते हैं, इस संक्रांति और साहित्य के संबंध का जिक्र करते हुए उनका कहना है :

> भारतीय साहित्यिक पाता है कि उसके आसपास सब कुछ बदल रहा है, जो मान्यताएं ध्रुव सी अटल मानी जा रही थीं, वे सहसा संदिग्ध हो उठी हैं। इस डगमग स्थिति में आमूल परिवर्तन की लहर से हतबुद्धि होकर वह किसी आश्रय की, किसी आड़ की, 'घर' की खोज में विह्वल हो उठा है। या फिर कभी ऐसा भी हुआ है कि वह स्वयं अपने को ही अपने समवर्तियों से भिन्न पाता है, अनुभव करता है कि वही बदल गया है, तीव्र जीवनानुभव के दबाव ने उसे गति दी है, पर उसके आसपास का समाज अचल है, जड़ है, गतिहीन खड़ा है। दोनों स्थितियों का असर एक-सा होता है, व्यक्ति 'बिना पानी की मछली' सा महसूस करता है, अनुकूलता के लिए छटपटाता है, 'संतोषजनक सामाजिक दल,' की मांग करता है, 'घर लौटना' चाहता है।

इन दोनों प्रकार की प्रवृत्तियों के पीछे वर्गस्वार्थ है। अभिजात वर्ग का प्राणी जो आज तक की दुनिया के ढांचे में सम्मान पाता रहा है, जिसे शोषण की सारी सुविधाएं प्राप्त थीं और उसका एकाधिकार था, आज पाता है कि ये सारी चीजें उसके हाथों से निकलती जा रही हैं, इसलिए आज की डगमग दुनिया में वह हतबुद्धि-सा जान पड़ता है और किसी आश्रय की खोज करता है क्योंकि जो अपने को घिरा हुआ पाता है वही आश्रय भी खोजता है। और उसका तीव्र जीवनानुभव किसी स्वस्थ प्राणी का नहीं है। उसके वर्ग की सारी ह्रासशील प्रवृत्तियां उसके व्यक्तित्व में प्रवेश कर गईं हैं और उसका मन रोगी की तीव्र अनुभूतियों से भरा है। समाज उसे अचल जान पड़ता है क्योंकि समाज का अर्थ वह अभिजात वर्ग समझता है। समाज का दूसरा अंग जो संघर्ष कर रहा है और जो स्वस्थ जीवन और संस्कृति का निर्माण कर रहा है उसकी ओर देखने का साहस वह नहीं करता और देखता है तो उससे प्रेरणा प्राप्त करने के स्थान पर अपने

स्वार्थों के कारण उससे जिंदगी और मौत की लड़ाई लड़ने लगता है। 'अज्ञेय' के काव्य में इसी अभिजात वर्ग के रुग्ण मन की झलक है।

सच्चा प्रगतिशील साहित्य इस निराशा और बेचैनी से मुक्त होता है। उसमें निर्माण का उल्लास होता है, क्योंकि वह आज के संघर्ष में एक नई व्यवस्था का जन्म देखता है। आज संक्रांति के युग में भी एक नई चेतना को क्रांति के पथ पर बढ़ते देखता है और यद्यपि उसे रास्ते में मुसीबतों के पहाड़ खड़े दीख पड़ते हैं, फिर भी उसे अंतिम विजय में विश्वास होता है क्योंकि वह युग युग से सोई और पददलित जनता को संघर्षरत देखता है। उसका साहित्य इस संघर्ष की उच्चता के कारण महाकाव्यत्व लिए रहता है। कुछ साहित्यिक 'बिन पानी की मछली' से क्यों हो गए हैं? इसके लिए कुछ प्रमुख कारण ये हैं, उन्हें सामाजिक प्रगति पर अविश्वास है, वे सामाजिक परिवर्तनों के पीछे काम करती हुई शक्तियों को पहचानने में असमर्थ हैं, वे प्रतिक्रिया की शक्तियों को सहायता देना चाहते हैं। ऐसे साहित्यिक ही आज रहस्यवाद की बातें करते हैं, व्यक्ति के विद्रोह की बातें करते हैं; सभी व्यवस्थाओं के प्रति अंधाधुंध विद्रोह; वे ही यौन्संबंधों या यौन-प्रतीकों के साहित्य का निर्माण करते हैं, मानव की पशुता को शाश्वत सत्य बतलाते हैं, सामाजिक या राजनीतिक क्रांति अनावश्यकता पर जोर देते हैं और क्रांति का माध्यम जनसमूह को नहीं वरन व्यक्ति को मानते हैं। आज हम दोनों प्रकार की साहित्यरचना देख रहे हैं। 'अज्ञेय' का काव्य प्रगतिशील काव्य नहीं क्योंकि वह मूलतः दूसरे प्रकार की मनोवृत्ति का परिणाम है। वह मानसिक रुग्णता, और जैसा कि पहले कहा गया है, अनास्था का काव्य है। 'इत्यलम्' की कविताओं को, विशेषतः उसमें बाद वाली कविताओं को, हमें इनी विश्लेषण के प्रकाश में देखना होगा।

'इत्यलम्' के प्रथम भाग 'भग्नदूत' की कविताएं 1933 ई. और उसके पूर्व की हैं, किंतु उनमें हम उस युग में उद्वेलित देश की आशा आकांक्षाओंऔर उनके भीतर सुलगते हुए विद्रोह के भूकंप का कोई संकेत नहीं पाते। 1930 ई. में 'अज्ञेय' मुहम्मद बख्श नाम से पकड़े गए थे और लगभग पांच वर्ष तक लाहौर, दिल्ली और पंजाब के अन्य जेलों में रहे। 'इत्यलम्' के दूसरे भाग 'बंदी स्वप्न' में जेलों के सींखचों के भीतर बंद आत्मा की निराशा और पराजय का स्वर है, किंतु 'भग्नदूत' इससे सर्वथा मुक्त है। यहां हम (पृ. 23) प्रणय के गीत और असीम प्रणय की प्राप्ति में असफलता पर क्षोभ के स्वर सुनते हैं:

> जब दिनकर की ज्योत्स्ना से सहसा आलोकित
> अभिसारिका उषा के मुख पर पुलकित
> व्रीड़ा की लीला आती है,

भर देती हैं मेरा अंतर
जाने क्या क्या इच्छाएं,
क्या अस्फुट, अव्यक्त, अनादि
असीम प्रणय की तृष्णाएं !

किंतु इस असीम प्रणय के देवता के चरणों पर धरने के लिए (वही, पृ. 24) कवि के पास क्या है ?

अपनी कविता ? भव की छोटी घटनाएं जिसका आधार ?
कैसे उसकी परिमा में भर दूं घहराता पारावार ?
अपने निर्मित चित्र ? वही जो असफलता के शव पर स्तूप ?
तेरे कल्पित छाया अभिनय की छाया के भी प्रतिरूप !

यह असीम प्रणय, प्लैटोवादी प्रेम, कवि की आस्था की वस्तु नहीं, यह तो सिर्फ एक आश्रय है, पलायन का लोक है, जहां कवि अपनी निराशा, अपने खोखलेपन से मुक्ति पाना चाहता है। किंतु उनकी गांठें शिकारी के जाल की गांठें हैं जिनमें से 'अज्ञेय' का व्यक्तित्व जितना ही निकलने की कोशिश करता है उतना ही उन्हें कसता जाता है। 'अज्ञेय' ने 'घर लौटने' की प्रवृत्ति, नॉस्टेल्जिया का बहुत उल्लेख किया है। ('पराजय गान', पृ. 39) उनका असीम प्रणय भी उसी की साधना है :

मैं हूं विजित तिरस्कृत घायल
अंग हुए जाते हैं श्रांत
लौट किंतु आया हूं घर को
जाने किस आशा से भ्रांत !
केवल कहीं किसी के टूटे
हृदयगेह के कोने में,
सुप्त प्रणय के आंचल में मुख
छिपा दीन हो रोने में,
इतने ही तक सीमित है मम
घायल प्राणों की अब प्यास,
और कहीं आश्रय पाने की
नहीं रही अब मुझको आस !

हम कवि में निराशा का अलंकरण ('शिशिर के प्रति', पृ. 40) भी पाते हैं :

ऊपर नील गगन में, धवल धवल, कुछ फटे फटे से,
अपने ही आंतरिक क्षोभ से सकुचे, कटे कटे से,

जीवन में उद्देश्यहीन सी गति से आगे बढ़ते बादल,
घिरे रहें बादल, पर बरस न पाएं,
मेरे भी, मैं रहूं नियंत्रित, मूक, यदपि आंखें भर आएं !

उसी कविता में (पृ. 40) शिशिर से कवि ये पंक्तियां कहता है :

वह, भावी बसंत की आशा, वह, तेरी जीवन आधार !
सखे ! सदा दूर वह रहेगी निष्कलंक वह आभा,
हम तुम उसको छू न सकेंगे, हम तुम, जिनके
कर कलुषित हैं अंतर्दाह धुएं से !
चाहते ही हम रह जाएंगे, नहीं कभी पाएंगे !

कवि केवल चाहता ही रह जाएगा, कभी नहीं पाएगा इसलिए उसकी इच्छाओं की कोई दिशा नहीं और 'भावी वसंत की आशा' का कोई अर्थ नहीं क्योंकि उसकी कल्पना में न तो कोई 'भावी' का चित्र है, और न तो वह किसी चित्र को वसंत का चित्र मान सकता है। ऐसी दशा में आशा का अस्तित्व कहां ?

'बंदी स्वप्न' में विद्रोह की ओर संकेत करने वाली कविताएं हैं, किंतु यह विद्रोह की भावना 'चाय के प्याले में आंधी' के समान है। यह विद्रोह एक व्यक्ति के अहं मात्र का विद्रोह है और उसका कोई विशेष सामाजिक महत्व नहीं, समाज-निष्ठ न होकर वह समाज की उपेक्षा करता है। इस व्यक्तिगत अहं की सीमा के ऊपर विद्रोह भावना कुछ ही कविताओं में उठ पाई है ('घृणा का गान', पृ. 55), यथा, जहां कवि शोषकों के प्रति घृणा का गान गाता और उनके विरुद्ध संघर्ष का संदेश देता है :

तुम, सत्ताधारी, मानवता के शव पर आसीन,
जीवन के चिर रिपु, विकास के प्रतिद्वंदी प्राचीन,
तुम, श्मशान के देव ! सुनो यह रणभेरी की तान,
आज तुम्हें ललकार रहा हूं, सुनो घृणा का गान !

अथवा 'अखंड ज्योति' कविता में,

हमने न्याय नहीं पाया है, हम ज्वाला से न्याय करेंगे

किंतु यहां भी पराजय के स्वर में यह विद्रोह की भावना उभर नहीं सकी है। कारा में पड़े कवि की आत्मा की विद्रोहविभूति बिखर सी गई है। वह इसकी तीव्र निराशा से भरी अनुभूति करता है कि कारा में उसकी 'लड़ मरने की सन्नद्ध' शक्ति बद्ध हो गई है, कि 'लौह शृंखलाओं' में 'पैरों की उद्धतगति आगे ही बढ़ने को तत्पर' हत हो गई है, कि यह सब कुछ 'निष्फल', इन प्राचीरों की जड़ता के

आगे।' संघर्ष के परिणाम पर व्यापक दृष्टि रखने वाला व्यक्ति इस पराजय की भावना का शिकार कभी नहीं हो सकता। ऐसे व्यक्ति का विद्रोह सींखचों के पीछे पड़ते ही पिघलकर वाष्प नहीं बन जाता, वरन वह लोहे से इस्पात बन जाता है, उत्तरोत्तर अधिक दृढ़ता और आस्था प्राप्त करता जाता है। दूसरी ओर 'अज्ञेय' में पलायन की वृत्ति जाग उठती है ('चलो, चलें' पृ. 73) और भग्न प्रणय की निराशा में अपने को ढंककर कवि सांत्वना प्राप्त करना चाहता है :

> चलो, चलें !
> जीवनपट की धुंधली लिपि को
> व्यथा नीर से धो चलें !

इस विवशता में उसे प्रणय की साधना ('दूरवासी मीत मेरे', पृ. 81) की उमंग आती है :

> आज मैं कितना विवश हूं
> बद्ध हैं मेरी भुजाएं,
> प्राण पर आराधना की
> साध को कैसे भुलाएं ?

और इस प्रणयसाधना में 'भग्नदूत' की अपेक्षा अधिक मांसलता और किसी अन्य व्यक्ति का संकेत है। अब साधना प्रणय की नहीं वरन प्रणय की वस्तु, किसी व्यक्ति की हो गई है। किंतु इस प्रणयसाधना में कोई तीव्र अनुभूति नहीं, क्योंकि यह परास्त व्यक्ति की साधना है जिसमें विलास की आकांक्षा अधिक है, स्वस्थ प्रेम की मात्रा कम। फिर भी कवि का अहं भाव कम नहीं है ('मैं वह धनु हूं')। यह स्वीकार करते हुए भी कि :

> मैं वह धनु हूं जिसे साधने
> में प्रत्यंचा टूट गई है

कवि विश्वास के साथ ('विश्वास', पृ. 87) कहने की कोशिश करता है :

> तुम्हारा यह उद्धत विद्रोही
> घिरा हुआ है जग से, पर है सदा अलग, निर्मोही !
> जीवन सागर हहर हहर कर,
> उसे लीलने आता दुर्धर,
> पर वह बढ़ता ही जाएगा लहरों पर आरोही !

जग से सदा अलग यह निर्मोही आगे बढ़ता है, किंतु जिधर वह जाता है वह

उसके अपने अहं का दलदल है, जिसमें वह निरंतर धंसता जाता है। इसी अहं के दलदल में धंस कर 'अज्ञेय' एक नए रहस्यवाद की उद्भावना करते हैं।

इस रहस्यवाद की रूपरेखा अगले भाग 'हिय हारिल' में स्पष्ट होती है। अपनी आलोचना पुस्तक 'त्रिशंकु' में अज्ञेय ने इस रहस्यवाद की व्याख्या की है। 'चेतना का संस्कार,' लेख में अज्ञेय कहते हैं कि,

> मनुष्य के शरीर और बुद्धि का विकास लगभग सीमा पर पहुंच गया है और इन दिशाओं में विकास की संभावना नहीं है। विकास अब चेतना के क्षेत्र में क्रियाशील होगा। मानव को एक नई संवेदना शक्ति, एक नई आत्मा, एक नई और अधिक विस्तृत चेतना प्राप्त करनी होगी जिसके द्वारा वह जीवन के नए साध्यों की उद्भावना कर सके, और उनका अनुसरण कर सके। ऐसे साध्य, ऐसे आदर्श, जो साधनों पर पाई हुई उसकी संपूर्ण विजय के अनुरूप हों। (पृ. 87)

इसलिए 'अज्ञेय' के अनुसार मनुष्य के भावी विकास की शर्त यही चेतना का नया रूप है। इसमें सामाजिक क्रांति की कोई आवश्यकता नहीं, वह तो इसका अनिच्छित परिणाम मात्र होगी। इस प्रकार सच्चे विकास का रहस्य व्यक्तिगत इकाइयों के चेतनाविकास में है, सामाजिक परिवर्तन नहीं। इस व्यक्तिवादी दर्शन का यही प्रतिक्रियावादी परिणाम होता है क्योंकि इसमें संघर्ष की प्रेरणा नहीं बल्कि उसकी अनावश्यकता का प्रतिपादन है। यह व्यक्ति को समाज से हटकर अपने सीमित अहं में खो जाने का संदेश है। इस 'नूतन रहस्यवाद' की दिशा का उल्लेख करते हुए 'अज्ञेय' का कहना है :

> हो सकता है कि अंततोगत्वा इस 'विकसित चेतना' का विषय स्वयं मानव की आत्मा हो, कि वह चेतना अंतर्मुखी होकर आत्मतत्व के चिंतन अन्वेषण में लीन हो जाए। (त्रिशंकु, पृ. 89)

इसी विचारधारा को वे 'हियहारिल' (पृ. 93) की सर्वप्रथम कविता 'रहस्यवाद' में इन शब्दों में व्यक्त करते हैं :

मैं भी एक प्रवाह में हूं,
लेकिन मेरा रहस्यवाद ईश्वर की ओर
उन्मुख नहीं है,
मैं उस असीम शक्ति से
संबंध जोड़ना चाहता हूं,
अभिभूत होना चाहता हूं,
जो मेरे भीतर है।

'हियहारिल' की दूसरी प्रमुख धारा नियतिवाद की है। नियतिवाद अकर्मण्यता का दर्शन है और वह मनुष्य को असहायता का पाठ पढ़ाकर संसार की बुराइयों का मूल सामाजिक और आर्थिक व्यवस्था में न ढूंढ़कर नियति में, मनुष्य की सारी इच्छाशक्ति के परे किसी शक्ति में ढूंढ़ता है। इसीलिए प्रतिक्रियावादियों ने हमेशा नियति का नारा उठाया है। मानव की असहायता का चित्र हम 'विधाताघाम होता है' (पृ. 115) की पंक्तियों में देखते हैं :

खेलती विधि मानवों से ?
काश हम भी खेल सकते,
भाग्य के हमले अनोखे
हम हंसी से झेल सकते।
वह हमें शतरंज के
प्यादों सरीखा है हटाता,
काश हममें शक्ति होती
भाग्य को हम ठेल सकते।

इतना ही नहीं यहां पर मानव की बुद्धि को भी अपर्याप्त और सामर्थ्यहीन बतलाया गया है :

बुद्धि ही इस मोह तम में
ज्योति अंतिम है हमारी,
किंतु क्या उसकी परिधि में
नियति को हम बांध पाते।

अपनी कमजोरियों के लिए बहाना, प्रणय की कमजोरियों के लिए भी बहाना, इसी नियतिवाद में मिलता है ('नाम तेरा' पृ. 117) जब दुनिया ही नियति का शिकार है तो कवि, प्रणयी कवि; उससे मुक्त कहां ? :

घूमते हैं गगन में जो
दीखते स्वच्छंद तारे,
एक आंचल में पड़े भी
अलग रहते हैं विचारे,
भूल में पल भर भले
छू जाएं उनकी मेखलाएं,
दास मैं भी हूं नियति का
क्या भला विश्वास मेरा।

यह अभिजातवर्गीय दर्शन का खोखलापन है जो अपने को नियतिवादी दर्शन के भीतर छिपाना चाहता है। 'अज्ञेय' के काव्य में नियतिवाद के पीछे अभिजातवर्गीय समाज की इसी ह्रासोन्मुखी प्रवृत्ति का प्रभाव है, और यद्यपि वे 'उड़ चल, हारिल' (पृ. 146) कविता में हारिल से ये पंक्तियां कहते हैं :

शक्ति रहे तेरे हाथों में,
छुट न जाए यह चाह सृजन की
शक्ति रहे तेरे हाथों में
रुक न जाए यह गति जीवन की।

किंतु यह जीवन की यथार्थ मिट्टी से सृजन करने की इच्छा नहीं है ('उड़ चल हारिल', पृ. 147) वरन् यथार्थ से परे किसी वस्तु की प्रेरणा से कल्पित आदर्श की मिट्टी से :

मिट्टी निश्चय है यथार्थ, पर
क्या जीवन केवल मिट्टी है ?
तू मिट्टी, पर मिट्टी से उठने
की इच्छा किसने दी है ?

'इत्यलम्' की अन्य कविताएं इन्हीं ह्रासशील प्रवृत्तियों को उनकी चरम सीमा पर पहुंचा देती हैं। इनमें अहंवाद, नियतिवाद, यौन प्रतीकों, स्पंदनहीनता आदि की अनुभूति कवि में तीव्र से तीव्रतर हो उठी है और इन सब को कवि अपनी अभिव्यंजनावादी और प्रतीकवाद कला के प्रयोगों के आवरण में प्रस्तुत करता है। 'अज्ञेय' ने 'कुण्ठा' शब्द का बहुत प्रचार किया है। 'वंचना के दुर्ग' और 'मिट्टी की ईहा' की कविताओं में कवि ने इसी कुण्ठा को अभिव्यक्त किया है। कवि में इस कुण्ठा की उपज इतनी घनी इसलिए और भी हो उठी है कि उसने अभिजात वर्ग की ह्रासशील सभ्यता को सत्य मान लिया है और जनसंघर्ष से दूर रहने और उससे सहानुभूति की जगह घृणा करने के कारण कवि आज के जीवन की प्रगतिशील और प्रेरणा देनेवाली शक्तियों को अपना नहीं सका है। उसके सामने केवल एक अहंवादी की तीव्रतम अनुभूतियां और कठोरतम वर्जनाएं हैं और वह देखता है कि उसके सामने आज तक की सबसे विकट सांस्कृतिक उलझन है। अपने 'काव्य और सांस्कृतिक परंपरा' की भूमिका में उसको सृजन के तत्वों और उनकी अभिव्यक्ति की समस्या का समाधान नहीं दीख पड़ता :

गा गया सब राजकवि, फिर राज पथ पर खो गया।
गा गया चारण, शरण फिर शूर की आकर, निरापद सो गया।
गा गया फिर भक्त ढुलमुल चाटुता से वासना को झलमलाकर,

गा गया अंतिम प्रहर में वेदनाप्रिय,
अलस, तंद्रिल, कल्पना, का लाड़ला।
कवि निपट भावावेश से निर्वेद।
किंतु अब निस्तब्ध संस्कृत
लोचनों का भावसंकुल, व्यंजना का भीरु
फटा-सा, अश्लील-सा विस्फार,

'वंचना के दुर्ग' में अनास्था की तीव्रतम अनुभूति है। प्रणय का आश्रय भी कवि से छिन जाता है क्योंकि आज के जीवन की घोर विषमताओं में निष्कंप प्रेम नाम की कोई चीज नहीं रह गई। 'अज्ञेय' ने 'तारसप्तक' के वक्तव्य में लिखा है:

> और प्रेम? एक थका मांदा पक्षी, जो सांझ घिरती देखकर आशंका से भी भरता है और साहस संचित करके लड़ता भी जा रहा है। निराशा और कुंठा से धैर्यपूर्वक लड़ता हुआ, किंतु विश्वास की निष्कंप अवस्था से कुछ नीचे,आज के प्रेम का सर्वोत्तम संभव रूप यही है। अंधकार और आलोक का अनुक्रम, धृति और गति का सामंजस्य, वासना और विवेक का संयोग, उदासी और खण्डन के बीच में विश्वास का मुक्त स्वर जो सबल कई बार हो उठता है पर निष्कंप कभी नहीं हो पाता। (पृ. 76)।

'अज्ञेय' की इन रचनाओं में प्रेम क्षण भर के लिए एक ऐंद्रिय विवशता के रूप में प्रकट होता है और यह विवशता अपने साथ सन्निपात की विक्षिप्तता लिए होती है। प्रणयी कवि (पृ. 189) अपनी प्रणयिनी से कहता है:

एक अंतिम निमिषभर के ही लिए कट जाए मायापाश,
एक क्षणभर वक्ष के सूने कुहर को झनझनाकर
चला जाए झुलसकर भी तृप्त अंतिम मुक्ति का प्रश्वास
कब तलक यह आत्म संचय की कृपणता! यह घुमड़ता त्रास।
दान कर दो खुले कर से, खुले उर से होम कर दो
स्वयं को समिधा बनाकर।
शून्य होगा, तिमिरमय भी, तुम यही जानो कि अनुक्षण
मुक्त है आकाश।

थके जीवन का पंछी रात को आसरे के लिए प्रेम के यहां आता है और प्रातः होते होते अपने पीछे साथी पंछी को छोड़ जाता है, ('रात होते प्रात होते', पृ. 172-73) उस पंछी को जो:

थके पंखों को समेटे,
आसरे की मांग पर विश्वास की चादर लपेटे,
चंचु की उन्मुख विकलता के सहारे
नम रही ग्रीवा उठाए,
सिहरता-सा, कांपता-सा,
नीड़ की, नीड़स्थ सब कुछ की प्रतीक्षा भांपता-सा,
निकट अपनों के, निकट भवितव्य की
अपनी प्रतिज्ञा के,
निकटतम इस वि-बुध सपनों की सखी के
आ गया था
आ गया था
रात होते !

इस क्षणिक नशे के उतर जाने के बाद जीवन फिर पूर्ववत वंचना से भरा हुआ और 'निष्प्रभ हो उठता है ('आज मैं पहचानता हूं' पृ. 188) जीवन के साथ साथ ब्रह्माण्ड निरर्थक हो उठता है :

इस गहन ब्रह्माण्ड के अंतःस्थ विधि का अर्थ,
अर्थ ! रे कितनी निरर्थक, वंचना की मोह, स्वर्णिम
यह यवनिका,
यह चटक, तारोंसजा फूहड़ निलज आकाश,

यौन वासनाओं की आत्मघातमूलक यह प्रवृत्ति अभिजात वर्ग के जीवन का प्रमुख अंग है। 'सावन के अंधे को हरा ही हरा सूझता है' और इसी भांति 'अज्ञेय' ने इस युग के मानव को 'यौन वर्जनाओं का पुंज' मानकर उसके जीवन के इसी पक्ष का चित्र उपस्थित किया है। यदि भावी युगों के किसी पाठक को 'अज्ञेय' की इन कविताओं को पढ़कर ही आज के युग का चित्रनिर्माण करना हो और उसके सामने और कोई सामग्री न हो तो निश्चय ही वह इसकी कल्पना भी न कर सकेगा कि यह युग महान् संघर्षों का युग था, जब उन संघर्षों के बीच सदियों से दबे मानव का सिर गर्व से ऊपर उठने लगा था और उसकी आंखों के सामने एक नई दुनिया का स्वप्न नाच उठा था।

'वंचना के दुर्ग' में 'अज्ञेय' ने एक और प्रयोग किया है। वह प्रयोग है वर्ग, संघर्ष की भावना को यौन प्रतीकों या यौन लिप्सा में अनूदित करना। युग युग से 'दीन, दुखी, पददलित पराजित', जो आज 'क्रुद्ध सर्प से अनीत को जगा, 'मैं' से 'हम' हो गया' है, आततायी को ललकारते हुए ('आह्वान', पृ. 156-57) कहता है :

…मेरे आगे है अनंत
आदिहीन शेषहीन पथ वह
जिस पर
एक दृढ़ पैर का ही स्थान है
और वह दृढ़ पैर मेरा है,
गुरु, स्थिर, स्थाणु-सा गड़ा हुआ
तेरी प्राणपीठिका पै लिंग सा खड़ा हुआ !

इन पंक्तियों में शक्ति और स्थिरता का प्रतीक यौन प्रतीक है। और एक दूसरी कविता ('वर्गभावना सटीक' पृ.168') इस प्रकार है :

अवतंसों का वर्ग हमारा
खड्गधार भी न्यायकार भी।
हमने क्षुद्र तुच्छतम जन से
अनायास ही बांट लिया
श्रमभार भी सुखभार भी।
बल्कि बढ़ गए हैं आगे भी,
हम निश्चय ही हैं उदार भी।
…   …   …

टीका- (यद्यपि भाष्यकार है दुर्मुख)
हम लोगों का एकमात्र श्रम है, सुरतिश्रम,
उस अंत्यज का एकमात्र सुख है, मैथुन सुख !

यहां पर शोषण से प्राप्त सुख दुःख का अन्वय यौन श्रम और सुख में किया गया है। इस प्रकार 'अज्ञेय' ने फ्रायड को मार्क्सवादी और मार्क्स को फ्रायडवादी बनाने का अद्‌भुत कार्य संपादित किया है।

'मिट्‌टी की ईहा' की कविताएं भी अब तक उल्लिखित 'अज्ञेय' के काव्य की अनेक प्रवृत्तियों और विचारधाराओं का प्रतीक हैं। 'मिट्‌टी ही ई है !' (पृ.195) कविता में मिट्‌टी, भौतिक जीवन, के सत्य या आवश्यकता को स्वीकार किया है। मिट्‌टी के बीच उगा हुआ वसंत का अंकुर मिट्‌टी को रौंदनेवाले से कहता है :

कितना तुच्छ है तुम्हरा अभिमान
जो कि मिट्‌टी नहीं हो,
जो कि मिट्‌टी को रौंदते हो,

जोकि ईहा को रौंदते हो,
क्योंकि मिट्टी ही ईहा है !

किंतु उसके बाद ही वाली दूसरी कविता में ('किसने देखा चांद', I, पृ. 196) चेतना के अंतर्मुखी विकास का रहस्यवाद सामने आता है :

किसने देखा चाँद
किसने, जिसे न दीखा उसमें क्रमशः विकसित
एकमात्र वह स्मित-मुख जो है
अलग-अलग प्रत्येक के लिए
किंतु अंततः है अभिन्न-
है अभिन्न, निष्कंप, अनिर्वच, अनभिवद्य;
है युगातीत-
एकाकी,
एकमात्र ।

इसी प्रकार कवि शाश्वत सत्य ('सत्य एक है', पृ. 197) का उल्लेख करता है :

सत्य एक है
क्योंकि वह एक ग्रंथि है
जिसके सब सूत्र खो गए हैं ।

सौंदर्य की कल्पना भी रूप की सीमा के बाहर की गई है ('प्रिया के हित गीत', पृ. 207)

आत्मलय के, बोध के, इस परम रस के पार
ग्रंथि मानों रूप की, स्वालंब, बिन आधार,
अलग प्रिय, एकांत कुछ कोई कहीं है ?
प्रिया तो है भावना, वह है यहीं है, रे, यहीं है ।

'मिट्टी की ईहा' की कविताओं में अज्ञेय की शैली और भी दीक्षागम्य हो गई है। यहां पर बातों पर दार्शनिकता का रंग चढ़ाने का शौक बढ़ गया है ।

'इत्यलम्' की इन सारी कविताओं पर एक सरसरी दृष्टि डालने से यह स्पष्ट हो जाता है कि 'अज्ञेय' का काव्य सामाजिक उत्तरदायित्व से मुक्त है और हर एक समस्या उनमें उस 'अहं' के रंग में रंगी हुई है जो यौनवर्जनाओं से आक्रांत है । यह काव्य 'यौन स्वप्नसृष्टि का, दिवास्वप्नों का' काव्य है । भले ही 'अज्ञेय' इस बात की घोषणा करते रहें कि इन चीजों को कवि अपनाना नहीं चाहता। आज के अनेक कवियों और साहित्यिकों का अहंकार बहुत बढ़ गया है और वे

समझने लगे हैं कि अपने 'अहं' के द्वारा वे संसार में कोई बड़ी क्रांति उपस्थित करने जा रहे हैं। एक ओर तो वे अपने महान् क्रांतिकारी होने की घोषणा करते हैं और मनुष्य को बाहर न देखकर अपने अंदर देखने का संदेश देते हैं, दूसरी ओर उनका छिछोरापन इस सीमा पर पहुंच गया है कि वे साहित्य से किसी भी प्रकार की जीवित प्रेरणा का बहिष्कार करने पर तुल गए हैं और सामाजिक और सांस्कृतिक उत्थान के लिए संघर्ष की प्रेरणा देने वाले साहित्य की खुली निंदा करते हैं। अज्ञेय ने साहित्य और संस्कृति की रक्षा का नारा उठाते हुए 'त्रिशंकु' में लिखा है :

> जो केवल सुधारक है, वह तो कह सकता है कि साहित्य और साहित्यकार घर बैठें, हमें लड़ाई लड़नी है। पर हम सब यह नहीं कह सकते, हम सबके लिए यह संभव नहीं है कि साहित्य के बिना जी लें, और शायद इस प्रकार फेंका जाकर साहित्य भविष्य में भी वह स्थान नहीं प्राप्त कर सकेगा जो उसका होना चाहिए। संघर्ष की उठान के युग के बाद जब हम कलाओं के लिए अवकाश पाएंगे, तब तक साहित्य के पौधे की जड़ सूख चुकेगी और वह निष्प्राण हो जाएगा। और यह खतरा हम उठाने को तैयार नहीं हैं क्योंकि जिस संघर्ष का हल करने के लिए हम प्रेरक साहित्य चाहते हैं, वह संघर्ष हमारी संस्कृति को खतरे में डाल रहा है और उस ख़तरे से बचने का उपाय साहित्य के निमित्त से ही मिल सकता है। (पृ. 71)

कुछ ही पृष्ठों के भीतर 'अज्ञेय' ने 'त्रिशंकु' में परस्पर विरोधी मतों का प्रतिपादन किया है। एक स्थान पर वे कहते हैं कि 'साहित्य और राजनीति का असर एक दूसरे पर होने को रोका भी नहीं जा सकता, चाहे राजनीति का युग हो, चाहे साहित्य का।' और उसके कुछ पहले ही कहते हैं कि 'लेखक बंधन से परे है, और रहेगा।' फिर कहते हैं कि

> कला संघर्ष का फल है। अतः कलाकार अनिवार्य रूप से गतिमान है, उसमें एक बलवती प्रेरणा काम कर रही है जो उसे स्थिर नहीं रहने देती, और उसके दबाव के कारण वह किसी सामंजस्य की ओर बढ़ता है।

यह सामंजस्यवाद क्या है? केवल धोखे की टट्टी। पंतजी का सामंजस्यवाद हम देख चुके हैं, जिसका अर्थ मार्क्सवाद और गांधीवाद और अरविंदवाद को एक करना है किंतु इसके पीछे जो सबसे बड़ा षड्यंत्र है वह है मार्क्सवाद के संघर्ष के दर्शन की तीक्ष्ण धार को कुंद कर देना। इसी तरह के सामंजस्यवाद का आज के अनेक लेखक प्रचार कर रहे हैं। इस सामंजस्यवाद का रूप 'अज्ञेय' में क्या है? इसका उत्तर उन्हीं के शब्दों में यह है :

> यह गति आगे की ओर है या पीछे की ओर? प्र-गति, या प्रति-गति है, या

अधोगति है? इसका निर्णय साहित्य के, कला के भीतर से नहीं होता, भीतर से केवल इतनी ही गूंज आती है कि वह गति है, अरोक गति है। गति का निरूपण करने वाला, यह फतवा देने वाला कि गति किधर होनी चाहिए, कला को एक बाहरी कसौटी पर परखना चाहता है। अर्थात वह कलाकार नहीं होता, केवल आलोचक होता है। (पृ. 76)

इस प्रकार 'अज्ञेय' के अनुसार यह साहित्यिक का धर्म नहीं कि वह देखे कि उसकी गति किधर है, जन्नत की तरफ या जहन्नुम की तरफ। और जहन्नुम में जाने वाले अपने ही जैसे क्रांतिकारयों की वकालत 'अज्ञेय' ने इस प्रकार 'शेखर' में की थी :

दिन था, जब धर्म की सत्ता थी। तब हमारे ढोंगी नेता विद्रोह को छोटा दिखाने के लिए कहा करते थे, प्रजा का द्रोह धार्मिक नहीं, सामाजिक है। हमें समाज सुधारने का अधिकार होना चाहिए। फिर समाज की सत्ता हुई, तब वे ढोंगी लोग उसका सामना करते हुए डरे और कहने लगे कि हम राजनीतिक पुनस्संगठन मांगते हैं। तब राजशक्ति की सत्ता हुई और वे कहने लगे, हम राजनीतिक अपराध कब करते हैं, हम तो केवल अर्थसंकट के विरोधी हैं। क्षुद्र, क्षुद्र, क्षुद्र! मैं कहता हूँ, ओ विद्रोहियो, आओ, पहले इसी दंभ को काटो, जानो, समझो, घोषित करो कि हम इस या उस दुर्व्यवस्था के नहीं, हम इस ऐसेपन के ही, एतादृशत्व ('दसनेस') मात्र के विरोधी हैं; हम सभी कुछ वदलना चाहते हैं; हमारी विद्रोही प्रेरणा धर्म के, समाज के, राजसत्ता के और अंत में अपने व्यक्तित्व के प्रति विद्रोही है। (शेखर, पृ. 27)

'अज्ञेय' के सामने विद्रोह फैशन है, विद्रोह विद्रोह के लिए। इस बात को कौन सोचे या पूछे कि विद्रोह किसके प्रति है और किसलिए है। 'अधजल गगरी छलकत जाए' इसे तो हम जब चाहें देख सकते हैं, किंतु ऐसा दृश्य, जिसमें बिलकुल खाली गगरी छलकती जाए, केवल 'अज्ञेय' प्रस्तुत कर सकते हैं। अगर ऐसा न होता तो वे स्तालिन के विषय में यह नहीं कहते कि 'घोरतम युग-प्रवर्तक रूसी क्रांति की गोद में पलकर भी स्टैलिन विद्रोही नहीं हो पाया, जूठन बीनने वाला ही रह गया है···।' उनका आदर्श त्रात्स्की है जो उस 'युगप्रवर्त्तक क्रांति' को ध्वस्त करने के लिए षड्यंत्र रच रहा था।

उनके इस मतप्रकाशन और उनकी विचारधारा के विश्लेषण के उपरांत बहुत ही कम लोग ऐसे रह जाएंगे जो 'अज्ञेय' की फैशनपरस्त क्रांति के विषय में भ्रम में पड़े रहें। यह कितना बड़ा दंभ है कि एक व्यक्ति, जिसने अपने साहित्य में जीवन के वातायनों को चारों ओर से बंद कर लिया है, जो यौनपिपासाओं

और वर्जनाओं से आक्रांत होता हुआ नए रहस्यवाद की घोषणा करता है, जो साहित्य को सामाजिक उत्तरदायित्वों से मुक्त मानता है, और जो अभिजात वर्ग की सारी ह्रासशील प्रवृत्तियों को अतिरंजित कर उनको अलंकृत करता है, वह अपने को सबसे बड़ा विद्रोही मानता है। उसका विद्रोह लक्ष्यहीन और वह आत्मभक्षी बन गया है। उसकी भूख को शांत करने के लिए और कुछ नहीं रह जाता तो वह स्वयं अपने 'अहं' पर टूट पड़ता है। जो अपने अहं के माध्यम से संसार की समस्याओं का समाधान उपस्थित करना चाहते हैं, पहले उन्हें यह भी देख लेना चाहिए कि उनका व्यक्तित्व कितना विशाल है, उसका रूप कितना विराट है जिसमें सारा युग और उस युग के पीछे क्रियाशील सारी शक्तियां प्रतिबिंबित हों।

ऐसा व्यक्तित्व घोंघे के जीव जैसा न होगा, जो स्पर्श करते ही अपना द्वार बंद कर लेता है, वरन् वह हिमालय जैसा ऊंचा और सिंधु जैसा विस्तृत होगा। 'इत्यलम्' की कविताओं के बीच से जो व्यक्तित्व उठता है वह 'शव पर स्तूप' के समान है, जो स्वयं मृत्यु की छायाओं से आवृत है, जो प्रत्येक वस्तु पर मृत्यु की छायाओं को फेंकता जाता है। और इन्हीं छायाओं को सजाने में वह अपनी सारी कला का उपयोग करता है। जिन्हें जीवन से विराग हो गया हो, जो उससे भागना चाहते हैं या जिन्हें दुःख, वेदना और निराशा के प्रति रोमांसभरा प्यार होता है, वे अक्सर श्मशानों और समाधि गृहों में जाकर शांति और संतोष का अनुभव करते हैं। ऐसे लोगों के लिए 'अज्ञेय' का साहित्य आकर्षण-से भरा जांना पड़ेगा किंतु जो जीवन के महान् संघर्षों और उसकी मांगों के प्रति अपने उत्तरदायित्व को समझते हैं, वे कभी भी इस साहित्य और उसको सजानेवाली कला की ओर न झुक सकेंगे।

हिंदी में कुछ आलोचक ऐसे भी हैं जो 'अज्ञेय' की अभिव्यंजनावादी और प्रयोगों से भरी कला की प्रशंसा करते हैं और जो उसमें भरे विष को अमृत समझते हैं। ये यह नहीं समझते कि यह प्रयोगवाद केवल उस विष को छिपाने का प्रयत्न है। अज्ञेय ने अपनी कला की ओर संकेत करते हुए 'तारसप्तक' के वक्तव्य में लिखा है :

> जीवन की जटिलता को अभिव्यक्त करनेवाले कवि की भाषा का किसी हद तक गूढ़, 'अलौकिक' अथवा दीक्षा द्वारा गम्य (एसोटेरिक) हो जाना अनिवार्य है, किंतु वह उसकी शक्ति नहीं, विवशता है; धर्म नहीं, आपद्धर्म है।

और संस्कृति के इस संक्रांतिकाल में प्रत्येक प्रतिक्रियावादी मत को 'अज्ञेय' ने या तो अनिवार्य या आपद्धर्म कहना शुरू कर दिया है। उनकी कला का आपद्धर्म उनकी विचारधारा के शव को छिपाता है। उसका मूल मंत्र यह है कि उसके निर्माता को जितनी ही कमजोर चीज उपस्थित करनी हो उतना ही अधिक उस

पर मुलम्मा करना चाहिए, जितनी ही सड़ी चीज हो उतना ही उस पर चांदी का वर्क हो और इत्र लगाया जाए। अभिव्यंजना को दीक्षागम्य बनाने का आशय यह है कि भावों और विचारों की कमी या उनकी निरर्थकता छिपी रहे और दूसरे उनको न समझने का दोषी अपनी साधना और लगन की कमी को समझें। 'इत्यलम्' में संगीत की कमी, भाव और अभिव्यंजना की वक्रता, उसका ऊबड़-खाबड़पन, उसकी गद्यात्मकता और उसमें अद्भुत प्रभाव उत्पन्न करने की प्रवृत्ति आदि जीवन की जटिलता के कारण नहीं हैं, वरन् क्रांति के ढोंग को बल देने के लिए। यह रोग हिंदी के कुछ तथाकथित प्रगतिशील कवियों में भी बढ़ता जा रहा है, विशेषतः उनमें जिन्होंने शुरू में प्रगतिशीलता का मार्ग छायावाद के विरुद्ध अपनाया, किंतु जो आज के संघर्ष के युग में जनसंपर्क कायम न रख सके और दिन दिन अपने को प्रयोग की क्रीड़ाओं में उलझाने लगे।

'अज्ञेय' को जो प्रगतिशील समझते हैं उन्हें स्मरण रखना चाहिए कि ज्यों ज्यों वर्गसंघर्ष तीखा होता जाएगा त्यों त्यों 'अज्ञेय' के साहित्य का प्रतिक्रियावादी रूप स्पष्ट होता जाएगा। इसमें किसी भी प्रकार के भ्रम के लिए स्थान नहीं है। वही व्यक्ति, जो विद्रोही और क्रांतिकारी बनने का दावा करता है, और जो किसी भी अवस्था में एतादृशत्व (दसनेस) का विरोधी होने का दम भरता है, आज संघर्ष और बदलती हुई दुनिया को देखकर 'हतबुद्धि-सा' महसूस करता है और आश्रय खोजने लगता है। उसी व्यक्ति को आज के संघर्ष में संस्कृति का विनाश दीखता है। यह सब इसलिए कि उसने समझ लिया है कि प्रगति की शक्तियां इतनी मजबूत हो गई हैं कि प्रतिक्रिया के गढ़ उनके सामने टिक नहीं सकते और यह भी कि इस संघर्ष में अभिजातवर्ग की शोषण संस्कृति चकनाचूर होकर रहेगी।

यही कारण है कि प्रतिक्रिया का साहित्य अहिंसा का नारा उठाने लगा है, नए रहस्यवाद और चेतना के विकास की लंबी चौड़ी बातें करने लगा है। इस साहित्य की धूर्तता का पता और भी अच्छी तरह चल जाता है जब इसी रहस्यवाद और चेतना के विकासवाद के साथ साथ हम उसमें यौन वासना की घनीभूत अभिव्यक्ति भी पाते हैं। ये बातें हम सुमित्रानंदन पंत, इलाचंद्र जोशी, भगवती चरण वर्मा, 'अज्ञेय' और उनके चेलों के साहित्य में साफ साफ देख सकते हैं। साहित्यिकों का यह प्रतिक्रियावादी स्कूल तरह तरह के समन्वयवादों का भी जिक्र करने लगा है। इन सब प्रयत्नों के पीछे आशय यह है कि एक ओर तो अभिजातवर्ग की संस्कृति की रक्षा की जाए और दूसरी ओर, जहां तक हो सके, साहित्य के द्वारा मध्यवर्ग के बुद्धिजीवियों के लिए एक नई अफीम तैयार की जाए, जो चस्का लग जाने पर उसी तरह के पदार्थ का वितरण जनसमुदाय में एक विशाल पैमाने पर करें। यह साहित्य पूंजीवाद की लहूचूस सभ्यता पर पर्दा डालना चाहता है और उसके व्यभिचार को आदर्श का रूप देना चाहता है। इसलिए विद्रोह, क्रांति और आततायी इत्यादि शब्दों

के बार बार दुहराने भर से 'अज्ञेय' का साहित्य प्रगतिशील नहीं हो गया है। वह अपने स्रष्टा की बोली बोलता है और उसकी प्रकृति भी अपने स्रष्टा की प्रकृति है, 'ईश्वर ने मनुष्य को अपनी प्रतिमूर्ति-सा निर्माण किया।' 'इत्यलम्' का ईश्वर एक 'पदाक्रांत पिल्ले की रिरियाहट' सुनकर अपना परिचय देने का लोभ संवरण नहीं कर सकता :

'मैं ही हूं वह पदाक्रांत रिरियाता कुत्ता'

अपने विषय में उसका यह ब्रह्म-वाक्य है।

10

हरी घास पर क्षण भर

'हरी घास पर क्षण भर' अज्ञेय के प्रेम गीतों का संग्रह और उनके कुण्ठावादी प्रेम की वकालत (एपॉलजी) है। इस संग्रह में अज्ञेय ने अपने प्रेम और युग की चाह के समन्वय की घोषणा की है। संग्रह की पहली कविता (पृ. 14) मे ही उनके ये दर्प भरे शब्द हैं :

···नहीं सकुचा हूं कभी समवाय को देने स्वयं का दान,
विश्व-जन की अर्चना में नहीं बाधक था कभी इस व्यष्टि का अभिमान !
कांति अणु की है सदा गुरुपुंज का सम्मान।
बना हूं कर्त्ता, इसी से कहूं, मेरी चाह, मेरा दाह, मेरा खेद और उछाह
मुझ सरीखी अगिन लीकों से, मुझे यह सर्वदा है ध्यान,
नई, पक्की, सुगम और प्रशस्त बनी है युगों की राह।

लेकिन एक ओर जहां अपने व्यक्तित्व और उसके क्रांतिकारी महत्व पर इतना अडिग विश्वास और असीम दंभ है, वहां दूसरी ओर (पृ. 13) अपने विषय में 'अज्ञेय' के ये शब्द भी हैं :

झेल लें अनुभूति के संचित कनक का जो इकट्ठा भार,
ऐसा कहां हैं अस्तित्व की इस जीर्ण चादर के इकहरी बाट के ये तार !
·········मैं हूं !
किसी बीते साल के सीले कलेंडर की एक
बस तारीख जो हर साल आती है। (पृ. 27)

हमारा किसी व्यक्ति के 'मैं' या 'अहं' से झगड़ा नहीं है। साहित्य में इसका नवीनतम उदाहरण सोवियत रूस का प्रसिद्ध कवि मायकोवस्की था जिसकी प्रत्येक कविता में 'मैं' है। लेकिन उसने अपने 'मैं' को अपने समाज में, जनसमुदाय के आदर्शों, स्वप्नों, संघर्षों, प्रयत्नों में इस प्रकार घुला मिला दिया था कि उसके 'मैं' की आवाज सारे सोवियत समाज की आवाज बन गई थी। 'अज्ञेय' के व्यक्तित्व

में वह व्यापकता नहीं है, युग के स्वप्नों और प्रयत्नों का वह प्रतिबिंब नहीं है, जो उन्हें 'अगिन लीक' बना दे। उनका व्यक्तित्व जीवन की 'नई, पक्की, सुगम और प्रशस्त राह' का निर्माता नहीं, वरन् उसका रोड़ा है।

'अज्ञेय' का प्रेम उनके कुण्ठावाद से आक्रांत है। 'तारसप्तक' में उन्होंने प्रेम के विषय में लिखा था :

> और प्रेम? एक थकामांदा पक्षी, जो सांझ घिरती देखकर आशंका से भी बढ़ता है और साहस संचित करके लड़ता भी जा रहा है। निराशा और कुण्ठा से धैर्यपूर्वक लड़ता हुआ, किंतु विश्वास की निष्कम्प अवस्था से कुछ नीचे, आज के प्रेम का सर्वोत्तम संभव रूप यही है। अंधकार और आलोक का अनुक्रम, धृति और गति का सामंजस्य, वासना और विवेक का संयोग, उदासी और खण्डन के बीच में विश्वास का मुक्त स्वर जो सबल कई बार हो उठता है पर निष्कम्प कभी नहीं हो पाता। (पृ. 76)

'हरी घास पर क्षण भर' की कविताओं में निराशा और अविश्वास का स्वर और घनीभूत हो गया है और उनमें हार्डी के उपन्यासों और प्रेम संबंधी कविताओं का अवसादपूर्ण वातावरण है, केवल उनकी सामाजिक भूमिका नहीं है जिसके कारण उनका महत्व हार्डी की रचनाओं से कहीं ज्यादा कम है। प्रेम की तीव्र अनुभूति के क्षण में ही :

> लता टूटी, कुरमुराता मूल में ही सूक्ष्म भय का कीट !
> प्रस्फुटन के दो क्षणों का मोल, (पृ. 18)
> शेफाली
> विजन की धूल पर चुपचाप
> अपने मुग्ध प्राणों से अजाने
> आंक जाती है। (पृ. 48)

इसी प्रकार की अस्थिरता और निराशा का स्वर 'जब पपीहे ने पुकारा', 'अकेली न जैयो प्यारी जमुना के तीर', 'क्षमा की वेला', 'बंधु हैं नदियां', 'मेरा तारा' इत्यादि कविताओं में है। और 'प्रेम' के इस चित्रण की सबसे बड़ी कमजोरी यह है कि 'अज्ञेय' ने उसे सामाजिक संदर्भों से काटकर नारी और पुरुष के चिरकालीन शाश्वत समर्पण और संघर्ष का रूप दे दिया है। 'चिंता' और 'हरी घास पर क्षण भर' की मानसिक भूमि एक ही है। दार्शनिकता के प्रयत्न के बावजूद इनकी कविताओं में कैशोर उच्छ्वास की ही प्रधानता है।

प्रेम की यह बुतपरस्ती दैन्य भाव से भरी हुई है। प्रेम के रास्ते में जहां रोड़ा आया कि वे अपने प्रेमी के साथ किसी निर्जन एकांत में भाग जाना चाहते हैं, जैसे

कि प्रेम और समाज में कोई शाश्वत संघर्ष अनिवार्य हो। 'मुझे यह कुछ याद है' कविता (पृ. 30) में वे कहते हैं :

इंद्रियां सब जागती हैं और सब भूली हुई हैं खेल में
जिसमें तुम्हारा मैं सखा हूं,
मानवों की सृष्टियों के जाल से उन्मुक्त
पगहा तोड़ भागे हुए मृग-सा,
स्वयं मानव,
चिरंतन की सृष्टि का लघु अंग।

'हरी घास पर क्षण भर' एक प्रकार से आज के जीवन से प्रेम की छाया में पलायन है और स्वयं प्रेम हृदय की एक गहरी अनुभूति न होकर प्रेमियों की इंद्रियों की विवशता का मन पर क्षणिक प्रतिबिंब मात्र है। उसका दो हृदयों की समान आस्थाओं, समान स्वप्नों इत्यादि से कोई संबंध नहीं है। इसलिए कवि साथी से (पृ. 57) कहता है :

आओ, बैठो।
तनिक और सटकर कि हमारे बीच
स्नेह भर का व्यवधान रहे, बस,
नहीं दरारें सभ्य शिष्ट जीवन की।

प्रेम की यह सतही रोमानियत 'अज्ञेय' के चित्रों से भी साफ हो जाती है। कवि प्रेमिका को 'बिछली घास' और 'लहलहाती हवा में कलगी छरहरी बाजरे की' कहता है। कवि चाहे जो सफाई दे, किंतु सच यही है (पृ. 57) कि प्रेम और सौंदर्य के भव्य :

ये उपमान मैले हो गए हैं,
देवता इन प्रतीकों के कर गए हैं कूच।

इसलिए कि उसका प्रेम अनास्था का प्रेम है, स्वस्थ सामाजिक उपादेयता और गुणों पर आधारित प्रेम नहीं है बल्कि हवा की चीज है। कवि इसकी व्याख्या (पृ. 57) इस प्रकार करता है :

नहीं कारण कि मेरा हृदय उथला या कि सूना है
या कि मेरा प्यार मैला है।

जाहिर है कि यह प्रेम जिंदगी की चाह नहीं जगा सकता। कवि की आत्मा सौंदर्य-प्रिय होती है और उसकी सौंदर्यप्रियता का सबसे बड़ा सबूत यह है कि वह किस

प्रकार भरी पूरी जिंदगी के लिए लड़ता है और उसकी बाधाओं को खत्म करने में उन शक्तियों का साथ देता हैं जिनकी संगठित शक्ति के बिना किसी प्रकार का सामाजिक परिवर्तन और नए मूल्यों का निर्माण असंभव है। आज जब व्यक्ति और समाज का जीवन साम्राज्यवादी, सामंतवादी और बड़े बड़े पूंजीपतियों की व्यवस्था और उसके पतनशील मूल्यों के नीचे घुट रहा है, जब हमारी युगों की सांस्कृतिक कमाई पर संकट है और उसे बचाने के लिए और बढ़ाने के लिए हमें संघर्ष करना है, उस समय इन अनास्थापूर्ण गीतों से जीवन को क्या मिलेगा ? एक ओर तो कवि क्रांति का दावा करता है और दूसरी ओर असमर्थता का यह प्रदर्शन कि

> हमारे प्रबुद्ध व्यक्ति, साहित्यकार, के लिए समाज में जीने का एक ही मार्ग है कि वह किसी तरह अपने को ऐसे समाज की मान्यताओं के अनुकूल बनाए जो उसके साहित्य की भी 'साख' आंकती है। ('त्रिशंकु,' पृ. 80)

यह अवसरवादिता अगिन 'लीकों' की पहचान है। और यह अवसरवादिता भी कितनी संकुचित है क्योंकि यह स्पष्ट हो गया है कि हमेशा समाज का वह भाग ही साहित्य की 'साख' नहीं आंकता जाएगा जो अब तब आंकता आया है। समाज की बागडोर उसके हाथों से सरकती जा रही है। प्राचीन प्रगतिशील मूल्यों के आधार पर नए समाज और नए मूल्यों, स्वस्थ और सुंदर मूल्यों, का निर्माण जनता का एक व्यापक भाग करेगा, जिसके लिए संघर्ष चल रहा है। अज्ञेय ने स्वयं कहा है :

> कवि का काव्य ही उसकी आत्मा का सत्य है, यह भी कहना ठीक होगा कि वह सत्य व्यक्तिबद्ध नहीं है, व्यापक है और जितना ही व्यापक है उतना ही काव्योत्कर्षकारी है। ('त्रिशंकु,' 114)

'हरी घास' की कविताएं अगर उनकी आत्मा के सत्य को अभिव्यक्त करती हैं तो यह बता देना उचित होगा कि यह सत्य युग का व्यापक सत्य नहीं है और न काव्योत्कर्षकारी है क्योंकि युग का काव्योत्कर्षकारी व्यापक सत्य वह है जिससे मानवता के अधिकांश का हृदय और मस्तिष्क आंदोलित हो।

11

नींद के बादल : रोमानी कवि केदार

'नींद के बादल' का 'युग की गंगा' के बाद प्रकाशन हुआ है, किंतु इसका निर्माण केदारनाथ अग्रवाल के रोमांटिककाल में, 'युग की गंगा' से पहले हुआ था। 'युग की गंगा' का कवि 'नींद के बादल' के लिए जहां एक ओर दबी हुई आवाज में यह क्षमायाचना करता है कि इसकी कविताएं वैयक्तिक हैं, वहां उनके लिए उसके हृदय में स्थान भी है क्योंकि 'वे मेरे कवि विकास की मंजिल के स्पष्ट चिन्ह हैं, जो अभी तक ज्यों-के-त्यों कागज के कलेजे पर जमे हुए हैं, जैसे हीरे के ऊपर नक्श हो गए हों।'

'नींद के बादल' के प्रति इस मोह का कारण संभवत यह है. यद्यपि 'युग की गंगा' का कवि उनकी मंजिल से बहुत आगे बढ़ गया है, फिर भी लौटकर देखने से उसे यह क्षोभ नहीं होता कि उधर जाना उसका एक भ्रम था।

दोनों मंजिलें उसके एक ही पथ पर हैं और उसके विकास के दो मीलस्तंभ हैं। व्यक्ति वही है, परंतु जीवन और युग की आवश्यकताओं ने उसे अपनी पहली मंजिल छोड़कर आगे बढ़ने के लिए बाध्य किया है। और स्पष्ट शब्दों में इस प्रकार कहा जा सकता है कि 'नींद के बादल' का कवि प्रेम के रोमांस तथा अपने व्यक्तित्व का कवि है और 'युग की गंगा' का कवि जनवादी और साम्यवादी कवि है और उसका साहित्यिक और सामाजिक दृष्टिकोण यथार्थवादी है। किंतु, जो चीज इन दो व्यक्तियों में संबंधसूत्र स्थापित किए हुए है, वह यह है कि दोनों का कवि ईमानदार हैं, उसकी चेतना स्वस्थ है और उसी जैसी स्वस्थ और सीधी हैं उसकी अभिव्यक्तियां।

'युग की गंगा' के विषय में तो केदारनाथ अग्रवाल के परिचय में लिखे गए शमशेर बहादुर सिंह के इन शब्दों को उद्धृत कर देना अलं होगा :

> 'हंस' और 'नया साहित्य' के पाठक जानते होंगे कि इनकी कविताओं में किसी तरह का उलझाव नहीं, बनावट नहीं, अभिव्यक्ति में हिचक या कमजोरी नहीं है। केदार हकीकतों को सीधे सादे शब्दों और छंदों में, मुक्त छंद के अंदाज़ में खुली और चुभती हुई ठेठ सीधी उपमाओं के साथ व्यक्त कर देते हैं।'

यही बात 'नींद के बादल' के विषय में, दोनों की भाव और विचारभूमि में अंतर रहते हुए भी कही जा सकती है क्योंकि यदि यह प्रेम के रोमांस की कविताओं का संग्रह है तो इसका अर्थ यह नहीं कि इसमें रोमांटिक कवियों का आदर्शीकरण, अतिमानवीकरण या उनकी अतींद्रियता है। बल्कि इसमें हम एक ऐसे कवि के सामने आते हैं जिसका हृदय नारी के सौंदर्य के प्रति जागरूक है, जीवित है, जो उसकी मांसलता से घबराता नहीं वरन् उसके सम्मुख स्वस्थ आत्मदान करता है।

इस प्रकार 'नींद के बादल' में किसी रुग्ण मन की प्रतिक्रिया नहीं और न संघर्षों के बीच किसी मध्यवर्गीय युवक की पलायनवृत्ति है। इसमें वेदों और उपनिषदों की अदम्य और उमड़ती जीवनशक्ति का, उस ऐंद्रिय विह्वलता का स्वस्थ संकेत है जो अनुभूतियों को वर्गों में विभाजित न कर उनका सही अर्थों में आस्वादन करने को कहती है। इसीलिए 'नींद के बादल' की कविताओं में नारी-पुरुष मिलन शृंगार अत्यंत शोभन, सरल, स्वाभाविक और पूत है, निम्न कोटि की उत्तेजना का उद्रेक करने वाला नहीं :

हम दोनों का प्यार रहे।
जिस दूर्वा पर हम तुम लेटे
कोमल हरित, उदार रहे।
रजनी की आंखों में जाग्रत
ईश्वर साक्षीकार रहे।

अथवा दूसरा गीत देखिए :

प्यारी जल में चांद चमकता,
सरिता के स्तन पर अपना सिर धर हंसता,
अपने वक्षस्थल पर, जिस पर वस्त्र न टिकता,
मुझको भी रखने दो अपना सिर धर हंसता।
प्यारी, जल में चांद चमकता।

छायावादी कवियों द्वारा नारी के वायवीकरण के पश्चात् इन पंक्तियों में ताजगी का अनुभव होता है। केदारनाथ अग्रवाल इन अनुभूतियों को और सबल बनाने के लिए अत्यंत उपयुक्त, नैसर्गिक और स्निग्ध उपमान चुनते हैं। उदाहरणस्वरूप, एक कविता की प्रथम तीन पंक्तियां इस प्रकार हैं :

तेरी तो सुधि आती, प्यारी, वैसे ही सुधि आती
जैसे नंदनवन के युग को रह रहकर सुधि आती,
दूब दबाए, गात मिलाए मृगी जहां मदमाती।

और 'नींद के बादल' में यथार्थवादी प्रवृत्ति का भी संकेत सच्चे प्रेम पर लगे

सामाजिक बंधनों के प्रति उसकी तीव्र प्रतिक्रिया और क्षोभ में मिलता है। उसमें ऐसे नियमों और बंधनों के विरुद्ध विद्रोह जगाता है क्योंकि :

नियम अपनेपन से भूषित,
प्रेम में आत्मदान की साध।
प्रेम हरिण सुकुमार,
नियम बधिक अनुदार।

यही यथार्थवादी प्रवृत्ति एक सीमित क्षेत्र में कवि के प्रकृतिचित्रण में भी मिलती है। 'नींद के बादल' के कवि को नारी के सौंदर्य और साहचर्य से कम मोह प्रकृति के सौंदर्य और साहचर्य से नहीं। किंतु यहां भी केदारनाथ का ध्यान बहुधा प्रकृति के अत्यंत निकट रूपों की ओर गया है और प्रकृति को उन्होंने बहुत अंतरंग और मानवीय रूप दिया है। एक गुमसुम सवेरे का मार्मिक चित्रण कवि इस भांति करता है :

यह उदास सा नीम खड़ा है मन को बिलकुल डाले
डाल डाल की बांह बिछी है सोते निर्मम छाले।
नहीं झूमता एवरग्रीन ले लाल कुसुम के प्याले,
खड़ा हुआ है जैसे तैसे अपनी सांस सम्हाले।
मेरा छोटा सा कनेर प्यारा चुपचाप खड़ा है,
आज लड़कपन भूल न जाने क्यों बन गया बड़ा है?

इस चित्र में चाहे बड़ी भव्यता न हो, किंतु प्रकृति की इन छोटी छोटी हस्तियों से कवि का निकटतम और मार्मिक संबंध यहां मुखरित हो उठता है। चित्रकूट के समीप बांदा में रहनेवाले और केन के किनारे चांदनी में घूमने वाले इस तरुण कवि के हृदय पर प्रकृति के इन स्निग्ध रूपों ने अपने को उसी भांति नक्श कर दिया है जिस भांति केन नदी में पाये जानेवाले एक विशेष प्रकार के पत्थर के हृदय पर उसके किनारे की झाड़ियों, पेड़ों, चट्टानों, पशु पक्षियों इत्यादि की छायाएं नक्श हो जाती हैं।

इन चित्रों से जो दूसरी बात स्पष्ट होती है वह यह कि कवि के पैर धरती पर हैं। वह कल्पना के सहारे दूर दूर के अनदेखे चित्रों की योजना के स्थान पर अपने चारों ओर प्रस्तुत प्रकृति सुषमा को अपनाता है। बाँदा की केन से 'युग की गंगा' को दूर समझते रहने पर भी हमें मानना पड़ता है कि उनका धरातल एक ही है। इसका अनुभव क्रमशः स्पष्ट से स्पष्टतर होता जाता है। 'युग की गंगा' के स्वरों का भी संकेत मिलने लगता है। कवि की स्वप्निल आंखों के सामने डाइन सी कलुष रात भी आती है और जग सहमा ठिठका हुआ-सा प्रतीत होता है और तब :

बहती है विष से बुझी वात,
सत्वर सर सरकर सरक वात,
हत से उदास, निर्वाक दीन,
मूर्छित हो, फैले तरु मलीन,
सौरभ सुगंध के घुटे प्रान,
जग करता है दुर्गंध पान।

वह 'पापों से बोझिल धर्मकृत्य' देखता है और 'भूखी आत्माओं का विलाप' और 'पागल कुत्तों सा प्रलाप' सुन जर्जरित अंतर से अश्रु गान भी करता है। वह जीवन की पराजय से क्षुब्ध युवक की निराशा और आत्महत्या का प्रयत्न देखता है :

हटकर तरिनी तट से, अनेक
हैं जहां पेड़, झोपड़ी एक
जिसको छूकर वह सांध्य हास
कर देता स्वर्गोपम निवास
बस, वहीं एक नव वय कुमार
मूर्च्छित लेटा है, पलक मार;
उसका स्वरूप गंधर्व गात
मोहक, मादक, है मधु स्नात;
अलसाई अलकों में अथाह
डूबा है उसका हतोत्साह
चौड़े माथे का अमित ताप
शीतल है जैसे शमित शाप।

'नींद के बादल' फट चलते हैं और कवि एक नई चेतना लेकर कहता है :

मेरा जीवन कवि का जीवन
सकल असत स्वप्नावलि परिहर
प्रातः सबसे पहले जग का,
करता सत् तत्वों का दर्शन !

उसका कविजीवन नव नव आशा रस से विकसित हो जाता है, वह अग जग को मधुर बनाने का संकल्प करता है और कोयल से 'जीवन संगीत' गाते की प्रार्थना करता है। कवि के जीवन में 'लाख सबेरा' अपनी किरणें भेजने लगता है और बादल फटते ही नहीं बल्कि ओझल भी होने लगते हैं, वे नींद के बादल 'शाम को

सोने के सागर से उठकर' और 'चोर हवा की सांसों पर चल,' प्रकृति के प्रत्येक कोने में चढ़ उतर कर उसकी चेतना पर छाए रहे, जिनके जादू से कवि का जीवन मादकता, चंदनबन की महक, विलास और काव्यरुचिरता से ओतप्रोत हो उठा, जिनके लिए कवि एक समय कह सकता था :

प्यारे प्यारे नींद के बादल
नहीं हटाए हटते पल भर
छाए ही छाए रहते हैं।
घंटे, मिनट, सेकंड रात के,
एक बड़ा कारवां बनाकर,
आते हैं लंबी कतार में
लेकिन रुकते नहीं चले जाते हैं आगे आगे
छायाओं से लिपटे, सिमटे, चुपके, चुपके,
नहीं जगाते छूते मुझको !

इस नवीन चेतना के युग में वही बादल :

बंद आंख को बंद छोड़कर,
मुझे चकित कर,
चुपके चुपके चल देते हैं,
जैसे कभी नहीं आए थे।

इसी प्रात में कवि 'युग की गंगा' की ओर अग्रसर होता है, इसी प्रात में उसे 'चित्रकूट के बौड़म यात्री' दीख पड़ते हैं और धरती करवट लेती हुई जान पड़ती है। और 'युग की गंगा' की ओर अग्रसर होने वाला यह कवि वही कवि है जिसके प्राण सौंदर्य के प्रत्येक शब्द, उसकी प्रत्येक महक से खिंचे तारों की भांति बज उठते हैं, जिस पर चांदनी में :

चंदन वन की महक बरस पड़ती है बरबस
मैं सुगन्ध से भारान्वित हो झुक जाता हूं
जैसे एक अचेत बहुत फूला तरु वन का !

जो अपने चित्रों तथा नए उपमानों से पुराने विषयों को भी सप्राण करना जानता है और जो कोयल को इस भांति संबोधित कर चुका है :

ओ रानी गिरि, वन वाली,
पत्तों के घूंघट वाली
तू गाती जा—हां, गाती, बस गाती जा, हां गाती,

ओ छोटी-सी, छाया-सी,
ओ प्यारी-सी माया-सी,
ओ आमों की मुंह बोली,
तेरी है मीठी बोली,
मीठी ही तान सुनाती,
तू गाती जा, हां गाती !
ओ प्रिय वनवासिनी सीता,
ओ वन पर्वत की गीता,

जिसकी भाषा उसके भावों जैसी ही साफसुथरी, वेगवती और सरल है और जिसकी पंक्तियों से कहीं अधिक गेयता उसके भावों में है। 'युग की गंगा' की तुमुल ध्वनियों में 'नींद के बादल' के कवि का स्वर अपने इन गुणों के साथ उपस्थित है।

12

गीदड़ों और लकड़बग्घों का साहित्य

पूंजीवाद बड़े गर्व से संस्कृति के स्वतंत्र विकास में अपने विश्वास की घोषणा करता है, किंतु आज हम जिस किसी पूंजीवादी देश पर नजर डालते हैं तो देखते हैं कि वहां संस्कृति के निर्माताओं को ढूंढ़ ढूंढ़कर काले कानूनों और तरह-तरह की यातनाओं का शिकार बनाया जा रहा है। यही नहीं, वरन् संस्कृति के क्षेत्र में काम करने वालों को जिस प्रकार अनेक मुसीबतों और अंकुशों का सामना करना पड़ रहा है, उतना आज से पहले कभी भी नहीं करना पड़ा था।

प्रगतिशील विचारधारा केवल आज की ही देन नहीं, फिर भी प्रगतिशीलता को आज जितना विरोध और कभी न मिला था। इसका कारण यह है कि पूंजीवाद को सारी दुनिया में अपनी कब्रें खुदी हुई दीख पड़ रही हैं और वह अपनी जिंदगी के लिए आखिरी लड़ाई में बेतहाशा इधर उधर हाथ पांव मार रहा है। इसलिए आज वह उन हथियारों का प्रयोग करने के लिए तैयार हो गया है जिनके प्रयोग करने में पहले उसे झेंप लगती थी। आज उसके सामने 'मरता क्या न करता' का रास्ता रह गया है।

सांस्कृतिक युद्ध में भी पूंजीवादी प्रतिक्रिया का अगुआ अमरीका ही है। आज से बहुत पहले 1919 ई. में अप्टन सिनल्केयर ने अपनी पुस्तक 'दि ब्रास चैक' में उदाहरणों और उद्धरणों के साथ यह दिखाया था कि किस प्रकार पूंजीवाद संस्कृति का गला घोंटता है और पैसे से साहित्यिकों और कलाकारों को खरीद कर अपने अस्तित्व के लिए प्रचार कराता है। अमरीकी पत्रकार जार्ज सेल्डिस ने भी अपनी अनेक पुस्तकों और पैम्फलेटों द्वारा इसी षड्यंत्र का उद्घाटन किया है।

अनेक पत्रपत्रिकाओं को खून के प्यासे पूंजीपति प्रकाशक खरीद लेते हैं और उनके द्वारा सोवियत रूस और संसार की सभी प्रगतिशील जातियों और विचार-धाराओं के विरुद्ध कहीं खुला और कहीं छिपा प्रचार करते हैं। 'टाइम', 'लाइफ', 'फार्चून' आदि ऐसी ही पत्रिकाएं हैं।

पत्रकारों और लेखकों को प्रगतिशीलता के रास्ते से अलग करने की जीजान

से कोशिशें की जाती हैं। इन्हीं कोशिशों का यह नतीजा है कि हम एक समय के प्रगतिशील विचारक वाल्टर लिपमैन को आज पूंजिपतियों के दलाल और अमरीका की वैदेशिक नीति के समर्थक के रूप में देखते हैं।

प्रगतिशील पत्रकारों और लेखकों को भटकाने का सुंदर चित्रण रूसी लेखक कांस्टैन टाइन सिमिनोव ने अपने प्रसिद्ध नाटक 'रूस का प्रश्न' में किया है। मैक-फर्सन न्यूयार्क के एक बड़े पत्र का मालिक है और दूसरे कई पत्रों में साझीदार है। स्मिथ नाम के लेखक पत्रकार को वह रूस के विषय में एक झूठी और गंदी किताब लिखने के लिए कहता है।

स्मिथ ईमानदार पत्रकार है। उसने रूस को देखा है और वह जानता है कि वहां एक नई जिंदगी और संस्कृति के निर्माण का सफल प्रयोग हो रहा है। इस प्रयोग में अधिक से अधिक सफलता पाने के लिए रूस की जनता इतना अध्यवसाय कर रही है कि उसे दूसरों से युद्ध करने का अवकाश नहीं। इसलिए वह रूस के प्रति सहानुभूति और श्रद्धा से भरी पुस्तक लिखता है, किंतु उसका प्रकाशन नहीं करा पाता।

मैकफर्सन उसको अनेक धमकियां देता है कि वह उसकी जिंदगी को चौपट कर सांस लेगा। यहां तक कि जब एक दूसरा प्रकाशक केसलर उस पुस्तक को प्रकाशित करने के लिए प्रस्तुत होता है तो मैकफर्सन उसके आफिस में जाकर उसके व्यवसाय को भी नेस्तनाबूद करने की धमकी देता हुआ कहता है, 'यह ठीक है कि स्मिथ की पुस्तक पर तुम्हें एक लाख और लाभ हो जाएगा, लेकिन मैं तुम्हें चेता-वनी देता हूं कि मेरे अधीन जो 38 पत्र हैं वे सब तुम्हारे द्वारा अब तक प्रकाशित 37 पुस्तकों की बुरी से बुरी आलोचना करेंगे, जिससे स्मिथ की पुस्तक पर होने वाले लाभ का पांच गुना नुकसान होगा। मैं तुम्हें बरबाद कर दूंगा, भले ही इसमें मुझे भी बरबाद होना पड़े।'

इसके साथ-साथ साहित्यिकों और जनसाधारण को भटकाने और भ्रष्ट करने के लिए ये पूंजीवादी प्रकाशक गर्हित क्रियाओं, व्यभिचार से भरी जासूसी कहानियों और उपन्यासों को बड़ी संख्या में प्रकाशित करते हैं। इस प्रकार की पुस्तकों को प्रकाशित करने का मुख्य उद्देश्य यह होता है कि मनुष्य और उसके सामाजिक जीवन के प्रति पाठकों में 'सिनिसिज्म' और घृणा के भाव पर दिए जाएं। मनुष्य में मनुष्य के प्रति अविश्वास पैदा कर और उसमें पाशविक वृत्तियों को जगाकर पूंजीवाद और उसके चाटुकार लेखक जनता को सामूहिक रूप से अपने अधिकारों के लिए संघर्ष करने से विमुख और हतोत्साह कर देना चाहते हैं।

पूंजीवादी देशों में इस प्रकार के साहित्य की बाढ़ सी आ गई है और वहां के विचारक तथा अन्य लोग इसके द्वारा होनेवाले सांस्कृतिक ह्वास के चिन्ह स्पष्ट रूप से देखने लगे हैं। इन देशों में अनेक प्रकार की प्रतिक्रियावादी और दार्शनिक

विचारधाराएं सिर उठा रही हैं।

ऐसी प्रतिक्रियावादी खोजों में सबसे नई खोज फ्रांस के लेखक सार्त्र के अस्तित्ववाद की है। वास्तव में यह कोई नई खोज नहीं है। वरन् आध्यात्मिक, रहस्यवादी और आदर्शवादी विचारों को लेकर एक नया वाद खड़ा किया गया है और इस सारे जाल और ढोंग में मनुष्य नपुंसक की भांति निष्क्रिय बना रहता है। इसी सार्त्र ने, जब फ्रांस, जर्मन फासिस्तों से रौंदा जा रहा था और फ्रांस के कम्युनिस्ट उनका डटकर सामना कर रहे थे, फ्रांसीसी जनता के इस प्रतिरोध की निंदा की थी और कहा था कि जीवन भर में सबसे अधिक स्वतंत्रता फ्रांसीसियों को जर्मनों के फौलादी शासन में मिली है। सार्त्र के मतानुसार, 'जीवन की सबसे अधिक स्वतंत्रता उसकी नकारात्मकता में है, किसी भी प्रकार के उत्तरदायित्व की भावना से मुक्ति में है।'

सार्त्र और उसके साथी मालरो जैसे लेखकों का दर्शन प्रतिक्रियावादी दर्शन है। मालरो दगाल के समर्थकों में है और योरप की एकता के नारे के षड्यंत्र के पीछे वह भी काम कर रहा है। इंग्लैंड में टी. एस. इलियट का फासीवादी रंग अब छिपा नहीं रह गया है। उसने ही यह कहा है कि जनवाद का आदर्श अब निर्जीव हो गया है।

इस तरह पूंजीवाद जनता को संघर्ष के पथ से हटाने का भारी षड्यंत्र कर रहा है और इसमें उसने अनेक 'चोटी के लेखकों' का सहयोग प्राप्त कर लिया है, जिसके फलस्वरूप इन लेखकों का साहित्य भी निकम्मा और प्रेरणाहीन बनता जा रहा है।

अमरीका का हेनरी मिलर ऐसे ही प्रतिक्रियावादी साहित्य का अगुआ है। इन सबके साहित्य के विषय में प्रसिद्ध सोवियत उपन्यासकार फादयेव ने अगस्त 1948 में पौलैंड में हुई संसार भर के बुद्धिजीवियों की कांग्रेस में अपने भाषण में एक स्थान पर कहा था :

> अगर गीदड़ टाइप करना जानते और लकड़बग्घे फाउण्टेन पेन चलाना तो निस्संदेह हेनरी मिलरों, इलियटों, मालरोओं और अनेक सार्त्रों की रचनाओं से बहुत अधिक मिलती जुलती किसी चीज का निर्माण करते।

आज यह बात तेजी के साथ प्रकट होती जा रही है और हर देश की जनता यह समझती है कि साहित्य और संस्कृति की रक्षा और उसका उन्नयन पूंजीवाद के साथ सहानुभूति रखनेवाले साहित्यिक और विचारक नहीं, वरन् वे कर रहे हैं जो उसे कब्र में सुलाकर न्याय और समता के आधार पर एक नए समाज के निर्माण में योग देते हैं। यही कारण है कि आज पूंजीवादी देशों में यदि जीवन और प्रेरणा का साहित्य कोई है तो वह प्रगतिशील साहित्य है।

आज ऐसे ही साहित्य के अग्रदूतों के पीछे पूंजीवादी देशों की सारी शक्ति पड़ी हुई है। पुलिस और जासूसी विभागों से लेकर न्याय विभाग तक उनके उत्पीड़न की मशीनें बने हुए हैं। उनकी पुस्तकों का बायकाट किया जा रहा है और उनकी रचनाओं को प्रकाशित करने और बेचने वालों का अभाव है। इन सभी उपायों से अमरीकाविरोधी कार्रवाइयों की जांच कमेटी काम ले रही है। अमरीका के प्रसिद्ध उपन्यासकार हावर्ड फास्ट और कई और प्रगतिशील लेखकों को दस दस साल की सजा देकर उसने देश और दुनिया के सभी प्रगतिशील लेखकों को चुनौती दी है। जेल जाने से कुछ ही पहले हावर्ड फास्ट ने अमरीकावासियों के नाम एक खुली चिट्ठी में लिखा था :

> हम लोग जेल जा रहे हैं, यह कोई बड़े महत्व की बात नहीं। व्यक्तिगत रूप से हम सबने जेल की सजा को स्वीकार करना अपने सिद्धातों को छोड़ने से कहीं अधिक अच्छा समझा।...किंतु जिन कारणों से हम जेल जा रहे हैं वे महत्वपूर्ण, निस्संदेह दुःखपूर्ण हैं क्योंकि हमारी जेलयात्रा के साथ साथ फासीवाद का विरोध इस देश के कानून में अपराध हो जाता है।

हावर्ड फास्ट संयुक्त फासीवादीविरोधी शरणार्थी कमेटी का सदस्य था, जो कई साल पहले स्पेन के रिपब्लिकनों को आर्थिक और दवादारू की सहायता देने के लिए बनाई गई थी। अमरीकाविरोधी कार्रवाइयों की जांच कमेटी के लिए इसका फासीवादविरोधी होना काफी था। अतः उसने इस कमेटी से उन लोगों की सूची मांगी जिन्होंने इसको चंदे दिए थे और जिन स्पेन वालों को यह सहायता दी गई थी। फासीवादीविरोधी कमेटी ने यह सूची देना ठीक नहीं समझा क्योंकि इसका अर्थ यह होता कि वे अमरीकानिवासी जिन्होंने चंदे दिए थे अमरीका के जासूसी विभाग की नजरों पर चढ़ जाते और दूसरी ओर स्पेन के जिन रिपब्लिकनों को लुके छिपे सहायता दी गई थी वे फ्रांकों की तलवार के घाट उतर जाते। इसके संबंध में हावर्ड फास्ट ने लिखा :

> दो साल तक हमारा, संयुक्त फासीवादीविरोधी शरणार्थी कमेटी के बोर्ड के सदस्यों का, शिकारी कुत्तों-सा पीछा किया गया है, हमें यातनाएं दी गई हैं और हमसे जिरह की गई है, किंतु इन सबसे किसी बात की स्थापना नहीं हो पाई। शपथ दिला दिला कर कमेटी और कोर्ट के सामने ली गई गवाहियों से सैकड़ों पन्ने भर गए हैं। फिर भी इन दो बातों के सिवा और किसी बात की स्थापना नहीं हो पाई। कुछ ऐसे हैं जो हमें विदेशी शक्ति का एजेण्ट कहते हैं। वे जानते हैं कि यह सफेद झूठ है। कुछ ऐसे हैं जो कहते हैं कि हम अमरीका के शत्रु हैं। मैं उन्हें ही अमरीका का शत्रु कहता हूं क्योंकि इस बोर्ड के साथी सदस्यों से अधिक अच्छे अमरीकनों को मैंने नहीं देखा है।

आगे चलकर हावर्ड फास्ट ने लिखा कि उसकी और उसके साथियों की सजा,

> अमरीका के माथे पर ज्वलंत और भीषण कलंक है। यह ऐसी चीज है जिसे न तो हम स्वीकार कर सकते हैं और न करना चाहिए। मुझे इसकी आवश्यकता नहीं कि मैं अपनी जन्मभूमि के लिए लज्जा का अनुभव करूं। मैं इसे अच्छी तरह जानता हूं और प्यार करता हूं। तुममें से लाखों ने मेरी रचनाओं को देखा है; इसलिए यह मुझे सिद्ध करने की आवश्यकता नहीं कि मैंने एक शब्द भी ऐसा नहीं लिखा है जिसमें उस देश के लिए जिसने मुझे जन्म दिया और जिसकी मिट्टी ने मेरा पोषण किया मेरा प्यार, मेरी व्यग्रता और मेरा आदर न उमड़ता हो। मैं उस समय चुप नहीं रह सकता जब मैं देखता हूं कि दुष्ट व्यक्तियों का एक दल मेरे इस देश को संसार के स्वतंत्र व्यक्तियों की आंखों में घृणा की चीज बनाना चाहता है। मेरी आवाज सुनी जाएगी। दस बहादुर मर्दों और औरतों की आवाज, जिनकी सजाओं का मैं भी भागी हूं, सुनी जाएगी। और तुम्हारी आवाज भी उठनी चाहिए क्योंकि यह उस भयंकर रात्रि के शुरू होने की ओर एक लंबा कदम है वह भयंकर और अमानुषिक रात्रि जो अनेक राष्ट्रों पर उतर कर छा गई है और लोग जिसे फासीवाद कहते हैं।

इसी जांच कमेटी ने चार्ली चैंपलिन और कुछ अन्य प्रगतिशील सिनेमा अभिनेताओं और अभिनेत्रियों को भी अमरीकाविरोधियों की सूची में रखा। संगीत के क्षेत्र में संसार-भर में विख्यात नीग्रो गायक पाल रॉब्सन पर भी यह आरोप लगाया गया। स्पष्ट है कि संस्कृति का क्या अर्थ है इसका फैसला अमरीकाविरोधी काररवाइयों की जांच कमेटी करती है। संस्कृति के क्षेत्र में जो भी जनता को गुमराही की ओर नहीं ले जाते और उसे अपने अधिकारों के प्रति जागरूक रहने और उनके लिए संघर्ष की उत्तेजना देते हैं, वे सब पूंजीवादियों की नजरों में देशद्रोही और समाजसंस्कृतिद्रोही हैं।

यह काम केवल संयुक्तराज्य अमरीका तक ही सीमित नही है। प्रत्येक देश में प्रतिक्रियावादी शक्तियां अपने फौलादी शिकंजे को कसना चाहती हैं और प्रत्येक देश में संस्कृति के निर्माण में लगी प्रगति की शक्तियां उनको ढीला और ध्वस्त कर रही हैं। लैटिन अमरीका के प्रसिद्ध कवि पाब्लो नेरूदा के कारण उसको देश की सरकार को चैन नहीं, क्योंकि उसकी कविताओं में क्रांति का संदेश है। इसी प्रकार डेनमार्क के प्रसिद्ध उपन्यासकार मार्टिन एण्डर्सन नेक्सो पर भी वहां की सरकार की कड़ी निगाह रहती है।

अमरीका और पश्चिम से लेकर यदि हम एशिया के पूंजीवादी देशों में सांस्कृतिक कार्यों पर रोकटोक की जांच करें तो यही हालत वहां भी दिखलाई

पड़ती है। अभी हाल में जनवरी 1949 के 'लाइफ एण्ड लेटर्स' नाम की अंग्रेजी पत्रिका ने जिसके प्रगतिशील होने का संदेह किसी को नहीं हो सकता, चीन के विषय में अपना विशेषांक निकाला है। उसमें एक लेखक जोजेफ कामर ने बतलाया है कि किस प्रकार कुओमिन तांग के राजनीतिक दस्ते वहां के साहित्यिकों के कार्य पर कड़ी दृष्टि रखते हैं और किसी साहित्यिक में जहां उन्हें प्रगतिशीलता की झलक दिखाई पड़ती है, उसे अपना शिकार बनाने में लग जाते हैं।

चीन के प्रसिद्ध से प्रसिद्ध लेखकों पर, जैसे स्वर्गीय लू सुन, जो आधुनिक चीनी साहित्य के 'ग्रैण्ड ओल्ड मैन' माने जाते हैं, माओ तुन और कुओ मो-ज़ो, जो एक प्रसिद्ध नाटककार, कहानीकार. निबंधकार और पुरातत्ववेत्ता हैं, कुओमिनतांग की कृपादृष्टि जापान से युद्ध के ज़माने में भी बनी रहती थी। माओ तुन को जापान की हार के पश्चात् शंघाई आकर फिर हांगकांग भाग जाना पड़ा। नहीं तो वह कुओमिनतांग के राजनीतिक दस्तों के हाथों गिरफ्तार हो गए होते। वही दशा कुओ मो-ज़ो की भी हुई।

कुओमिनतांग की प्रतिक्रियावादी सरकार के कारण चीनी साहित्य के विकास में अड़चनों का उल्लेख करते हुए जोज़ेफ कामर ने लिखा है :

> नए सामाजिक नाटक और आमतौर से चीनी साहित्य को जिन कठिनाइयों का सामना करना पड़ा उनमें से एक कठिनाई कुओमिनतांग के अधिकारियों द्वारा प्रयुक्त सेंसरशिप थी। जापानविरोधी भावनाओं की अभिव्यक्ति उस जमाने में भी दबाई जाती थी जब मंचूरिया पर 1931 के आक्रमण के पश्चात् वे उत्कर्ष पर थीं और उन्हें अपने को ऐतिहासिक रूपकों के वेश में प्रकट करना होता था।

इसके विपरीत थोड़े ही समय में साम्यवादियों के अधिकार में आये चीन में सांस्कृतिक कार्य वे ा से चल रहा है। कामर का कहना है :

> केवल साम्यवादियों के अधिकार वाले इलाकों में जीवन के स्पंदन दीख पड़ते हैं, यद्यपि कथासाहित्य और नाटकों को अत्यंत नीचे स्तर पर लाना पड़ता है ताकि उन्हें किसान और सिपाही समझ सकें। माओ त्से-तुंग ने इन प्रवृत्तियों की दिशा निर्धारित करने में दिलचस्पी ली है। उन्होंने मई 1942 में येनान के लेखकों की एक सभा इसलिए बुलाई थी कि उनके सामने वे उन प्रवृत्तियों की रूपरेखा रखें जो उनकी समझ से लाभप्रद और आवश्यक थीं।

चीन के साम्यवादी नेताओं को साहित्य और संस्कृति के महत्व की कितनी तीव्र अनुभूति है, इस संबंध में वही लेखक कहता है, 'माओ त्से-तुंग लेखकों की एक ऐसी सेना चाहते हैं जो साहित्य को क्रांति की संश्लिष्ट मशीनरी का एक अविच्छिन्न

अंग बना दे।'

इस प्रकार पूंजीवाद की यह घोषणा कि उसे संस्कृति के स्वतंत्र विकास में विश्वास है, ढपोरशंखी घोषणा है। पूंजीवादी देशों में स्वतंत्रता केवल उन साहित्यिकों और सांस्कृतिक कार्यकर्ताओं को मिलती है जो जनता को धोखा देने को तैयार हों। इस संबंध में फादयेव ने पोलैण्ड में हुई बुद्धिजीवियों की कांग्रेस में रोम्या रोलां का यह उद्धरण अपने भाषण में दिया था :

> विचार की स्वतंत्रता, जैसा कि मैं उसे 1918 ई. में समझता था, जब मैंने उसकी रक्षा के लिए एक अपील प्रकाशित की थी, एक ऐसा हराभरा वृक्ष है जिसकी शाखाएं आकाश की ओर उठी हुई हैं, किंतु जिसकी जड़ें जमीन में नहीं होतीं। इसका नाश निश्चित है जब तक कि इसे मानवता कि उपजाऊ भूमि में न लगाया जाए, मेहनतकशों की उपजाऊ भूमि में···

पूंजीवादी देशों में कितने ही प्रगतिशील साहित्यिक संस्कृति के निर्माण में योग नहीं दे पाते यदि उनके विचारों की जड़ें जनता के बीच तक न गई होतीं। प्रगतिशील विचारधारा भी जनता के सहयोग और संपर्क के बिना अनुर्वर हो जाती है। ऐसी अवस्था में पूंजीवाद की सारी त्रुटियों को प्रतिबिंबित और उसका पोषण करने वाला साहित्य क्या कर सकता है? यही कारण है कि आज पूंजीवादी देशों में केवल आर्थिक संकट ही नहीं है, वरन् उसके सामने सांस्कृतिक संकट भी है और उनमें से कुछ ईमानदारी के क्षण में इसे स्वीकार करने को विवश भी हो जाते हैं।

इसके प्रतिकूल जिन देशों में साम्यवादी व्यवस्था है वहां लेखकों और सांस्कृतिक कार्यकर्ताओं में एक गुरु उत्तरदायित्व की भावना पाई जाती है और उनको अपने कार्य में वातावरण और समाज से सहानुभूति और सहयोग प्राप्त होता है। साम्यवादी व्यवस्था में सांस्कृतिक कार्यकर्ताओं के सामने जीवन के सकारात्मक, ठोस मूल्य होते हैं। इसीलिए उन्हें 'कला कला के लिए', अस्तित्ववाद, शाश्वत मूल्यों का अंकन, नवीन रहस्यवाद इत्यादि अनेक प्रतिक्रियाशील आवरणों में अपना खोखलापन छिपाने की आवश्यकता नहीं होती।

साम्यवादी समाज में कलाकार को अपने व्यक्तित्व को विकसित करने का भी पूरा अवसर प्राप्त होता है। इसका उदाहरण हम सोवियत रूस में देख सकते हैं। जहां साहित्यिकों और अन्य कलाकारों को अधिक से अधिक प्रोत्साहन और अवसर दिया जाता है ताकि वे अपनी प्रतिभा को सही ढंग से विकसित कर सकें। इसलिए जहां हम पूंजीवादी संस्कृति पर एक मातम-सा छाया देखते हैं वहां सोवियत संस्कृति में हमें एक अद्भुत स्फूर्ति, स्पंदन, प्रेरणा और उल्लास का दर्शन होता है।

पूंजीवाद के लिए यह संकट का समय है क्योंकि एक ओर वहां आंतरिक

आर्थिक स्थिति दिनोंदिन बुरी होती जा रही है; दूसरे संसार की पूंजीवादी इमारत का एक स्तंभ जहां कहीं भी गिरता है उसका धमाका सारी इमारत को हिलाने के साथ-साथ उसको पहले से अधिक जर्जर बना देता है। यह संस्कृति के लिए संकट का काल इसलिए है कि जहां एक स्तंभ गिरता है वहां पूंजीवाद उसके स्थान पर जासूसों, सेना, पुलिस, दमन इत्यादि का सहयोग लेकर फौरन दो स्तंभ खड़े कर देना चाहता है। ऐसी स्थिति में संस्कृतिनिर्माताओं का काम सतत जागरूकता का है। नहीं तो आंखें झप जाने के कारण ही पूंजीवाद पूर्ण रूप से फासीवाद का दानवी रूप धर लेता है, जिसे खत्म करने के पहले न जाने कितनों को अपना बलिदान करना पड़ता है।

साम्राज्यवाद के पतनशील सांस्कृतिक प्रभावों के प्रति सतत जागरूकता की आवश्यकता हमारे देश में भी है। जनवादी विकास सतत् संघर्ष का रास्ता है। जन सुरक्षा कानूनों को काले कानून कहने के लिए किसी बड़ी क्रांतिकारी प्रगतिशीलता की आवश्यकता नहीं और बहुत से लोगों ने उन्हें वैसा कहा भी है। विचार स्वतंत्रता के अधिकार से राष्ट्रीय सरकार क्या समझती है, यह डाक्टर सीतारमैया के उस वक्तव्य के एक अंश से स्पष्ट है जो उन्होंने 13 जनवरी 1949 ई. को मद्रास की एक प्रेस कान्फ्रेंस में दिया था। समाचार पत्रों की स्वतंत्रता के विषय में उन्होंने कहा :

> राष्ट्रीय सरकार के अंतर्गत भारतीय समाचारपत्र जिस स्वाधीनता का उपभोग कर रहे हैं, निश्चय ही उसकी मात्रा उस स्वाधीनता से कम है जिसका उपभोग वे नौकरशाही जमाने में करते थे। यह बात स्वाभाविक है। राष्ट्रीय सरकार के अंतर्गत प्रेस की स्वाधीनता कम होनी ही चाहिए। नौकरशाही के शासनकाल में समाचारपत्र भी एक ऐसी ही देशभक्त इकाई थे जैसी कि कोई राजनीतिक पार्टी या कोई जनआंदोलन। अब राष्ट्रीय शासनकाल में जैसे सरकार की और इकाइयां हैं, वैसे ही समाचारपत्र भी हैं।

इसका अर्थ यह हुआ कि सरकार अपनी आलोचना सहने को तैयार नहीं होगी और जो स्वतंत्रता वह समाचारपत्रों को और इसी प्रकार साहित्यिकों और कलाकारों को देने को तैयार है, वह सिर्फ इतनी होगी कि वे उसकी प्रशंसा के पुल बांधें और उसकी अनीतियों और प्रतिक्रियावादी नीतियों का भी समर्थन करें या उन पर पर्दा डाले रहें।

इसी संबंध में अखिल भारतीय समाचारपत्र संपादक कानफरेंस के प्रधान, बिड़ला के 'हिंदुस्तान टाइम्स' के संपादक, देवदास गांधी की एक फुलझड़ी को याद रखना उचित होगा, जो उन्होंने 14 जनवरी 1949 ई. को दक्षिण भारतीय पत्रकार संघ के तत्वावधान में अपने एक भाषण में छोड़ी थी :

> बंबई, दिल्ली, मद्रास तथा देश के अन्य भागों में जो प्रेस की स्वतंत्रता की लंबी चौड़ी बातें करते रहते हैं वे स्वयं गैरजिम्मेदार बातें लिखते हैं तथा वे जनता की निम्न रुचि को प्रोत्साहन देते हैं। प्रेस की स्वतंत्रता के संबंध में किसी प्रकार का समझौता नहीं होना चाहिए। पर जिन पत्रों का काम गाली-गलौज करना तथा सम्माननीय व्यक्तियों के जीवन के संबंध में काल्पनिक कहानियां प्रकाशित करना है, उनको बरदाश्त नहीं किया जा सकता। यदि देश के मापदण्ड को ऊंचा करना है तो ऐसे पत्रों को स्थान नहीं देना चाहिए। कानूनी कार्यवाही से विशेष लाभ नहीं होगा। क्योंकि ऐसे भी लोग हैं जो अदालत की कार्यवाही पर फलते-फूलते हैं। ओछी पत्रकार कला को दबाने का सबसे बड़ा उपाय उसकी उपेक्षा करना तथा ऐसे पत्रों को पढ़ने से इनकार करना है।

महात्मा गांधी के पुत्र श्री देवदास गांधी ने जिस अहिंसात्मक ढंग से यह फुलझड़ी छोड़ी है वह उन्हें ही शोभा देती है, किंतु इसकी रोशनी में स्वतंत्रता का जो रूप हमारे सामने आता है उसे हम अच्छी तरह पहचानते हैं।

समाचारपत्रों का महत्व समझ कर बिड़ला, डालमिया, गोयनका आदि ने अपनी दृष्टि इधर फेरी है और अमरीका और इंगलैंड के पूंजीपतियों की भांति अपने अधिकार पत्रों की एक पूरी श्रृंखला में कर उनके द्वारा एक-सा प्रचार कराना चाहते हैं। इसके साथ साथ सरकार भी उनकी सहायता कर रही है और किसी भी प्रगतिशील पत्र और पत्रिका की जिंदगी सुरक्षित नहीं है। कितने ही पत्र और पत्रिकाएं जनसुरक्षा कानूनों के गले के नीचे उतर गई है और कितनी ही अभी उसमें अटकी हुई हैं। प्रगतिशील साहित्यिकों को जेलों में बंद कर देना, उनकी रचनाओं पर पाबंदियां लगा देना, उनकी रचनाओं को प्रकाशित करनेवाले पत्रों और पत्रिकाओं की जमानतें जब्त कर लेना, उन्हें बंद कर देना या धमकी देना, स्वयं लेखकों को धमकी देना, आए दिन की घटनाएं बन गई हैं। 'हंस' में प्रकाशित किशनचंदर द्वारा अमृतराय को लिखे एक पत्र से आज के साहित्यिक को क्या कठिनाइयां उठा कर अपना काम करना पड़ रहा है, यह स्पष्ट हो जाता है। आज की इस परिस्थिति को देखते हुए ही नागार्जुन ने अपनी कविता में एक स्थान पर लिखा है, 'सपने में भी सच न बोलना वर्ना पकड़े जाओगे।'

वर्गसंघर्ष के इस युग में जब कि दुनिया दो मोर्चों में बंटती जा रही है, लेखकों और पत्रकारों का वर्गरूप भी तेजी के साथ प्रकट हो रहा है। यह अनिवार्य और अवश्यंभावी है। ये साहित्यिक जो अंग्रेजों के जमाने में गर्म नारों से अपने नरम विचारों को छिपाते रहे, आज पूंजीवाद, व्यक्तिवाद इत्यादि के समर्थक बन गए हैं। दूसरी ओर वे साहित्यिक हैं जो पूंजीवादी समाज के ढांचे को अच्छी तरह

समझते हैं और जो इसके द्वारा होने वाले उन आक्रमणों को पहचानते हैं जिनका लक्ष्य न्याय की मांग को ठुकरा देना और शोषण के दुर्ग को सुरक्षित रखना है। संस्कृति के लिए आज जो खतरा उपस्थित है, उसे भी वे भलीभांति समझते हैं।

पूंजीवादी या प्रतिक्रियावादी साहित्य की कुछ प्रमुख धाराएं जो हिंदी में देखने को आ रही हैं वे हैं, अहिंसावाद और रूढ़िवाद का गुणगान, व्यक्तिवाद, अंतश्चेतनावाद, नूतन रहस्यवाद, कुण्ठावाद, समन्वयवाद, रूपवाद (फार्मलिज्म) इत्यादि। अहिंसा का नारा इसलिए उठाया जा रहा है कि वर्गसंघर्ष तीव्र से तीव्रतर होता जा रहा है। भारतीय संस्कृति और परंपरा के नाम पर वर्गसंघर्ष को कुत्सित बताया जाता है और शोषित वर्ग अपने अधिकारों और न्याय के लिए जो संघर्ष करता है, उसे हेय और निंदनीय बताया जाता है।

इस विचारधारा के प्रमुख समर्थकों में भगवतीचरण वर्मा और जैनेंद्र कुमार जैन हैं। श्री भगवतीचरण का असली रूप उनके 'टेढ़े मेढ़े रास्ते' उपन्यास में प्रकट हुआ है और उसका सम्यक् विश्लेषण डाक्टर रामविलास शर्मा ने 'जनवाणी' वाले लेख में किया है। 20 दिसंबर 1948 ई. को आल इण्डिया रेडियो से 'हमारी सामाजिक परम्पराएं और आज का जीवन' पर भाषण देते हुए वर्माजी ने कहा कि,

> आज का जीवन अपरिचित और अनिश्चित लगता है, उसमें थकावट है, भयानक कुरूपता, व्यतिक्रम है। दुनिया आज तक इतनी भयानक कभी नहीं रही। धर्म को ठुकरा दिया, ईश्वरी न्याय पर विश्वास नहीं, पुण्यपाप का कोई भाव नहीं। वे इमारतें जिनमें हम रहते थे, ढह गई हैं; हम खंडहर में रहते हैं।

इसके बाद उन्होंने भौतिकवाद को जड़वाद कहा और उसे पश्चिम की देन बताया। पश्चिम उसका इसलिए शिकार हुआ कि उसके पास निर्माण की कोई चीज नहीं। किंतु भारत के पास अहिंसा, दया इत्यादि है। यह ठीक है कि वे संस्थाएं बिगड़ गई हैं जिनके माध्यम से हम इन आदर्शों को व्यक्त कर सकते थे। किंतु संस्थाएं और परंपराएं दोषयुक्त हो सकती हैं, भावना तो नित्य है, चिरंतन और अमर।

इस प्रकार यह उपन्यासकार जो जिंदगी भर अभिजात वर्ग की शराब और कामुकता का चित्रकार रहा है और जिसे चारों ओर कुरूपता ही कुरूपता दीख पड़ती है, आज अहिंसा का पाठ पढ़ रहा है, ईश्वरी न्याय की दुहाई दे रहा है, धर्म का नाम ले रहा है। जिनकी सत्ता अन्याय पर टिकी होती है, वे और उनके वकील हमेशा से यही तर्क उपस्थित करते आए हैं।

इसी प्रकार जैनेंद्रकुमार जो विरोधी विचारों के प्रति उदारता बरतने का सदुपदेश देते हैं, साम्यवादियों के बारे में मनगढ़ंत आलोचनाओं का उपयोग करना जरा भी हेय नहीं समझते। उनका कहना है कि संस्कृति में विग्रह नहीं हो सकता।

उनकी संस्कृति हम उनके उन चित्रणों में देख सकते हैं जो उनकी समझ से साम्यवादियों या समाजवादियों के हैं। अपने एक अवसरवादी मित्र को लेकर, जो समाजवादी बनते हैं किंतु जिनका आचरण बिलकुल ही विपरीत ढंग का है, श्री जैनेंद्र समाजवाद का आदर्श उपस्थित करते हैं और इसी समाजवाद के व्यंगचित्र को सामने रखकर अपनी आलोचना प्रस्तुत करते हैं। ('दही और समाज' लेख 'जड़ की बात' में) उनकी पैनी बुद्धि ने यह खोज की है कि 'आज की समस्या विकट वनी हुई ही इस कारण है कि श्रम कोई नहीं चाहता, फल सब चाहते हैं; मेहनत नहीं, सब आराम चाहते हैं।' (वही, पृ. 72)

जैनेंद्रजी का कहना है कि समाज के रोग का निदान अहिंसक संस्कृति में है और उसकी व्याख्या वे इस प्रकार करते हैं :

> अहिंसक को मैं कहूंगा श्रमण संस्कृति। श्रमण, अर्थात् श्रम पर आधार रखने-वाली। श्रमण नहीं, वह हरण है। जो श्रम पर आधार नहीं रखती है, वह जरूर फिर हरण पर आधार रखती है। (वही, पृ. 66)

श्रमण और प्रॉलीतारियत का भेद बतलाते हुए वे लिखते हैं :

> विलायती एक शब्द है प्रॉलीतारियत। उसका तात्पर्य कुछ ऐसा ही है : जिस वर्ग के पास उसका श्रम ही सब कुछ है वह है प्रॉलीतारियत। लेकिन श्रमण को उससे बढ़कर मानना चाहिए। श्रमण में स्नेह अतिरिक्त है। सर्वहारा में अपने बारे में अभाव का भाव हो सकता है। अपनी अवस्था पर उसे आक्रोश और शिकायत हो सकती है। पूंजीपतियों के लिए द्वेष और घृणा हो सकती है। श्रम में इस सब प्रतिक्रियात्मक भावों के लिए अवकाश नहीं। जिनकी स्नेह की पूंजी लुट गई और शरीर मन का स्वास्थ्य भी जिन्होंने खो दिया है, ऐसे पूंजीपति वर्ग के लिए श्रमण के मन करुणा है। (वही, पृ. 70)

इस प्रकार अपने अधिकारों को प्राप्त करने के लिए संघर्ष करना जैनेंद्रजी जैसे क्रांतिकारी के समक्ष प्रतिक्रिया है। इस रास्ते पर चलने का अंतिम फल यही हो सकता है कि पूंजीवाद को हमेशा के लिए अपनी जड़ें जमाने का अवसर मिल जाएगा और जरूरत पड़ने पर अपने को फासीवाद के रूप में परिणत कर लेगा।

एक दूसरी प्रतिक्रियात्मक प्रवृत्ति, जो हिंदी साहित्य में इधर आई है, वह है नए नए रहस्यवादों का जन्म। इन रहस्यवादों में जिसका सबसे अधिक जिक्र हुआ है वह है पंतजी की 'स्वर्णकिरण' में सिद्धांत के रूप में वर्णित रहस्यवाद और उसी का व्यावहारिक रूप 'स्वर्णधूलि' में। इस रहस्यवाद में मनुष्य विकास के उत्कर्ष पर अपने अंतर्मन और बहिर्मन के समन्वय द्वारा पहुंचेगा। समाज का उन्नयन भी किसी भौतिक आधार पर नहीं, वरन महामानव के निर्माण द्वारा होगा। उस

महामानव का आदर्श रूप पंतजी श्री अरविंद में देखते हैं।

इस रहस्यवाद का आशय है सामाजिक उन्नति को गौण स्थान देना, उसे सांस्कृतिक उन्नति की अवस्था न मानना, वरन् उसे महामानवों के समाज का एक फल मात्र मानना। इसीलिए 'स्वर्णधूलि' में पंतजी संघर्ष का रास्ता छोड़कर जनता को शोषकों के सामने माथा टेकने की शिक्षा देते हैं। 'स्वर्ण किरण' की भूलभुलैया का असली भेद 'स्वर्णधूलि' में खुल जाता है। पंतजी का दर्शन शोषकों की शक्ति बढ़ाने का दर्शन है। इस रहस्यवाद में पंतजी के लेफ्टेनेण्ट श्री इलाचंद जोशी हैं।

सुनने में शायद आश्चर्य की बात जान पड़े, किंतु 'अज्ञेय' भी एक नए रहस्यवाद का स्वप्न देखते हैं। उनका कहना है कि मनुष्य भौतिक और बौद्धिक विकास की चरमावस्था को पहुंच गया है, और उन दिशाओं में उसके लिए आगे बढ़ने का मार्ग नहीं रह गया है। उनका कहना है कि अब मनुष्य का विकास एक दूसरी दिशा में होगा और वह,

> विकास अब चेतना के क्षेत्र में क्रियाशील होगा। मानव को एक नई और अधिक विस्तृत चेतना प्राप्त करनी होगी, जिसके द्वारा वह जीवन के नए साध्यों की उद्भावना कर सके, और उनका अनुसरण कर सके—ऐसे साध्य, ऐसे आदर्श, जो साधनों पर की गई हुई उसकी संपूर्ण विजय के अनुरूप हो। ('त्रिशंकु', पृ. 7)

अज्ञेयजी के शब्दों में चेतना में पुनः संस्कार के परिणाम ये होंगे :

1. चेतन और अवचेतन के बीच जो अवरोध और विपर्यास इस समय दीखता है और आधुनिक मनोविज्ञान के सहारे क्रमशः स्पष्टतर होता गया है, वह शायद उसी के सहारे दूर भी हो जाएगा। (वही, पृ. 87)
2. इस प्रकार जीवन एक अखण्ड इकाई बन जाएगा जिसके साथ हमारा चेतनसंबंध भी उतना ही गहरा होगा, जितना कि हमारे बिना जाने हमारे अवचेतन का संबंध रहा है। (वही, पृ. 88)
3. हम सत्य के निकटतर होते जाएंगे, तत्वज्ञान प्राप्त करेंगे।
4. कामवासना से मुक्ति।
5. हम वेदना की अनुभूति से ऊपर उठ सकेंगे, और निस्संदेह मानवीय संबंधों और व्यापारों के लिए कोई अहिंसामूलक आधार ढूंढ़ निकालेंगे।

इस विषय को और अधिक स्पष्ट करते हुए अज्ञेय ने लिखा है :

> एक दूसरा प्रश्न भी उपर्युक्त अवधारणा से उठता है : मानव की अधिक विकसित चेतना किस ओर उन्मुख होगी ? चेतना है, तो उसका कोई विषय होना अनिवार्य है, जिसकी चेतना वह हो सके। अर्थात् चेतना के ऊंचे या

नीचे स्तर की परख उसके विषय की सूक्ष्मता अथवा स्थूलता से हो सकती है। निस्संदेह ऐसी विचारधारा हमें एक प्रकार के नूतन रहस्यवाद की ओर ले जाती है, और आज प्रमुख आधुनिक वैज्ञानिकों के विचारों में रहस्यवाद का पुट है। हो सकता है कि अंततोगत्वा इस 'विकसित चेतना' का विषय स्वयं मानव की आत्मा हो, कि वह चेतना अंतर्मुखी होकर आत्मतत्व के चिंतन अन्वेषण में लीन हो जाए। (वही, पृ. 88-89)

इस प्रकार 'अज्ञेय' ने बुद्धि और चेतना की निरपेक्ष श्रेणियां गढ़ ली हैं। अपने मन से यह भी मान लिया है कि बुद्धि का विकास अब चरमावस्था को पहुंच गया है जबकि हम देखते हैं कि पूंजीवादी सभ्यता में बुद्धि का उतना भी विकास नहीं हुआ है, हो भी नहीं सकता, जितना हम आज तक के ज्ञानोपार्जन की भूमिका में सोच सकते हैं। सच तो यह है कि विकास की जिस मंजिल तक हम पहुंच गए हैं, आज पूंजीवाद उसे भी नष्ट करने पर तुला हुआ है।

पूंजीवाद के इस विनाशकारी और अबौद्धिक रूप को आक्रमण से बचाने के लिए ही 'अज्ञेय' चेतना के विकास की बात उठाते हैं। इस चेतना के विकास की बात उठते ही हम देखने लगते हैं कि सामाजिक परिवर्तन की आवश्यकता पर पर्दा पड़ जाता है क्योंकि तब विकास का साधन और साध्य जनसमुदाय न होकर कुछ बढ़ी हुई चेतना वाले व्यक्ति होंगे। यदि यही विकास समाज का लक्ष्य हो तो फिर सामाजिक और आर्थिक न्याय के लिए संघर्ष करना कितनी भारी अदूरदर्शिता होगी। इसलिए इस नए रहस्यवाद का अर्थ और आशय आज के पूंजीवादी समाज और सभ्यता को उस पर हो रही हथौड़े की चोटों से बचना है।

एक ओर 'अज्ञेय' इस चेतना के विकास की बात करते हैं; दूसरी ओर वह जिस साहित्य की रचना करते हैं वह यौन पिपासाओं का साहित्य है, या उन्हीं के शब्दों में, कुण्ठा का साहित्य है। उसमें किसी भी प्रकार की प्रगति या विकास की प्रेरणा नहीं है। यह आश्चर्य की बात है कि जितने भी साहित्यिक आज एक नूतन रहस्यवाद की बात उठा रहे हैं, उन सबमें यौन वासना के परमाणु सारे वातावरण में सघन छाए हुए हैं। यह वासना जितनी उत्कट और तीव्र बनकर 'स्वर्णकिरण' में आई है, उतनी वह पंतजी की छायावादी कविताओं में कभी नहीं रही। श्री इलाचंद्र जोशी तो कला का लक्ष्य 'समाज के भीतर सड़ांध का जो घोर वीभत्स रूप' है, उसे प्रत्यक्ष करना मानते हैं और वह भी व्यक्ति के माध्यम से, विशेषतः उसकी यौन वर्जनाओं से पैदा हुई मनोवैज्ञानिक गुत्थियों के सुलझाने के माध्यम से।

ऐसी ही अनेक चीजों को मिलाकर साहित्यिक जो खिचड़ी तैयार करते हैं, उसका नाम वे समन्वयवाद रखते हैं, जिसमें भारतीय परंपरा और पश्चिम का

भौतिकवाद, अध्यात्म, और भौतिकवाद, छायावाद और प्रगतिवाद, व्यक्तिवाद और छायावाद, यथार्थवाद और आदर्शवाद, न जाने कितनी और असंख्य चीजों का समावेश होता है। इन विभिन्न समन्वयों में ऊपर से देखने के लिए जो कुछ भी अंतर हो, उनका अंतिम लक्ष्य स्पष्टतया जनवादी संघर्ष का विरोध है। यह समन्वय साहित्य को उसके सामाजिक उत्तरदायित्व से मुक्त करना चाहता है। 'अज्ञेय' के शब्दों में, 'लेखक बंधन से परे है, और रहेगा।'

इस बंधन से परे रहने के दंभ के कारण ही 'कला कला के लिए', फार्मलिज्म तथा अन्य प्रतिक्रियात्मक वादों का जन्म होता है। संस्कृति और साहित्य के ये तथाकथित निर्माता अपनी सफलता और संस्कृति को अपने व्यक्तित्व या अपने दो चार साथियों के व्यक्तित्व तक ही सीमित रखना चाहते हैं और उसे जन-आंदोलनों के बीच नहीं वरन् अपनी कल्पना की एकांगिता में पनपाना चाहते हैं। इसलिए आज हम यह प्रवृत्ति देखते हैं कि बहुत से कवि और लेखक कुछ ऐसे साहित्य की रचना कर रहे हैं जिसमें किसी विचार या अनुभूति का कोई पता नहीं। उनकी कविताओं में कुछ ऊबड़खाबड़ पंक्तियां होती हैं, कहीं कहीं एक दो काव्यमय पंक्तियां भी होती हैं, किंतु उनमें विचारों का अकाल होता है और उनमें यदि कुछ बात कहने की कोई इच्छा भी हुई तो उसमें उतना भी स्थायित्व नहीं होता जितना आकाश के टूटते तारे में होता है। ऐसे फार्मलिज्म के अगुआ भी 'अज्ञेय' हैं और उनके कुछ पीछे पीछे प्रगतिशील समझे जाने वाले लोग भी चलने लगे हैं। ये लोग ऐसे दमघोट और कुण्ठावादी साहित्य का निर्माण कर रहे हैं जिसमें सामूहिक सांस्कृतिक उत्थान की उपेक्षा की जाती है, जो मानव की क्षमता और सामर्थ्य को, दुनिया को बदलने की शक्ति को, आंखों की ओट करके आगे बढ़ना चाहता है, मगर बढ़ नहीं पाता, कभी बढ़ नहीं सकता।

13

चंद्रकांता संतति : एक नया दृष्टिकोण

'चंद्रकांता संतति' हिंदी का वह उपन्यास है जिसे प्रत्येक हिंदी भाषाभाषी किशोरावस्था में ही पढ़ लेता है। निस्संदेह यह उसकी लोकप्रियता का प्रमाण है, किंतु साथ ही यह उसके वास्तविक और वैज्ञानिक मूल्यांकन में बाधक भी है, क्योंकि उसके विषय में यह दृढ़ धारणा-सी बन गई है कि उसे दुबारा पढ़ने की आवश्यकता नहीं। हिंदी साहित्य के अधिकांश इतिहासकार और आलोचक उसका और उसके लेखक श्री देवकीनंदन खत्री का केवल औपचारिक उल्लेख कर संतोष कर लेते हैं, क्योंकि उनके अनुसार 'चंद्रकांता संतति' और श्री देवकीनंदन खत्री के अन्य उपन्यासों में ऐयारी और तिलिस्म के अति अद्भुत वर्णनों और सस्ते अथवा उत्तेजक रोमांस के चित्रों के अतिरिक्त और कोई वस्तु नहीं है। इसी धारणा का फल है कि 'चंद्रकांता संतति' के अधिकांश पाठक ऐसे ही मिलने हैं जिन्होंने उसे अपने माता-पिता या गुरुजनों की आंखें बचाकर, छिपाकर पढ़ा है।

स्वयं देवकीनंदन खत्री ने अपने युग में किए गए इस तरह के आक्षेपों का उत्तर 'चंद्रकांता संतति' के अंत में दिया है। उन्होंने लिखा, "मेरे कई मित्र आक्षेप करते हैं कि मुझे देशहितपूर्ण और धर्मभावमय कोई ग्रंथ लिखना उचित था जिससे मेरी प्रसरणशील पुस्तकों के कारण समाज का बहुत कुछ उपकार तथा सुधार हो जाता। बात बहुत ठीक है परंतु एक अप्रसिद्ध ग्रंथकार की पुस्तक को कौन पढ़ता ? यदि मैं 'चंद्रकांता' और उसकी 'संतति' को न लिखकर अपने मित्रों से भी दो चार बातें हिंदी के विषय में कहना चाहता तो कदाचित वे भी सुनना पसंद न करते। गंभीर विषय के लिए जैसे एक विशेष भाषा का प्रयोजन होता है वैसे ही विशेष पुरुष का भी ?" इसमें लेखक ने विनम्रतापूर्वक अपनी अक्षमता स्वीकार की है और अपने उपन्यासों के अतिरिक्त मूल्य का आग्रह छोड़कर यह कहा है कि और कुछ नहीं तो इस प्रकार हिंदी की सेवा तो हुई ही है। लेखक को इसका गर्व भी था और इसका उल्लेख इन शब्दों में 'चंद्रकांता संतति' में हुआ, "यह बात बहुत से सज्जनों पर प्रकट है कि चंद्रकांता पढ़ने के लिए बहुत पुरुष, नागरी की वर्णमाला सीखते हैं, और जिनको कभी हिंदी सीखनी न थी उन लोगों ने भी इसके लिए सीखी। किंतु

यह सोचना भ्रमपूर्ण है कि उनके उपन्यासों में सामाजिक उद्देश्यहीनता है। उन्होंने जिन शब्दों में 'चंद्रकांता संतति' का उल्लेख किया है, उन पर हमें विशेष रूप से ध्यान देना चाहिए। 'चंद्रकांता', जिसे उन्होंने 'संतति' से पहले लिखा था, और 'संतति' के विषय में लिखते हुए उन्होंने कहा :

> 'चंद्रकांता' के आरंभ के समय मुझे यह विश्वास न था कि उसका इतना अधिक प्रचार होगा। यह मनोविनोद के लिए लिखी गई थी, पर पीछे लोगों का अनुराग देखकर मेरा भी अनुराग हो गया और मैंने उन विचारों को जिनको मैं अभी तक प्रकाशित नहीं कर सका था, फैलाने के लिए इस पुस्तक (अर्थात 'चंद्रकांता संतति') को द्वार बनाया और सरल भाषा में उन्हीं मामूली बातों को लिखा जिसमें मैं उस होनहार मण्डली का प्रियपात्र बन जाऊं जिसके हाथ में भारत का भविष्य सौंप कर मुझे असार संसार से बिदा होना है। ('चंद्रकांता संतति', 24वां भाग)।

इस प्रकार 'चंद्रकांता संतति' केवल मनोविनोद के लिए लिखा हुआ उपन्यास नहीं हैं, उसमें लेखक के कुछ विचारों को व्यक्त किया गया है और वे विचार ऐसे हैं जो एक 'होनहार मण्डली' के लिए, नए-नए उभरते समाज के लिए, जिसके हाथों में लेखक भारत का भविष्य देख रहा था, व्यक्त किए गए हैं। इन शब्दों में भारतेंदु युग का लेखक बोल रहा है। 'चंद्रकांता संतति' को भारतेंदु युग की हलचलों से पृथक कर देखना, उसे उसके परिवेश से, प्रेरणा के स्रोत से काटकर अलग देखने के समान है। शायद नवीन दृष्टिकोण का यह आग्रह खींचातानी जान पड़े, क्योंकि आखिर 'चंद्रकांता संतति' की कथावस्तु क्या है? उस कथावस्तु और भारतेंदु युग की हलचलों, उसकी उभरती हुई आशा-आकांक्षाओं में संबंध क्या है?

'चंद्रकांता संतति' में उपन्यासकार 'चंद्रकांता' की कथा का सूत्र पकड़कर आगे बढ़ता है। 'चंद्रकांता' में नौगढ़ और विजयगढ़ के राजघरानों में मैत्री और फिर एक खलनायक के कारण उत्पन्न शत्रुता और अंत में नौगढ़ के राजकुमार वीरेंद्रसिंह और विजयगढ़ की राजकुमारी चंद्रकांता के विवाह की कथा है। 'चंद्रकांता संतति' में जैसाकि शीर्षक ही संकेत करता है, चंद्रकांता के दो पुत्रों, इंद्रजीतसिंह, और आनंदसिंह, की कहानी है। 'चंद्रकांता' की भांति 'संतति' में भी प्रेम और रोमांस को तिलिस्म और ऐयारी के तानेबाने में बुना गया है। इंद्रजीतसिंह अपने पिता के शत्रु चुनार के निष्कासित राजा शिवदत्तसिंह की लड़की किशोरी पर उसका चित्र एक अंगूठी में देखकर मोहित हो जाते हैं जो अपने पिता से अलग अपने नाना के यहां रहता है। कहानी का एक सूत्र इंद्रजीतसिंह और किशोरी के बीच यही रोमांस है जिसमें अनेक विघ्न बाधाएं उपस्थित होती हैं, जिसका अंत दोनों के मिलन और विवाह में होता है। किशोरी और इंद्रजीत सिंह के रोमांस को लेकर बीरेंद्रसिंह, शिवदत्त

सिंह और दिग्विजय सिंह के ऐयारों की होशियारी के अद्भुत कारनामे प्रस्तुत किए जाते हैं। इंद्रजीत सिंह की सहायिका कमलिनी के साथ भी उसका नया रोमांस शुरू होता है, हालांकि उसका स्तर कमलिनी की ऐयारी के कारण उतना कोमल, स्निग्ध और मधुर नहीं हो पाता जितना इंतजीत सिंह और किशोरी के बीच के रोमांस का है। 'चंद्रकांता संतति' के 24 हिस्सों में किशोरी ही एक ऐसा पात्र है जो चालाकी, मक्कारी इत्यादि के बवंडर में प्रेम की मधु वर्तिका-सी जलती-गलती जाती है। ऐयारी की इस दुनिया में अकेली वही साधारण नारी, मानवी है। रोमांस की इस दुनिया पर व्यभिचार, पतन, अर्थलोलुपता, षड्यंत्र और हत्याओं की काली घटाएं भी छाई हुई हैं। इस दूसरी दुनिया, काली घटाओं की दुनिया के दो प्रमुख केंद्र हैं : एक जमानिया के महाराज गोपाल सिंह के बाग में तिलिस्म का दरोगा और धोखा देकर गोपाल सिंह की पत्नी बनी हुई और गोपाल सिंह और उसकी विवाहिता पत्नी लक्ष्मीदेवी को कैद में डाल देने वाली मायारानी और दूसरा भूतनाथ। इन दोनों केंद्रों के इर्दगिर्द नागर और मनोरमा नाम की दो भयंकर वेश्याएं, नानक, जैपाल सिंह इत्यादि ग्रहपिंडों की भांति परिक्रमा करते हैं। यह मनुष्य के पतन और पाप की भयानक दुनिया है जिसमें से अथक प्रयत्नों के बाद सही-सलामत केवल एक व्यक्ति निकलता है; वह है भूतनाथ, जो अपने जीवन के प्रारंभ में अर्थ और कामलोलुपता के कारण मायावी इत्यादि को उनके कुकृत्यों में सहायता पहुंचाता है, किंतु बाद में प्रायश्चित के रूप में वीरेंद्र-सिंह का ऐयार बन जाता है जो न्याय और सत्य का प्रतीक है

उपन्यास की कथावस्तु का यह व्यापक परिवेश यदि कभीकभी आंखों से ओझल हो जाता है तो इसका प्रधान कारण है ऐयारी और तिलिस्म की चमत्कार-भरी घटनाओं का घटाटोप, जिसके निर्माण में देवकीनंदन खत्री की प्रतिभा अद्वितीय है। लेकिन इस घटाटोप में उस परिवेश की प्रमुख विशेषताओं को भूल जाना भारतेंदुयुग को भूल जाना है। भारतेंदुयुग हमारे समाज में एक नए आंदोलन का युग है जो मध्यवर्ग के उत्थान के साथ शुरू होता है। उस युग में समाज राजे रजवाड़ों की पकड़ के बाहर निकलने लगा था और उसका नेतृत्व मध्य वर्ग के हाथों में आने लगा था। भारतेंदुयुग के लेखकों ने अपनी अनेक रचनाओं में राजे रजवाड़ों के हाथों से समाज की बागडोर निकलने के चित्र प्रस्तुत किए, उन्होंने राज दरबारों के षड्यंत्रों का भंडाफोड़ किया, उन पर छायी हुई वासना और विलासिता और उनकी दिनोंदिन गिरती हुई आर्थिक स्थिति की ओर संकेत किया। नागर, मनोरमा, मायारानी स्त्रियों में, और अग्निदत्त, दरोगा, नानक तथा प्रारंभ में भूतनाथ इत्यादि पुरुषों में, उस कामुकता के प्रतीक हैं। इनका सारा जीवन षड्यंत्रों में बीतता है। शुरू में भूतनाथ किसी अमीर रजवाड़े के कामुक और विलासी पुत्र की भांति दिनरात आर्थिक संकट में रहता

है और उससे मुक्ति पाने के लिए अनेक भयंकर और रोमांचकारी कार्यों में भाग लेता है। 'संतति' में भारतेंदुयुग के जीवन का एक अंग, जो सड़ गया था, बड़ी अच्छी तरह से प्रतिबिंबित है। 'चंद्रकांता संतति' में एक स्थल पर नहीं वरन अनेक स्थलों पर देवकीनंदन खत्री स्पष्ट शब्दों में भारतेंदुयुग के समाज की नई शक्ति, नवोदित मध्यवर्ग के आंदोलन के प्रति अपनी निष्ठा और विश्वास व्यक्त करते हैं। उस युग की अनेक समस्याएं भी 'चंद्रकांता संतति' में प्रतिबिंबित हुई हैं। यहां पर एक उदाहरण देना अनुचित न होगा।

सामंती विवाहप्रथा के प्रति लेखक की राय गोपालसिंह के शब्दों में प्रकट होती है, जिनकी पत्नी लक्ष्मी देवी को उड़ाकर मायारानी स्वयं पत्नी बन गई थी, 'मेरे साथ तो रस्म और रिवाज ने दगा की। ब्याह के पहले मैंने उसे देखा ही न था, फिर पहचानता क्यों कर ?' वैसे तो 'चंद्रकांता संतति' की नारियों की जांच अगर उनके कार्यों से हो तो वे किसी भांति साहसिकता में पुरुषों से कम न उतरेंगी। इसी प्रकार उस युग के लेखकों की भांति 'चंद्रकांता संतति' में देवकीनंदन खत्री भी एक स्थान पर काशी के मठाधीशों और पुजारियों पर व्यंग्य करते हैं :

> काशी के मठधारी गुसाईं नाम के ही साधु या गुसाईं होते हैं। वास्तव में उनकी दौलत, उनका व्यापार, उनका रहनसहन और बर्ताव किसी तरह गृहस्थों और बनियों से कम नहीं होता, बल्कि दो हाथ ज्यादे ही होता है। अगर किसीने धर्म और शास्त्र पर कृपा करके गुसाईंपने की कोई निशानी रख भी ली तो केवल इतना ही किया कि एक टोपी गेरुए रंग की सिर पर या गेरुए रंग का एक दुपट्टा कंधे पर रख लिया, सो भी भरसक रेशमी और बेशकीमती तो होना ही चाहिए, बस !

इसीके साथ जाति के बंधनों के विषय में भी देवकीनंदन खत्री चुप नहीं हैं। 'संतति' के तेईसवें हिस्से में भरतसिंह अपने नौकर के संबंध में कहते हैं :

> इसमें कोई शक नहीं कि मेरा वह नौकर बहुत ही होशियार और बुद्धिमान था। बल्कि इस योग्य था कि कोई भारी काम उसको सुपुर्द किया जाता। परंतु जाति का कहार था, इसलिए किसी बड़े मर्तबे पर नहीं पहुंच सका।

साम्राज्यवादी शक्ति द्वारा हिंदुओं और मुसलमानों के बीच सांप्रदायिक विद्वेष और फूट के बीज बोने की नीति के नतीजे को भारतेंदुयुग के लेखकों की भांति देवकीनंदन खत्री ने भी 'संतति' में बड़े ही व्यंग्यात्मक ढंग से रखा। प्रातःकाल का वर्णन है :

> स्याह तीतर अपनी मस्त और बंधी हुई आवाज में हिंदू-मुसलमान, कुंजड़े और कस्साब में झगड़ा पैदा कर रहे हैं। मुसलमान कहते हैं कि तीतर साफ

> आवाज में यही कह रहा है कि 'सुभान तेरी कुदरत' मगर हिंदू इस बात को स्वीकार नहीं करते और कहते हैं कि ये स्याह तीतर 'राम-लक्ष्मण-दशरथ' कहकर अपनी भक्ति का परिचय दे रहे हैं। कुंजड़े इसे भी नहीं मानते और उसकी बोली का मतलब 'मूली-प्याज-अदरक' समझकर अपना दिल खुश कर रहे हैं; परंतु कस्साबों को सिवाय इसके कुछ नहीं सूझता कि यह तीतर 'कर जबह और ढंक रख' का उपदेश दे रहा है।

इन सारी चीजों से यह निर्विवाद सिद्ध होता है देवकीनंदन खत्री अपने युग की समस्याओं के प्रति उदासीन नहीं थे, बल्कि सारा का सारा 'चंद्रकांता संतति' उपन्यास उद्योग की कीर्तिगाथा-सा जान पड़ता है। उसमें उद्योग की असीम शक्ति में विश्वास और आस्था की अभिव्यक्ति है, जिसकी आवश्यकता नई दिशा में मुड़ते हुए भारतेंदुयुग को अधिक से अधिक मात्रा में थी। जब भूतनाथ अपनी पत्नी शांता से जीवन में अदृष्ट और प्रारब्ध की भूमिका पर जोर देता है तो वह कहती है : 'यह दूसरी बात है। इन सभों का नाम लेना वास्तव में निरुत्तर (लाजवाब) होना और चलती बहस को बंद कर देना ही नहीं है बल्कि उद्योग ऐसे अनमोल पदार्थ की तरफ से मुंह फेर लेना भी है।' अपनी कथावस्तु की घटनाओं के संबंध में संभव और असंभव के प्रश्न उठानेवालों के लिए जो उत्तर श्री देवकीनंदन खत्री ने 'चंद्रकांता संतति' के अंतिम शब्दों में दिया इस वह संदर्भ में बड़ा ही अर्थपूर्ण है :

> कभी ऐसा समय था कि यहां के आकाश में सहस्रों पुरुषों का संचार हो जाता था, पर अब वह बातें खाली पौराणिक कथा समझी जाती हैं। पर दो सौ वर्ष पहले जो बातें असंभव थीं आजकल विज्ञान के सहारे वे सब संभव हो रही हैं। रेल, तार, बिजली आदि के कार्यों को पहले कौन मान सकता था ?

'संतति' के इस पक्ष पर इतना अधिक जोर देना इसलिए आवश्यक था कि साधारणतः इस पक्ष का उल्लेख कहीं भी नहीं होता। अब समय आ गया है जब हम अपने साहित्य के पुराने अग्रदूतों की रचनाओं का मूल्यांकन सहानुभूतिपूर्ण और वैज्ञानिक ढंग से करें। ऐसे लेखकों में देवकीनंदन खत्री का नाम लिया जा सकता है और ऐसी रचनाओं में उनकी कृति 'चंद्रकांता संतति' और उनके अन्य उपन्यासों का।

अब दो शब्द 'संतति' के कलापक्ष पर। देवकीनंदन खत्री की सफलता के रहस्यों में एक बड़ा रहस्य है वातावरण के निर्माण की उनकी प्रतिभा। उन्होंने अपने पहले के उर्दू के अपने सरीखे और अंगरेजी के वैसे ही उपन्यासकारों की

कृतियां अच्छी तरह पढ़ डाली थीं। उन्हें संस्कृत और बंगला साहित्य का भी अच्छा ज्ञान था। स्वयं उनका अपना जीवन ऐश्वर्य और विलास के दिन देख चुका था, जो भारतेंदुयुग के रईसों के लिए कोई अपवाद की बात न थी। किंतु रोमांस और ऐयारी की दुनिया की ओर सबसे अधिक वह उस समय खिंचे जब उन्होंने आर्थिक कठिनाइयों से मुक्ति के लिए काशी नरेश के चकिया जंगल में ठेका लिया। उनकी कल्पना प्राचीन प्रासादों और किलों के अवशेषों में रमने लगी। उन्होंने उन सभी किलों को जाकर देखा था जिनका वर्णन उनकी पुस्तकों में है। इन्हीं सब परिस्थितियों के संघटन के फलस्वरूप वह तिलिस्म और ऐयारी की अद्भुत दुनिया के निर्माण में इतने सफल हुए।

मैं समझता हूं, जहां तक घटनाओं के संघटन का संबंध है, देवकीनंदन खत्री की प्रशंसा इतनी अधिक हुई है कि उनकी कला के अन्य पक्षों पर दृष्टि ही नहीं जाती। किंतु जहां वह सचमुच घटनाओं के प्रवाह को बनाए रखने में अत्यधिक सफल हुए हैं, जहाँ छोटे से छोटे विवरण का कोई न कोई जवाब उनके पास रहता है, वहां हमें यह भी नहीं भूल जाना चाहिए कि यह सब कुछ पाठकों को उनके हाथों की कठपुतली बनाकर किया जाता है। यहां घटनाओं के विकास का केवल एक तर्क है जिसे अंग्रेजी में 'पोयटिक जस्टिस' कहते हैं। फिर भी 'चंद्रकांता संतति' का ऐतिहासिक महत्व है क्योंकि हिंदी में शायद पहले-पहल ऐसे कथानक का निर्माण हुआ जिसमें घटनाएं एक सीधी लकीर में नहीं चलतीं, जिसमें भयंकरता और विनोद भी पार्श्ववर्ती हो सकते हैं, जिसमें लेखक ने व्यापक कैनवस चुना और एक उलझन भरी परिस्थितियों के बीच भी घटनाओं को एक सूत्र में बांध कर रखा।

जहाँ तक 'संतति' की भाषा का प्रश्न है, उसमें प्रयोगों का जैसा सौंदर्य, उसमें जैसा प्रवाह है, भारतेंदुयुग के लेखकों की जो मस्ती यहां व्यक्त हुई है, शब्दों में कभी गुदगुदाने की और कभी जरा खरोंच लगा देने की जो शक्ति यहां है, वह हमारे आधुनिक लेखकों में प्रेमचंद को छोड़कर और कहीं अप्राप्य है। अगर हमने भारतेंदुयुग के शैलीकारों की व्यंग और हास्यमिश्रित प्रवाहमयी भाषा से सीख ली होती तो हमने भी लैम्ब को उत्पन्न किया होता। इस दृष्टि से उस युग के लेखक आम लोगों के काफी समीप जान पड़ते हैं। उन्हें शब्दों से परहेज नहीं। इस संबंध में अरबी-फारसी के शब्दों के प्रयोग के विषय में 'संतति' में कहे हुए देवकीनंदन खत्री के शब्द बड़े ही मार्मिक हैं :

> भारतवर्ष में आठ सौ वर्षों तक विदेशी यवनों का राज्य रहा है, इसलिए फारसी और अरबी के शब्द हिंदू समाज में 'न पठेत यावनीं भाषाम्' की दीवार लांघकर उसी प्रकार आ घुसे जिस प्रकार हिमालय के उन्नत मस्तक

को लांघकर वे स्वयं यहां आ गए थे। यहां तक कि महात्मा तुलसीदास जैसे भगवद् भक्त कवियों को भी 'गरीब-निवाज' आदि शब्दों का बर्ताव दिल खोल के करना पड़ा।

'चंद्रकांता संतति' के इस संक्षिप्त विवेचन का अंत इस आशा के साथ करना शायद दुराशा मात्र न हो कि जैसे जैसे हम अपने उपेक्षित लेखकों का सही, ऐतिहासिक, वैज्ञानिक और कलात्मक मूल्यांकन करते जाएंगे, वैसे वैसे उसके और उसके लेखक के विरुद्ध अनेक अंधविश्वासों की रूढ़ियाँ भी खत्म होती जाएंगी।

14

प्रेमचंद की परंपरा

प्रेमचंद की परंपरा पर हम कैसे विचार करें, मैं समझता हूं इस संबंध में स्वयं प्रेमचंद जी ने हमारे लिए अत्यंत स्पष्ट संकेत अपने अंतिम और अपूर्ण उपन्यास 'मंगलसूत्र' में छोड़ दिया है। गरीबी से टक्कर लेते हुए चालीस वर्षों की सतत साहित्य साधना के पश्चात् देवकुमार जी अपनी साठवीं सालगिरह के समारोह में जाते हैं :

> वह पहुंचे तो स्वागत हुआ, मंगलगान हुआ, व्याख्यान होने लगे जिनमें उनकी कीर्ति गाई गई। मगर उनकी दशा उस आदमी की सी हो रही थी जिसके सिर में दर्द हो रहा हो। उन्हें इस वक्त इस दर्द की दवा चाहिए। कुछ अच्छा नहीं लग रहा है। सभी विद्वान हैं, मगर उनकी आलोचना कितनी उथली, ऊपरी है जैसे कोई उनके संदेशों को समझा ही नहीं, जैसे यह सारी वाह-वाह और सारा यशगान अंधभक्ति के सिवा और कुछ न था। कोई भी उन्हें नहीं समझा। किस प्रेरणा ने उन्हें चालीस साल तक संभाले रक्खा, वह कौन सा प्रकाश था जिसकी ज्योति कभी मंद नहीं हुई ?

आज जब हम प्रेमचंद की मृत्यु की पंद्रहवी वार्षिकी पर उन्हें अपनी श्रद्धांजलि अर्पित कर रहे हैं, उनके द्वारा छोड़ी हुई साहित्यिक विरासत का मूल्यांकन कर रहे हैं, हमें देवकुमार की इस वेदना को स्मरण रखने की आवश्यकता है। इसी प्रकार हम अपनी श्रद्धांजलि और कृतज्ञता को औपचारिकता के दोष से बचा सकेंगे और इसी प्रकार हम प्रेमचंद की परंपरा के सच्चे उत्तराधिकारी; उसकी रक्षा करने और उसे और आगे बढ़ाने वाले बन सकेंगे।

प्रेमचंद अपनी परंपरा के रूप में जो अमूल्य निधि हमारे लिए छोड़ गए हैं वह उन्हें एक दिन में कहीं धरीधराई नहीं मिल गई थी। उसके लिए उन्हें सतत संघर्ष और साधना करनी पड़ी। उन्होंने केवल वह संघर्ष ही नहीं किया जो प्रत्येक ईमानदार लेखक अन्याय और असुंदरता के विरुद्ध करता है। उन्होंने इससे भी कठिनतर वह संघर्ष किया जो एक क्रांतिकारी साहित्यिक स्वयं अपने अतीत

से अपने पहले के दृष्टिकोणों और मान्यताओं से करता है और जिसके लिए निष्कंप निष्ठा और दृढ़ता की आवश्यकता होती है। प्रेमचंद की निष्ठा और दृढ़ता का स्रोत हिंदुस्तान की कोटि कोटि जनता थी। वह इस देश की मिट्टी की उपज थे, हमारी धरती के पुत्र थे। उनके विचारों और भावनाओं में इस धरती की धड़कनें थीं। उन्होंने अपनी साहित्य साधना का प्रारंभ इस धरती की आजादी के अरमानों के साथ किया और आजीवन यही चीज उनको प्रेरणा देती रही, उनके मस्तिष्क और हृदय का मंथन करती रही। इसलिए प्रेमचंद की परंपरा को एक धरीधराई गतिहीन चीज के रूप में देखना गलत होगा। उनका साहित्य उथल-पुथल के युग में ढला और उसे उस उथलपुथल से अलग कर आंकना उसकी आत्मा से अलग कर आंकने के बराबर है।

'सोजे वतन' से लेकर 'मंगलसूत्र' तक प्रेमचंद ने एक लंबा रास्ता तय किया था। इन दो छोरों के बीच राष्ट्रीय आंदोलन और उसके अनुभवों से प्रेमचंद की राजनीतिक चेतना के विकास और साहित्य में जीवन के यथार्थ की सच्ची पकड़ की कहानी है। 'सोजे वतन' की बात छोड़िए, 'सेवासदन' तक में, जो 1916 में लिखा गया था, प्रेमचंद पर मध्यवर्गीय सुधारवाद की छाप है। 'सेवासदन' में वेश्याओं की समस्याओं को मध्यवर्गीय दृष्टिकोण से देखा गया है। शहर में वेश्याओं के रहने से मध्यवर्गीय युवक किस तरह बिगड़ जाते हैं और किस तरह उन्हें बचाया जा सकता है, 'सेवासदन' की समस्या का एक पहलू यह है। उसका उत्तर यह है कि वेश्याओं को शहर से बाहर निकालकर उनमें चारित्रिक सुधार किया जाए। 'सेवासदन' की समस्या का दूसरा पहलू है वेश्यावृत्ति को खत्म कैसे किया जाए। किंतु उसका उत्तर प्रेमचंद नहीं दे पाते। एक मध्यवर्गीय सुधारक की भांति सुमन को 'सेवासदन' की अधिष्ठात्री बनाकर जैसे वह इस समस्या से अपना पिंड छुड़ा लेते हैं। वेश्यावृत्ति के क्या सामाजिक या आर्थिक पहलू हैं इसका कोई संकेत हमें 'सेवासदन' में नहीं मिलता। इस उपन्यास में समस्या प्रधानतः मध्यवर्ग की है और उत्तर भी मध्यवर्गीय दृष्टिकोण से दिया गया है।

1920 में प्रेमचंद ने राष्ट्रीय आंदोलन के दौरान उसे अपनी कलम की ताकत देने के विचार से सरकारी नौकरी से पदत्याग कर दिया। उसी वर्ष गांधी जी के हाथों में कांग्रेस से नेतृत्व की बागडोर आई और उन्होंने हिंदुस्तान की जनता के साम्राज्यविरोधी संघर्ष का नेतृत्व करना शुरू किया। 1920 में कलकत्ता में कांग्रेस ने अपने विशेष अधिवेशन में गांधी जी के असहयोग आंदोलन की योजना स्वीकार की और नागपुर में कांग्रेस ने उसी वर्ष उस योजना को लगभग निर्विरोध स्वीकार किया। देश में व्यापक जन आंदोलन उभार पर आया। प्रेमचंद पर इस असहयोग आंदोलन और उसकी प्रणाली का गहरा असर पड़ा। वह अपने बाकी जीवन के अधिकांश वर्षों तक गांधीवादी आदर्शवाद और उनके दो प्रधान

स्तंभों, सत्य और अहिंसा, से चिपके रहे। चिपके रहे कहना शायद अनुचित जान पड़े। किंतु यह ठीक है, क्योंकि प्रेमचंद के उपन्यासों और कहानियों में जिस यथार्थ जीवन का वर्णन होता है, वहां सत्य और अहिंसा को हमेशा समस्याओं के समाधान के रूप में यांत्रिक ढंग से आरोपित किया जाता है, जबकि वह यथार्थ समस्याओं के समाधान की कोई दूसरी दिशा बतलाता है। यथार्थ और आदर्श की यह असंगति प्रेमचंद के 'गोदान' तक में मिलती है। केवल 'मंगलसूत्र' में हम स्पष्ट आकर देखते हैं कि प्रेमचंद का आदर्शवादी सपना धीरे धीरे किस तरह टूटता जा रहा था।

गांधीजी और कांग्रेस के नेतृत्व में चलाए गए आंदोलन की असंगतियां प्रेमचंद के उपन्यास 'प्रेमाश्रम' में देखी जा सकती हैं जो 1918-19 में लिखा गया और 1922 में प्रकाशित हुआ। यहां प्रेमचंद ने 'सेवासदन' से एक कदम आगे बढ़ाया, एक मध्यवर्गीय समस्या को छोड़कर राष्ट्रीय समस्या को अपने उपन्यास 'प्रेमाश्रम' का विषय बनाया। इस उपन्यास में प्रेमचंद ने सामंती व्यवस्था द्वारा किसानों पर किए गए अत्याचारों का चित्रण किया, उनके विद्रोह को प्रस्तुत किया, किंतु उपन्यास का अंत संघर्ष द्वारा विजय या उसमें हार से नहीं होता, वरन् यांत्रिक आदर्शवाद द्वारा, जिसमें शोषित किसान प्रेमशंकर जैसे अहिंसावादी समाज सेवक के प्रभाव में आकर जीवन का एक नया मार्ग पा जाते हैं और उनकी स्थिति में सुधार हो जाता है। किसानों के शोषण का जितना नंगा चित्र प्रेमचंद ने 'प्रेमाश्रम' में प्रस्तुत किया है उतना किसी उपन्यास में नहीं। 'प्रेमाश्रम' के खलनायक ज्ञानशंकर जैसा पतित चरित्र उनके किसी उपन्यास में नहीं मिलता। पुलिस और साम्राज्यवाद के अन्य यंत्रों द्वारा सामंती व्यवस्था को किस तरह शक्ति पहुंचाता है, इसका भी चित्र इन्होंने इस उपन्यास में खींचा। किंतु सत्य और अहिंसा का उन पर गहरा प्रभाव था। और इन सारी समस्याओं का समाधान उन्हें प्रेमशंकर के सुधारवादी दृष्टिकोण में मिला। उपन्यास के अंत में निर्मम यथार्थ द्वारा किया गया जीवन का चित्र कुछ लिपपुत-सा जाता है। यह कोई आकस्मिक बात नहीं है कि उनके अधिकांश उपन्यासों में एक न एक गांधीवादी चरित्र मौजूद रहता है और उपन्यासों में उठाई गई समस्याओं का अंतिम उत्तर, उनकी कुंजी, उसके हाथों में रहती है। इसी तरह का चरित्र 'रंगभूमि' में विनयसिंह के रूप में आता है जिसे प्रेमचंद ने एक 'स्वदेशानुरागी संन्यासी' के रूप में प्रस्तुत किया है। इसी तरह का चरित्र 'कायाकल्प' का चक्रधर है। इसी तरह का अहिंसावादी समाधान 'कर्मभूमि' में है। 'रंगभूमि' में कुंवर साहब डाक्टर गांगुली के बारे में मिसेज सेवक से कहते हैं : 'इनका मत है कि हिंसक पशुओं के हृदय में भी अमंद ज्योति की किरणें विद्यमान रहती हैं। केवल परदे को हटाने की जरूरत है।' ये चरित्र वास्तव में प्रेमचंद के आदर्शवादी रूप के प्रतिनिधि हैं।

उनके चरित्रों के अतिरिक्त हम उन पर अहिंसावाद का गहरा प्रभाव उनके अनेक लेखों में देख सकते हैं। 'जागरण' के एक संपादकीय में उन्होंने (5 सितंबर 1932 को) हमारी जागृति का रूप क्या हो इस पर लिखा,

> हमारे देश की संस्कृति कर्तव्यप्रधान, धर्मप्रधान, परमार्थप्रधान, अहिंसा-प्रधान, व्रत और नियमप्रधान संस्कृति है। उसमें व्यक्ति और समष्टि के सामंजस्य का ऐसा विधान है कि एक दूसरे का शत्रु न होकर सहायक बना रहे। व्यक्ति के लिए धन और शौर्य प्राप्त करने को पूरी स्वाधीनता है; पर उसका उपयोग समाज और राष्ट्र के हित के लिए होना चाहिए, भोगविलास अथवा निर्बलों पर प्रभुत्व जमाने के लिए नहीं। 'अहिंसा परमो धर्मः' और 'वसुधैव कुटुंबकम्' यह दो सूत्र हमारी संस्कृति के मूल तत्व हैं और इस अधोवस्था में भी हम उन्हें अपनाए हुए हैं। यद्यपि अनेक कारणों से उस संस्कृति का रूप विकृत हो गया है, उसमें असंख्य बुराइयां घुस गई हैं, यहां तक कि उसका रूप पहचाना नहीं जा सकता, फिर भी वे तत्व प्रकाशस्तंभों की भांति अब भी प्रतिकूल दशाओं का सामना करते हुए खड़े हैं। बहुत कुछ खो चुकने पर भी, अब तक इसमें जो कुछ रह गया है वह उन्हीं प्रकाश-स्तंभों का प्रसाद है। अन्यथा अब तक हमारी नौका न जाने कब की भंवर में पड़कर डूब चुकी होती।

'जागरण' के अगले अंक में इसी विषय पर लिखते हुए वह देश के प्राचीन इतिहास को भी इस अहिंसावादी रंग में रंग देते हैं। वह यह दिखलाते हैं कि प्राचीन भारत की समाजव्यवस्था संघर्ष पर नहीं वरन् सहयोग पर आश्रित थी :

> किसी वर्ग को दूसरे से इतना भय न था कि वह अपना संगठन करता। प्रत्येक वर्ग का कार्यक्षेत्र नियत था। उस क्षेत्र के भीतर वह अपना जीवन व्यतीत करता था। ब्राह्मण, समाज और राष्ट्र का नेता था। इसलिए नहीं कि उसमें धर्मबल था, या बाहुबल था, बल्कि इसलिए कि उनमें ज्ञानबल था। वैश्य धन कमाता था, पर उस धन को जनहित में खर्च करता था। मनोवृत्तियां कुछ इस तरह की हो गई थीं कि लोग अपने अधिकारों की अपेक्षा अपने कर्तव्यों का ज्यादा विचार रखते थे। उस वक्त का राजा केवल सिंहासन की शोभा न बढ़ाता था। बल्कि उसे रात दिन प्रजा के हित की चिंता लगी रहती थी। वह नित्य अपने समय का कुछ न कुछ भाग प्रजा का दुखः दर्द सुनने में व्यतीत करता था, जिससे प्रजा में उसके प्रति भक्ति और श्रद्धा का भाव उत्पन्न होता था। जमींदार केवल किसान से लगान वसूल करके चैन न करता था, बल्कि प्रजा के हित की रक्षा करता था। कुएं और तालाब खुदवाना, अकाल और दुर्भिक्ष के समय प्रजा के लिए अपना सर्वस्व अर्पण कर

> देना, उसका धर्म था। अवश्य ही लोभी जमींदार भी होंगे; लेकिन समाज में वे बदनाम रहते थे और इसलिए उन्हें प्रजा पर अत्याचार करने का साहस न होता था।

यह है प्रेमचंद द्वारा प्रस्तुत किया हुआ हमारे प्राचीन इतिहास का काल्पनिक चित्र! इन प्रभावों के कारण प्रेमचंद गांधीजी के संरक्षण सिद्धांत के आगे नहीं बढ़ सकते थे। अंत में इन भावों का इंद्रजाल हटा, जिसके लिए प्रेमचंद को नए अनुभवों से गुजरना पड़ा। लेकिन जब तक प्रेमचंद अपने सिद्धांतों को सही सिद्ध करने के लिए इतिहास को इस प्रकार तोड़ते मोड़ते रहे, तब तक हम उनके उपन्यासों में ऐसे काल्पनिक राजाओं और रईसों को भी मौजूद पाते हैं जो प्रेमचंद की कल्पना के उस प्राचीन आदर्श को प्राप्त करने का प्रयत्न करते हैं।

लेकिन प्रेमचंद की कल्पना द्वारा निर्मित वर्ग सहयोग और अहिंसा का स्वप्न अंत में टूटा ही। गांधीजी ने ब्रिटिश साम्राज्य से समझौता करने के लिए गोलमेज कानफ्रेंस में जाना स्वीकार किया जिससे जनता के हृदय में काफी क्षोभ पैदा हुआ। प्रेमचंद ने 'जागरण' के संपादकीय लेखों में सभी गोलमेज कानफ्रेंसों के खोखलेपन पर लिखा। एक ओर ब्रिटिश साम्राज्यवाद समझौता कर रहा था, दूसरी ओर उसने हमारे राष्ट्रीय आंदोलन पर हमला बोलने की तैयारी की। 1932-33 का दमन अपनी भयंकरता में अद्वितीय था। नेतृत्व के बिना भी हमारे देश की आम जनता ने लगभग ढाई वर्षों तक सरकारी दमन से जमकर लड़ाई ली। कांग्रेस के नेतृत्व ने जमींदारों को आश्वासन दिया, बाकायदे एक प्रस्ताव पास करके कि उनके विरुद्ध कोई आंदोलन कांग्रेस का समर्थन नहीं प्राप्त कर सकेगा। इसी समय गांधीजी ने आंदोलन को स्थगित कर दिया और हरिजनों के उद्धार के लिए उपवास शुरू किया। विशाल पैमाने पर चलते हुए राष्ट्रीय आंदोलन का यह स्थगन स्वयं कांग्रेस के वामपक्षीय नेतृत्व को असंतोषपूर्ण मालूम हुआ। और गांधीजी की प्रणाली का हर तरह से समर्थन करने वाले प्रेमचंद ने 7 अगस्त 1933 के 'जागरण' के संपादकीय में लिखा :

> वैयक्तिक सत्याग्रह का कार्यक्रम राष्ट्र को स्वीकार नहीं है। संभव है, उसे पूर्ण रूप से व्यवहार में लाया जा सके, तो राष्ट्र को उसके द्वारा स्वराज्य प्राप्त हो सके; यह तो उसी तरह है कि रोगी की देह में रक्त बढ़ जाए तो अच्छा हो जाएगा। किसी काम की सफलता के लिए असंभव शर्त लगा देने से हम सिद्धि के निकट नहीं पहुंचते। किसी प्रोग्राम को उसकी व्यावहारिकता के आधार पर ही जांचना उचित है। जिस दिन देश में ऐसे आदमी बड़ी संख्या में निकल आएंगे, जो अपना सर्वस्व स्वराज्य के लिए त्यागने को तैयार हो जाएं, उस दिन तो आप ही आप स्वराज्य हो जाएगा। लेकिन ऐसा समय

कभी आएगा, इसमें संदेह है। ऐसी दशा में सत्याग्रही नीति से हमें अपने उद्देश्य प्राप्ति की आशा नहीं।

गांधीजी के प्रति प्रेमचंद की गहरी आस्था और श्रद्धा थी, किंतु अहिंसा के विषय में उनके भ्रम टूट गए। सत्याग्रह की असफलता के बाद तो उन्होंने 16 अप्रैल 1934 के 'जागरण' के संपादकीय में यहां तक लिखा :

अब यह मान लेना पड़ेगा कि जिस चीज को महात्माजी भीतर की आवाज कहते हैं, जिसका मतलब यह होता है कि उसके गलत होने की संभावना नहीं, वह बहुत भरोसे की चीज नहीं है, क्योंकि उसने एक से ज्यादा अवसरों पर गलती की है।

प्रेमचंद का यह स्वप्न इसलिए टूटा कि उन्होंने हमारे साम्राज्यविरोधी आंदोलन को हिंदुस्तान के किसानों, मजदूरों और आम जनता के दृष्टिकोण से देखा, विशेषत: किसानों के दृष्टिकोण से। उनके उपन्यासों में यह स्पष्ट है कि प्रेमचंद बहुत पहले से हमारे देश में सामंतवादी व्यवस्था और साम्राज्यवाद के गठबंधन को समझते थे। 'प्रेमाश्रम' में सरकार के कर्मचारी जमींदारों के साथ हैं। 'रंगभूमि' में एक रियासत का दीवान ही कहता है, 'रियासतों को आप सरकार की हरम समझिए।' हम 'रंगभूमि' में, 'कर्मभूमि' में, 'गोदान' में हर जगह यही पाते हैं कि साम्राज्यवाद की सारी मशीनरी किसानों और मजदूरों को पीसने के लिए है। बड़े बड़े राजे महाराजे और पूंजीपति जनवादी बनते हैं, किंतु अपने स्वार्थ के आगे जनस्वार्थ को ताक पर रख देते हैं। प्रेमचंद इसे अच्छी तरह समझते थे कि जिस दिन हमारे देश से साम्राज्यवादी प्रभाव हट गया उस दिन हिंदुस्तान की कोटि कोटि किसान जनता मुक्त हो जाएगी।

'गोदान' में रायसाहब अपने वर्ग के विषय में कहते हैं : 'हमारी दशा उन बच्चों की-सी है, जिन्हें चम्मच से दूध पिलाकर पाला जाता है, बाहर से बड़े, अंदर से दुर्बल, सत्वहीन और मुहताज।' इसी समझ के कारण प्रेमचंद ने अपने साहित्य में साम्राज्यवाद के विरुद्ध निरंतर संघर्ष किया। यदि हम आज उनकी इस साम्राज्यवादविरोधी परंपरा और उसके साथ ही साथ सामंतवादविरोधी परंपरा को आंखों से ओझल कर देते हैं तो हम प्रेमचंद की उस महान विरासत के सच्चे उत्तराधिकारी नहीं कहे जा सकते। इस संबंध में प्रेमचंद के अनुसार आम जनता का आजादी के प्रति जो दृष्टिकोण था उसका उल्लेख कर देना अप्रासंगिक न होगा। 17 अप्रैल 1933 को उन्होंने 'जागरण' के संपादकीय में लिखा :

अधिकांश भारतीय स्वराज्य इसलिए नहीं चाहते कि अपने देश के शासन में उनकी ही आवाज पहले सुनी जाए, पर स्वराज्य का अर्थ उनके लिए

> स्वराज्य होता है। अपने प्राकृतिक उपजों पर अपना नियंत्रण, अपनी वस्तुओं का स्वछंद उपयोग और अपनी पैदावार पर अपनी इच्छानुसार मूल्य लेने का स्वत्व, यही उनकी सबसे बड़ी, सबसे पहली उत्कट मांग है। यह मांग स्वराज्य का अंग नहीं, स्वराज्य इस मांग का अंग है।

आगे चलकर उन्होंने लिखा : 'स्वराज्य का अर्थ केवल आर्थिक स्वराज्य है। आज भारत का उद्योगधंधा पनप उठे, आज भारत के घर घर में खाने के लिए दो मुट्ठी अन्न, पहनने के लिए गज भर कपड़ा हो जावे, आज घर घर में केवल स्वदेशी वस्तु हो, अथवा परिश्रम के स्थान पर थोड़ा विश्राम हो, जीवन में कुछ कविता, कुछ स्फूर्ति, कुछ सुख मालूम पड़े, तो कौन कल इस बात की चिंता करेगा कि भारत की पार्लमेंट में अंग्रेज हैं या हिंदुस्तानी। जो भी कोई शासक हो, शासन का फल चाहिए। आम खाने से काम है, पेड़ गिनने से नहीं।' स्वयं प्रेमचंद आर्थिक स्वतंत्रता और राजनीतिक स्वतंत्रता को अलग करके नहीं देखते थे, लेकिन उन्होंने यह समझा था कि उस स्वराज्य की कोई कीमत नहीं जिसमें जनता के 'जीवन में कुछ कविता' न हो।

प्रेमचंद ने स्वयं अपनी आंखों से किसानों की कविताविहीन, दिनचर्या को देखा था। शुरू शुरू में उनका मानवतावादी हृदय कुछ ऐसा समाधान ढूंढ़ निकालना चाहता था जिससे शोषकों और शोषितों दोनों का काम बन जाए और दोनों में किसी की हानि न हो। किंतु जीवन और समाज के प्रति उनका यथार्थवादी दृष्टिकोण उनमें एक ऊंचे स्तर की मानवता को जन्म दे सका; वह मानवता जो शोषितों के लिए वेदना से भरी हुई थी और शोषकों के लिए घृणा से। 'हंस' (दिसंबर 1933) में उन्होंने जीवन में घृणा के महत्व को स्वीकार करते हुए लिखा :

> जीवन में जब घृणा का इतना महत्व है, तो साहित्य कैसे उसकी उपेक्षा कर सकता है, जो जीवन का ही प्रतिबिंब है। मानवहृदय आदि से ही सु और कु का रंगस्थल रहा है और साहित्य की सृष्टि ही इसलिए हुई कि संसार में जो सु या सुंदर है और इसलिए कल्याणकर है, उसके प्रति मनुष्य में प्रेम उत्पन्न हो, और कु या असुंदर, और इसलिए असत्य, वस्तुओं से घृणा। साहित्य और कला का यही मुख्य उद्देश्य है। कु और सु का संग्राम ही साहित्य का इतिहास है।

उधर 15 जनवरी 1934 को उन्होंने 'जागरण' के संपादकीय में लिखा :

> जब जनता मूर्च्छित थी, उस पर धर्म और संस्कृति का मोह छाया हुआ था। ज्यों ज्यों उसकी चेतना जाग्रत होती जाती है, वह देखने लगी है कि यह

> संस्कृति केवल लुटेरों की संस्कृति थी, जो राजा बनकर, विद्वान बनकर, जगतसेठ बनकर जनता को लूटती थी।

1934 के प्रेमचंद सहसा 1932 के प्रेमचंद को कितना पीछे छोड़ आए हैं।

1932 में उसी 'जागरण' के संपादकीय में उन्होंने प्राचीन संस्कृति का गौरव-गान एक अंध राष्ट्रीयवादी व्यक्ति की भांति किया था और 1934 में वह स्वयं उन बातों को काट रहे हैं। देवकुमार, जिनका उल्लेख इस लेख के प्रारंभ में हुआ है, 'मंगल सूत्र' में कहते हैं :

> हां, देवता हमेशा रहेंगे और हमेशा रहे हैं। उन्हें अब भी संसार धर्म और नीति पर चलता हुआ नजर आता है। वे अपने जीवन की आहुति देकर संसार से विदा हो जाते हैं। लेकिन उन्हें देवता क्यों कहो? कायर कहो, स्वार्थी कहो, आत्मसेवी कहो। देवता वह है जो न्याय की रक्षा करे और उसके लिए प्राण दे दे। अगर वह जानकर अनजान बनता है तो धर्म से गिरता है। अगर उसकी आंखों में यह कुव्यवस्था खटकती ही नहीं तो वह अंधा भी है और मूर्ख भी, देवता किसी तरह नहीं। और देवता बनने की जरूरत भी नहीं। देवताओं ने ही भाग्य और ईश्वर भक्ति की मिथ्याएं फैलाकर इस अनीति को अमर बनाया है। मनुष्य ने अब तक इसका अंत कर दिया होता या समाज का ही अंत कर दिया होता तो इस दशा में जिंदा रहने से कहीं अच्छा होता। नहीं, मनुष्यों में मनुष्य बनना पड़ेगा। दरिंदों के बीच में उनसे लड़ने के लिए हथियार बांधना पड़ेगा। उनके पंजों का शिकार बनना देवतापन नही जड़ता है।

प्रेमचंद वर्गसहयोग की भूमि को छोड़कर वर्गसंघर्ष पर चले आए। 'रंगभूमि' में उनके किसी चरित्र ने नहीं, वरन् स्वयं उन्होंने ही कहा था : 'ईर्ष्या की व्यापकता ही साम्यवाद की सर्वप्रियता का कारण है।' यहां पर साम्यवाद का उल्लेख निंदा के स्वर में हुआ है। लेकिन 28 जनवरी 1934 को 'जागरण' के संपादकीय में उन्होंने 'हवा का रुख' शीर्षक के संपादकीय में लिखा :

> कम्युनिज्म अर्थात साम्यवाद का विरोध वही तो करता है, जो दूसरों से ज्यादा सुख भोगना चाहता है, जो दूसरों को अपने अधीन रखना चाहता है। जो अपने को भी दूसरों के बराबर ही समझता है, जो अपने में कोई सुर्खाब का पर लगा हुआ नहीं देखता, जो समदर्शी है उसे साम्यवाद से विरोध क्यों होने लगा?

यही वजह थी कि वही प्रेमचंद जो लेनिन को इस प्रकार देखते थे कि उन्होंने 1932 में 'जागरण' में लिखा :

> हमारे आदर्श चरित्र नेपोलियन जैसे नहीं, जो संसार पर अधिकार प्राप्त करना चाहता था, न क्लाइव या क्रामवेल जैसे, लेनिन या मुसोलिनी जैसे या जो स्टालिन को हिटलर और मुसोलिनी जैसे डिक्टेटरों की पांति में बिठा देते थे बाद में उनकी ओर श्रद्धा की दृष्टि से देखने लगे और आप 'हंस' और 'जागरण' की 1933 के बाद वाली फाइलों को देखें तो आपको पता चल जाएगा कि प्रेमचंद सोवियत संघ के आर्थिक, सामाजिक और सांस्कृतिक विकास को कितनी गहरी सहानुभूति के साथ देखने लगे थे और कैसे हार्दिक उद्गार उन्होंने उस देश और व्यवस्था के प्रति प्रकट किए।

उन्हीं प्रेमचंद ने जिन्होंने प्राचीन भारतीय संस्कृति को एक समय इसलिए उछाला था कि उनकी कल्पना के अनुसार उस समय के राजा प्रजावत्सल थे, कुएं तालाब खुदवाते थे, 27 फरवरी 1933 के 'जागरण' के संपादकीय में लिखा :

> संसार में जितना अन्याय और अनाचार है, जितना द्वेष और मालिन्य है, जितनी मूर्खता और अज्ञानता है, उसका मूल रहस्य यही विष की गांठ है। जब तक संपत्ति पर व्यक्तिगत अधिकार रहेगा तब तक मानव समाज का उद्धार नहीं हो सकता। मजदूरों के काम घटाइए, बेकारों को गुजारा दीजिए, जमींदारों और पूंजपतियों के अधिकारों को घटाइए, मजदूरों और किसानों के स्वत्वों को बढ़ाइए, सिक्के का मूल्य घटाइए, इस तरह के चाहे जितने सुधार आप करें; लेकिन यह जीर्ण दीवार इस टीपटाप से नहीं खड़ी रह सकती। इसे नए सिरे से गिराकर उठाना होगा।

यह आदर्शवादी या सुधारवादी प्रेमचंद जी की आवाज नहीं है। यह उन प्रेमचंद की आवाज है जिन्होंने अपने उपन्यासों और कहानियों में चित्रित जीवन के यथार्थ का तर्कसंगत समाधान पा लिया है। यहां हम स्पष्ट रूप से प्रेमचंद की सामंतवाद-विरोधी, साम्राज्यवादविरोधी चेतना को उसके सबसे अधिक क्रांतिकारी स्तर पर पाते हैं। वह क्रांतिकारी चेतना प्रेमचंद की परंपरा का सबसे निखरा हुआ रूप है।

यहां प्रेमचंद के विचारों के विकास की रूपरेखा मात्र प्रस्तुत की जा सकी है। प्रेमचंद के साहित्य की साम्राज्यवादविरोधी, सामंतवादविरोधी चेतना की परिधि में अनेक अन्य समस्याओं के भी समाधान आ गए हैं। उनके युग के साहित्यिकों में कोई भी ऐसा साहित्यिक नहीं जिसने सांप्रदायिकता को उनकी भांति ठीक से पहचाना हो और उसके विरुद्ध संघर्ष किया हो। 'प्रेमाश्रम', 'रंगभूमि' आदि उपन्यासों में वे सांप्रदायिकता को हमारे राष्ट्रीय आंदोलन के प्रमुख शत्रु के रूप में देखते हैं। 'रंगभूमि' में सूरदास सोचता है कि 'बड़े आदमी सब एक होते हैं चाहे हिन्दू हो या तुर्क।' सांप्रदायिकता को उन्होंने साम्राज्यवादियों के हाथ में जनता को उसके अधिकारों से वंचित रखने का एक अस्त्र समझा। 29 अगस्त

1932 को 'जागरण' के संपादकीय में उन्होंने इसके विरुद्ध इस प्रकार लिखा : 'यह मनोवृत्ति राष्ट्रीयता का गला घोंटने वाली है। हमें इस मनोवृत्ति का मूलोच्छेद करना पड़ेगा; अन्यथा हमारा राष्ट्र प्रेम मधुर स्वप्न ही रहेगा।' संप्रदायवादियों के मुख्य अस्त्र पुनरुत्थानवाद का भी उन्होंने भंडाफोड़ किया :

> सांप्रदायिकता सदैव संस्कृति की दुहाई दिया करती है। उसे अपने असली रूप में निकलते लज्जा आती है, इसलिए वह गधे की भांति खोल ओढ़कर आती है। हिंदू अपनी संस्कृति को कयामत तक सुरक्षित रखना चाहता है, मुसलमान अपनी संस्कृति को। दोनों अपनी-अपनी संस्कृति को अछूती समझ रहे हैं। ('जागरण', 15 जनवरी 1934)

उन्होंने हमेशा ही उन प्रयत्नों का जोरदार स्वागत किया जिनके द्वारा कांग्रेस और मुस्लिम नेताओं के बीच सहयोग और मैत्री का द्वार खुलता था। वह जानते थे कि संप्रदायवाद साम्राज्यवाद के प्रोत्साहन से सामंती शोषण को क़ायम रखने का प्रतिक्रियावादी लोगों के हाथों में अस्त्र है, इसीलिए उन्होंने हिंदू संप्रदायवादियों और उनकी सामंती विचारधारा और संस्थाओं पर निर्मम आक्रमण किया जिससे कभी कभी उन्हें ब्राह्मणविरोधी कहा गया। श्री ज्योतिप्रसाद 'निर्मल' ने उन पर आक्रमण किया कि प्रेमचंद की कहानियों में ब्राह्मणों को काले रंगों में चित्रित किया गया है क्योंकि उनमें पुजारियों और पुरोहितों पर आक्रमण किया गया है। प्रेमचंद ने इसका उत्तर उन्हें अत्यंत तीखे शब्दों में इस प्रकार दिया :

> हिंदू जाति का सबसे घृणित कोढ़, सबसे लज्जाजनक कलंक; यही टकेपंथी दल है, जो एक विशाल जोंक की भांति उसका खून चूस रहा है। हमारी राष्ट्रीयता के मार्ग में यही सबसे बड़ी बाधा है। ('जागरण', 8 जनवरी 1934)।

प्रेमचंद के अनुसार इस टकेपंथी दल को ब्राह्मण कहना ब्राह्मणों का अपमान है। आगे चलकर उन्होंने लिखा :

> हमारा आदर्श सदैव से यह रहा है कि जहां धूर्तता, पाखण्ड और सबलों द्वारा निर्बलों पर अत्याचार देखो, उसको समाज के सामने रखो, चाहे हिन्दू हो, पण्डित हो, बाबू हो, मुसलमान हो या कोई हो। हमारा स्वराज्य केवल विदेशी जुए से अपने को मुक्त करना नहीं है, बल्कि सामाजिक जुए से भी, इस पाखंडी जुए से भी, जो विदेशी शासन से कहीं अधिक घातक है। ('जागरण', 8 जनवरी 1934)।

इस प्रकार प्रेमचंद द्वारा सम्प्रदायवाद के विरुद्ध यह संघर्ष उनके साम्राज्य-

विरोधी, सामंतविरोधी संघर्ष का ही एक अंग था और उसका भी उनकी परंपरा में महत्वपूर्ण स्थान है।

इन्हीं कारणों से हमारे देश में विभिन्न विचारधाराओं के लोग प्रेमचंद को एक महान् मानवतावादी लेखक के रूप में स्वीकार करते हैं। हमारा उनसे मतभेद है, यदि वे प्रेमचंद के मानवतावाद को उनकी आर्थिक, सामाजिक, राजनीतिक, और सांस्कृतिक चेतना से अलग कर देखते हैं या यदि प्रेमचंद के मानवतावाद को उसके विकासशील रूप में नहीं देखते। फिर भी हमें मानना पड़ेगा, चाहे हमारे मतभेद कितने ही गहरे क्यों न हों, कि हिंदी साहित्य में जिस हद तक प्रेमचंद ने जनवाद की जड़ें गहरी जमा दीं उस हद तक बहुत कम साहित्यिक पहुंच पाए हैं। यह कहा जाता है कि प्रेमचंद का सबसे बड़ा काम, उनकी सबसे बड़ी क्रांतिकारी देन यह थी कि उन्होंने हिंदी साहित्य में उन व्यक्तियों का जीवन प्रस्तुत किया जो साहित्य के विषयों की परिधि के बाहर समझे जाते थे। मैं समझता हूं, प्रेमचंद ने इससे भी बड़ा काम यह किया कि उन्होंने हमें दिखलाया कि वे किसान जो आज सामंतवादी शोषण के शिकार होने के कारण अंधविश्वासों, अज्ञान, द्वेष, फूट इत्यादि के फंदे में बुरी तरह से फंसे हुए हैं, हमारी घृणा के नहीं वरन् सहानुभूति और सम्मान के पात्र हैं। उनमें वह निष्ठा, उत्सर्ग की भावना, संयम संतोष, उद्यम से प्रेम, सामूहिकता की प्रवृत्ति, धैर्य इत्यादि गुण भी हैं जो हमें उनके शोषकों में नहीं मिलते। सूरदास, होरी, गोबर, बलराज, धनियां, झुनियां, और इनके जैसे अनेक व्यक्ति प्रेमचंद के उपन्यासों में हैं जो अवसर मिलने पर हमारे समाज में ऊंचा से ऊंचा सम्मान प्राप्त कर सकते हैं। उनके चरित्र में वे तत्व हैं जिनसे हम सुंदर से सुंदर, उच्च से उच्च संस्कृति का निर्माण कर सकते हैं। उनका व्यक्तित्व मानो कुम्हार की मिट्टी-सा है जिसको अच्छा सामाजिक सांचा मिलने पर रूपवान बनाया जा सकता है। प्रेमचंद ने इसे देखा था कि वहां एक ओर शोषकों का दल खून चूसता है, वहां 'गरीब किसान, मजदूर, अछूत और दरिद्र उनके आघात सहकर भी अपने धर्म और मनुष्यता को हाथ से न जाने देंगे क्योंकि हमने उन्हीं में सबसे ज्यादा सच्चाई और सेवाभाव पाया है।' ('जागरण', 8 जनवरी 1934)। यह रुख प्रेमचंद को हमारे साहित्य में जनवादी, मानवतावादी परंपरा का एक महान् उन्नायक बना देता है। हिंदी के जितने भी प्रगतिशील लेखक हैं, प्रेमचंद को इसी जनवाद के कारण अपना नेता मानते हैं। अगर हम प्रेमचंद की इस महान् परंपरा से प्रेरणा नहीं लेते, तो हमारी सारी श्रद्धांजलि और वाहवाही व्यर्थ है। हमें उनके जनवादी स्वरूप को भी गहन अध्ययन द्वारा समझने की आवश्यकता है। उसके बिना हम उनकी परंपरा को सही अर्थों में आगे नहीं बढ़ा सकेंगे। हमें देवकुमार की उस वेदना को याद रखना है जिसका जिक्र लेख के आरंभ में हुआ है। उस वेदना को भूल जाना प्रेमचंद की साहित्यिक परंपरा के प्रति हमारी घोर कृतघ्नता होगी।

15

आलोचना की कुछ समस्याएं और हिंदी आलोचना

आलोचना की कुछ समस्याओं को समझने और सुलझाने के पहले यह कम महत्व की बात नहीं कि हम यह स्थिर कर लें कि आलोचना का साहित्य में क्या स्थान है और उनमें पारस्परिक संबंध क्या है।

आज भी ऐसे लोगों की कमी नहीं, जो एक अंग्रेज आलोचक के इस कथन को कि असफल कवि ही आलोचक बनता है, काव्यशास्त्र के वेदवाक्य के रूप में स्वीकार करते हैं। उनके अनुसार आलोचना कवि की सृष्टि पर उसी भांति आश्रित है जिस भांति एक वृक्ष की छाती पर जमा हुआ कोई दूसरा वृक्ष। इसके पीछे यह जहनियत है कि आलोचक वह बनता है जिसमें साहित्य के सृजन की प्रतिभा नहीं होती, कि जहां साहित्यकार सीधे जिंदगी से प्रेरणा लेता है, जहां उसकी कल्पना का वृक्ष जिंदगी की काली मिट्टी में उगता, पनपता और बढ़ता है, वहां आलोचक उस कल्पनावृक्ष के फूलों और पत्तियों, उसके बेलबूटों को सूंघता और गिनता और उसके रूप के अनुसार प्रशंसा और निंदा करता है। आलोचक की आंखें उस मिट्टी की ओर नहीं जातीं जिस पर इन फूलों और पत्तियों का रूपरंग, सब कुछ निर्भर रहता है।

पश्चिम में आलोचना के इस रूप को आजकल पूंजीवादी विचारधारा के आलोचक अपना रहे हैं। उनके अनुसार आलोचना एक स्वतंत्र कला है जिसका उद्देश्य साहित्य के रूपों का अध्ययन करना है और उसमें उपस्थित सामाजिक या सांस्कृतिक मूल्यों की खोज और उनका विश्लेषण करना उसके कार्य और लक्ष्य की परिधि के बाहर की चीज है। वे किसी साहित्य या कलाकृति का मूल्य, उसे जीवन के अनुबंध से पृथक् रखकर, केवल उसके रूप के आधार पर आंकते हैं। आलोचना के इस मान का प्रतिक्रियावादी रूप स्पष्ट है। पूंजीवादी संस्कृति अपनी पतनशीलता और रुग्णता, हिंस्रता और पशुता, अपनी यौनसंबंधी तीखी वासना, जीवन में स्वस्थ और सुंदर स्वप्नों, आदर्शों के अपने अभाव और शोषण इत्यादि अन्य प्रकार की हेय प्रवृत्तियों पर पर्दा डालने और अपना जहरीला प्रचार करने के लिए इन आलोचकों के सहारे अपने साहित्य के रूप को उछालती है। वास्तव में साहित्य, दर्शन और विज्ञान इत्यादि की भांति आलोचना भी वर्गस्वार्थों से कभी ऊपर नहीं

रही है और यह सत्य आज सामंतवाद, पूंजीवाद और साम्राज्यवाद के विरुद्ध वर्ग और जनसंघर्ष के युग में पहले से अधिक असंदिग्ध हो उठा है।

साहित्य में उसका वर्गस्वार्थ छिपा रहे इस विचार से अभिजात वर्ग ने आलोचना को एक स्वतंत्र विज्ञान के रूप में विकसित किया। अभिजातवर्गीय दर्शन ने जिस प्रकार जीवन, प्रकृति और समाज के विकास के सिद्धांतों को विज्ञान से अलग रखा और उसके लिए अध्यात्म का सहारा लिया और अनेक कल्पित कारणों को ढूंढ़ निकाला, उसी प्रकार उसने आलोचना को भी जीवन और समाज के विकास के नियमों, उनकी आधारभूत आर्थिक और सामाजिक व्यवस्था के अध्ययन से दूर रखा। इसलिए आलोचना का यह काम न था कि वह साहित्य के सामाजिक मूल्यों को निर्धारित करे, उनका विश्लेषण करे, उसका काम था रीति के स्वतंत्र और स्वायत्त नियमों के आधार पर साहित्य के विभिन्न रूपों का अध्ययन करना और उनके सौंदर्य की प्रशंसा करना। इससे भी आगे बढ़कर अभिजातवर्गीय आलोचना ने ऐसे साहित्यिक इतिहास का रूप धारण किया जिसमें प्रधानता तिथियों के क्रम, जीवनी और कृतियों के उल्लेख की थी। इधर भी, लगभग 40-50 वर्षों से जब वीभत्स साम्राज्यवादी रूप ग्रहण करने के साथ-साथ पूंजीवादी संस्कृति का संकट और भी गहरा होता गया है, हम देखते हैं कि पश्चिम की आलोचना ने काव्यरचना के नए नए सिद्धांत गढ़कर उसके पतनशील साहित्य और अनेक वादों को बचाने का प्रयत्न और उनका प्रचार किया है। और सबसे मजे की बात यह है कि इन पूंजीवादी आलोचकों ने जिन सिद्धांतों को आज गढ़ा है, कल उन्हीं को ध्वस्त कर फिर किसी नए पूंजीवादी साहित्यिक वाद के समर्थन के लिए नए सिद्धांतों की रचना करेगा। पूंजीवाद आलोचना के खोखलेपन और उसकी अवसरवादिता का इससे और बड़ा सबूत क्या हो सकता है? उसके पास काव्यनिर्माण और उसके लक्ष्य के संबंध में या जीवन और समाज के विकास को समझने के लिए कोई दृढ़ और स्थिर दृष्टिकोण नहीं रहा है। इसका फल यह हुआ है कि पूंजीवादी आलोचना ने अवसरवादिता को इस हद तक अपनाया है कि उसने प्रतिक्रियावादी साहित्यिक वाद के लिए कोई-न-कोई समर्थन का आधार ढूंढ़ निकालने का प्रयत्न किया है। इस प्रकार आलोचना भी उसी प्रकार सीमित होती गई है जिस प्रकार पूंजीवादी साहित्य और संस्कृति। पूंजीवादी लेखकों और आलोचकों का कहना है कि जैसे जैसे समाज का स्तर ऊंचा उठता जाएगा वैसे वैसे संस्कृति और साहित्य में दीक्षागम्यता बढ़ती जाएगी। इसलिए जब एक ओर टी. एस. इलियट इधर उधर का रोड़ापत्थर एक जगह इकट्ठा कर एक ऐसी कविता और शैली का निर्माण करता है जो कुछ लोगों के लिए ही है तो दूसरी ओर रिचर्ड्स उसको उछालने का काम करता है। यह संकुचित दृष्टिकोण इस हद तक पहुंच गया कि हर साहित्यिक अपना अकेला आलोचक बनाने लगा और

आलोचना कुछ विचित्र नारों की भीड़ बनने लगी ।

आलोचना को इस प्रतिक्रियावाद और अवसरवादिता से पूर्ण मुक्ति केवल मार्क्सवादी दृष्टिकोण से मिल सकती है । इसका मतलब यह हुआ कि जब हम कला और साहित्य की आलोचना करने चलते हैं, उस समय हमें याद रखना चाहिए कि इनका स्वरूप निर्धारित होता है अपनी समकालीन आर्थिक और सामाजिक व्यवस्था को लेकर । साहित्य और कला में विभिन्न वर्गों के संबंधों, उनके स्वार्थों और उन स्वार्थों को शक्ति पहुंचाने वाली नैतिकता, जीवनदर्शन इत्यादि का प्रतिबिंब होना अनिवार्य है। इसलिए कला और साहित्य लक्ष्यहीन नहीं होते। आलोचना का यह काम है कि वह सतह पर तिरती हुई इन चीजों के नीचे जाए और जीवन को उन मूलभूत आर्थिक और सामाजिक संबंधों की पीठिका में भी समझे । आलोचना को साहित्यनिर्माण की प्रक्रिया और उसके सिद्धांतों का विश्लेषण करना है, किंतु इसमें वह तभी सफल हो सकती है जब आलोचक की आंखें जिंदगी और समाज को उतनी ही गहराई से देख सकें जितनी गहराई से साहित्य का स्रष्टा देखता है । आलोचना के लिए उतनी ही मौलिक दृष्टि होनी चाहिए जितनी मौलिक दृष्टि शेष साहित्य के लिए, ऐसा सोचना गलत है कि काव्य से बेजार होकर ही लेखक आलोचक बन जाता है । आलोचक को यह दृष्टि केवल मार्क्सवाद दे सकता है ।

इस दृष्टि के मिल जाने के बाद आलोचना के सामने विषयवस्तु और रूप की समस्या भी नहीं रह जाती । पूंजीवादी आलोचना कला को द्वंद्वात्मक प्रकृति पर पर्दा डालने के लिए वस्तु और रूप का यांत्रिक विभाजन कर, वस्तु को शाश्वत मान, केवल रूप का अध्ययन करती है । आज पूंजीवादी कलाकार और साहित्यकार जो अनेक उलझन भरे, ऊबड़खाबड़, संकुचित, माधुर्यहीन और वक्र रूपों का निर्माण कर रहे हैं उसका कारण वह यह बतलाती है कि संस्कृति की प्रवृत्ति दीक्षागम्यता की ओर है, जबकि वास्तविक कारण यह है कि इन रूपों के पीछे पूंजीवाद की पतनशील संस्कृति की सारी प्रवृत्तियां भरी पड़ी हैं और जिस प्रकार उसके सामने कोई आदर्श नहीं है, चारों ओर संकट ही संकट और अंधेरा है, उसी प्रकार उसके साहित्य और कला के रूपों पर भी अंधकार छाया हुआ है और वे पथभ्रष्ट होकर इधर उधर चक्कर मार रहे हैं । मार्क्सवादी आलोचक इस बात को समझता है कि बिना विषयवस्तु के रूप की सृष्टि नहीं हो सकती और बिना रूप के विषयवस्तु अस्तित्व में नहीं आ सकती । इसलिए दोनों में घनिष्ठ संबंध का होना आवश्यक है । वस्तु अपने अनुरूप रूप की खोज करती है और रूप का गहरा असर वस्तु पर पड़ता है । इससे स्पष्ट है कि आज पूंजीवादी साहित्य और कला पर जो संकट छाया हुआ है वह उस समय तक हल नहीं हो सकता जब तक हम उनकी मुक्ति पूंजीवादी पतनशील प्रवृत्तियों से नहीं करते । इसलिए

आज की आलोचना का यह बहुत ही महत्वपूर्ण काम है कि वह उन प्रवृत्तियों पर निर्मम आक्रमण करे, उनका कला और साहित्य से बहिष्कार करे, स्वस्थ और सुंदर वस्तु को प्रोत्साहन देकर कला और साहित्य को दलदल से निकाले, और उनके सामने विकास का एक नया मार्ग प्रस्तुत करे। जो साहित्यकार या कलाकार आज की जिंदगी से स्वस्थ प्रेरणाओं को ग्रहण करने के स्थान पर इन पतनशील प्रवृत्तियों को ही स्वीकार कर रूपों के प्रयोग के सहारे ऊंचे साहित्य का निर्माण करना चाहता है उसके हाथ असफलता के सिवा और कुछ नहीं लगने को। ऐसे ही प्रयोग-वाद के शिकार 'अज्ञेय' हैं। आलोचना का काम यह स्पष्ट करना है कि यदि हम साहित्य और कला को अग्रसर करना चाहते हैं, उनमें नवीनता और लोककल्याण दोनों का समावेश करना चाहते हैं तो हमारे सामने आज इसके सिवा और कोई दूसरा रास्ता नहीं रह गया है कि सामंतवाद, पूंजीवाद, साम्राज्यवाद और फासीवाद के शोषण, उनकी अमानुषिक प्रवृत्तियों, उनकी पतनशील और रुग्ण चेतना के विरुद्ध उन संघर्षरत और प्रगतिशील वर्गों और विचारों का साथ दें जो सुंदर और स्वस्थ जीवन का निर्माण कर रहे हैं। इसका प्रत्यक्ष प्रमाण हमें सोवियत, योरोप के जनवादी प्रजातंत्रों और नए चीन और दुनिया भर के प्रगतिशील साहित्य में मिल सकता है। इसलिए आलोचना को इस बात की अहमियत को समझना चाहिए कि इस साहित्य का प्रचार हो, साहित्यकार और कलाकार उसकी शैली और उसके सिद्धांतों का गहन अध्ययन करें और उन्हें अपनाएं।

यथार्थवाद की समस्या को ही लीजिए। यथार्थवाद आधुनिक युग की ही देन नहीं है। उन्नीसवीं सदी के पूंजीवादी कलाकारों और साहित्यकारों ने भी यथार्थ-वाद की प्रणाली को अपनाकर काफी ऊंचे साहित्य का निर्माण किया। उदाहरणार्थ जोला और फ्लाबेर ने पूंजीवादी संस्कृति की आदर्शहीनता, उसके खोखलेपन का काफी निर्मम चित्र अपने उपन्यासों में प्रस्तुत किया। किंतु उनके यथार्थवाद और रूस और जनवादी प्रजातंत्रों, नए चीन और प्रगतिशील लेखकों के यथार्थवाद में मौलिक और गुणात्मक भेद है। वह यह कि वे जिंदगी का एक तटस्थ चित्र उपस्थित करते थे। वे हमें पूंजीवाद की पतनशील जिंदगी की अंधेरी से अंधेरी गलियों में ले जाते हैं, जहां हमारी सांस रुंधने लगती है, जहां हम उस व्यवस्था के प्रति विद्रोह से भर जाते हैं जिसने जिंदगी के मूल्य को धूल में मिला दिया है, लेकिन फिर भी वे हमारे सामने ऐसा मार्ग प्रशस्त नहीं करते जिस पर चल कर हमें प्रकाश मिले, और हम एक स्वस्थ और सुंदर जीवन की ओर अग्रसर हों। दूसरी ओर सोवियत साहित्य और अन्य देशों के प्रगतिशील साहित्य में हम एक दूसरे प्रकार का यथार्थवाद देखते हैं। यहां हम जीवन के प्रति एक सकारात्मक (पाजिटिव) दृष्टिकोण पाते हैं, जो अपना अधिक समय इसी में नहीं लगाता कि जहां जहां जिंदगी का कूड़ा करकट हो उसे इकट्ठा करता चले, वरन् जिसका अधिक

समय उन चित्रों को संजोने में लगता है, जहां कहीं तो जिंदगी शोषण व्यवस्था से मुक्त हो और नई प्रेरणाओं से भरकर ऊंचे ऊंचे मूल्यों का निर्माण करती जा रही है, जहां कल के सपने आज सच बनते जा रहे हैं और जहां गोबर और चिमनियों के धूएं में सना हुआ मनुष्य, अनेक मुसीबतों के बीच, अपने पसीने और खून को एक कर, उन सपनों के लिए लड़ता हुआ, एक नई दुनिया बनाता जा रहा है, या जहां वे, जिन्हें अभी कल तक पूंजीवाद और साम्राज्यवादी शोषण जन्मना पतित, चोर और बदमाश कहकर लांछित करता आया था, अपनी कमर सीधी कर सिर उठा रहे हैं और जहां ये मिट्टी के पुतले सूरमाओं में बदलते जा रहे। आज की आलोचना को इस यथार्थवाद को प्रोत्साहित और प्रचारित करना है, जो हमें जीवन को नजदीक से देखने के साथ साथ उसे गढ़ने और संवारने की प्रेरणा और उल्लास दे, न कि हमें जिंदगी में कोढ़ और गलाज़त दिखा दिखाकर उबा दे या पस्तहिम्मत कर दे।

साहित्य और कला को इस दृष्टि से देखने वाली आलोचना के लिए शैली और रूप की समस्या भी हल हो जाती है। आज के युग में जब सामंतवाद और साम्राज्यवाद के विरुद्ध संघर्ष चल रहा है, प्रगतिशील साहित्य और आलोचना को जानि बदार, जनता का जानि बदार, बनना होगा। यह जानि बदारी ही साहित्य और कला की विषयवस्तु और रूप, दोनों को ही पुष्ट बना सकती है। जैसे जैसे साहित्य और कला जन संघर्ष के नजदीक आते जाएंगे, वैसे वैसे न केवल उनकी विषयवस्तु में ही विकास होगा, वरन् उनका रूप भी निखरता जाएगा। इसलिए जनवादी साहित्यकारों और कलाकारों के सम्मुख यह चीज स्पष्ट होनी चाहिए कि साहित्य और कला को जनसंघर्ष का अस्त्र बनाने का यह आशय कदापि नहीं कि हम उन्हें भोंडा बनाना चाहते हैं अथवा उनकी शैली और उनके रूपों के अति साधारणीकरण के हिमायती हैं। इस संबंध में हमें माओ-त्से-तुंग के इन शब्दों को याद रखना चाहिए :

> हम केवल उन्हीं कलाकृतियों की निंदा नहीं करते जिनकी विषयवस्तु हानिकारक और प्रतिक्रियावादी है, वरन् उनकी भी जो 'पोस्टर और नारों की शैली' पर निर्मित होती हैं, जो रूप का ध्यान बिलकुल छोड़कर केवल विषयवस्तु पर जोर देती हैं। हमें साहित्य और कला के इन दो मोर्चों पर लड़ना है।

वस्तु और रूप की द्वंद्वात्मक प्रकृति को हृदयंगम करना अत्यत आवश्यक है और यह प्रत्येक कलाकार और साहित्यकार का अनुभव है कि संघर्ष में उनकी रचनाएं तभी जमकर चोट करती हैं जब उनके रूप भी निखरे होते हैं। इसलिए प्रगतिशील आलोचना का कर्तव्य है कि वह लेखकों और कलाकारों को जनता के संपर्क,

निकटतम संपर्क में आने को आमंत्रित करे। हमारे जनवादी साहित्यिकों में भी विषयवस्तु और यांत्रिकता का कारण अधिक अंश में यही है कि वे जनसंघर्ष को समीप से नहीं देखते। लेकिन यह बिलकुल सच है कि जब कला जनता के समीप आएगी और जन कला के रूपों को भी अपनाएगी, तब जनता में भी कला की प्यास बढ़ेगी, वह उसका आदर करेगी और इस प्रकार दोनों का निकट संबंध दोनों को एक ऊंचे स्तर की ओर ले जाएगा। इसलिए आलोचक को लेनिन के इस वाक्य को गांठ बांध लेना चाहिए : 'जनता से सीखना, जनता को सिखलाना, इन संबंधों की द्वंद्वात्मक प्रकृति और उनकी पारस्परिक निर्भरता को समझना।' इसका आशय यह हुआ कि जहां हम निरी 'पोस्टर और नारों की शैली' वाली रचनाओं की निंदा करते हैं, वहां हम उन जनवादी रचनाओं को सिर्फ इसलिए उपेक्षणीय नहीं समझ सकते कि उनमें गोर्की, रोम्या रोलां, टैगोर, प्रेमचंद इत्यादि का रूपसौंदर्य नहीं है। ऐसा करना प्रगतिशील साहित्य और उसकी नई पौध के प्रति एक भारी अपराध होगा। आज ऐसी आलोचना की कमी नहीं जो इस नई पौध की रचनाओं पर यह कह कर आक्रमण करती है कि उनमें हमारे क्लासिक ग्रंथों का निखार नहीं है। किंतु इस आलोचना का आशय जनसंघर्ष को हानि पहुंचाना है। हम यह जानते हैं कि इस नई पौध में वह निखार नहीं है जो अत्यंत उच्चकोटि के साहित्य और कला में होना चाहिए, लेकिन इसके अतिरिक्त हम यह भी जानते हैं कि वही रास्ता है जिस पर हमारे साहित्य और कला का भविष्य निर्भर है, और उसी रास्ते पर चलकर उन्हें निखार भी मिलेगा। जिसकी भुजाओं में बल है और जिसकी नसों में स्वस्थ रक्त है, उसके शरीर में धूल भले ही लिपटी हुई हो, लेकिन निखार और संवार की संभावना भी उसी में है। सौंदर्य की अनिवार्य शर्त शक्ति और स्वास्थ्य है। आलोचना को साहित्य और कला को इस शक्ति और स्वास्थ्य के दृष्टिकोण से देखना है। जिन उंगलियों से जीवन के सत्य को पहचानने की शक्ति पानी की भांति बहकर निकल गई हो, उन उंगलियों में भव्य रूप निर्माण की भी क्षमता नहीं हो सकती। साहित्य के लिए, विशेषकर संघर्षशील साहित्य के लिए, मौलिकता से बढ़कर कहीं महत्वपूर्ण बात यह है कि वह अपनी समकालीन जिंदगी और समाज के सत्य को पकड़ सके। अगर हम पंत जी के इधर के साहित्य को इस प्रकार देखें तो यह चीज स्पष्ट हो जाती है। अपने अनुसार उन्होंने हिंदी साहित्य को 'स्वर्णकिरण', 'स्वर्णधूलि' और 'उत्तरा' में मौलिक चीजें दी हैं। यहां पर सवाल यह नहीं है कि वे कितने मौलिक हैं, सवाल यह है कि इनमें जो कुछ भी उन्होंने दिया है वह बिलकुल भोंडा और असुंदर है, यहां तक कि वे निरी तुकबंदी पर उतर आए हैं। जिंदगी के बाहर मौलिकता का नाटक निर्जीव शरीर को ढकेल ढकेल कर चलाना है और आज के प्रतिक्रियावादी लेखक और आलोचक सामंतवादी, साम्राज्यवादी और पूंजीवादी व्यवस्था और उसकी संस्कृति के निर्जीव शरीर को मौलिकता के

सहारे न सिर्फ खड़ा करना चाहते हैं, बल्कि युद्ध के मैदान में भेजना चाहते हैं।

आज की परिस्थिति में, संघर्ष के युग में, आलोचना का यह स्पष्ट कर्तव्य हो जाता है कि वह ऐसे साहित्यकारों और कलाकारों के साथ सहानुभूति का व्यवहार करे जो जन-संघर्ष का साथ दे रहे हैं, जो नई जिंदगी के निर्माण में सहयोग दे रहे हैं। सिर्फ इसलिए कि उनमें परिपक्वता नहीं आई है और वे अभी तक अपने रास्ते की मंजिल तक नहीं पहुंच पाए हैं, हम उन्हें ठुकरा नहीं सकते। ऐसे लेखकों और कलाकारों को अपनी अनुदारता से ठुकरा देना जनसंघर्ष की शक्ति को घटाना होगा। बल्कि आलोचकों का यह भी कर्तव्य है कि वे नए नए लेखकों और कलाकारों का जनसंघर्ष के साहित्य और कला के निर्माण में पथप्रदर्शन करें, उनके सामने नए नए विषयों का सुझाव रखें, उनकी कमजोरियों पर सही उंगली रखें, उनके दृष्टिकोण में दृढ़ता और विकास की आवश्यकता को उनके सामने रखें। किसी लेखक की प्रशंसा या निंदा भर कर देने से काम नहीं चल सकता। और जिस लेखक की हम प्रशंसा भी करते हैं उसकी कमजोरियों को छिपाना लेखक के लिए घातक सिद्ध हो सकता है। आलोचना का काम साहित्यिक लेबुल चिपकाने से कहीं बढ़कर है।

और न हम उन साहित्यिकों को ही जनसंघर्ष का समर्थक मान लेंगे जो इसकी घोषणा करते हैं कि वे अपने साहित्य द्वारा उसका समर्थन करते हैं। माओ-त्से-तुंग ने मई 1942 में चीन के जनवादी साहित्यिकों और आलोचकों के सामने बोलते हुए यह स्पष्ट किया था कि केवल आशय की घोषणा के आधार पर हम किसी लेखक को नहीं जांच सकते। आशय और प्रभाव की एकता आवश्यक है। अगर हम ऐसा नहीं करेंगे तो कौन ऐसा लेखक है जो अपने को प्रतिक्रियावादी कहेगा। क्या पंत क्रांति की बात नहीं करते, क्या वे नई संस्कृति और नई जिंदगी का चित्र बनाने का दम नहीं भरते ? लेकिन उसमें राजभवन अपनी जगह पर रह जाता है और बड़ा पूंजीपति इन्सानियत का खून करके एकत्रित किए हुए धन की ढेरी पर बैठा रह जाता है और इन दोनों के साथ सांठ गांठ किए हुए साम्राज्य-वाद पर भी कोई आंच नहीं आती। इसलिए ऐसे 'क्रांतिकारियों' की 'क्रांति' का रहस्य भी आलोचना खोलेगी। डाक्टर रामविलास शर्मा ने पंतजी की कड़ी आलोचना की है, वह इसलिए नहीं कि पंतजी कम्युनिस्ट विरोधी हैं बल्कि इसलिए कि वे जन विरोधी विचारों का प्रचार करने लगे हैं। आज की प्रगतिशील आलोचना को ऐसे लेखकों पर निर्मम प्रहार करना है जो जन विरोधी शक्तियों की ओर से अपने साहित्य को हथियार की भांति इस्तेमाल करते हैं। आज देश में प्रतिक्रियावादी शक्तियों को कम करके आंकना खतरनाक चीज होगी। ऐसे साहित्य के प्रति उपेक्षा या उदासीनता से काम लेना उन शक्तियों को बल पहुंचाना है और यह जनसंघर्ष के प्रति आलोचकों का अनुत्तरदायित्वपूर्ण व्यवहार होगा। इस

संबंध में माओ-त्से-तुंग ने चीन के आलोचकों को सही रास्ता दिखलाते हुए कहा था :

> साहित्य और कला की हमारी आलोचना संकुचित दृष्टि के दोष से मुक्त होनी चाहिए। साम्राज्यवाद के विरुद्ध संघर्ष और राष्ट्रीय एकता के आम सिद्धांतों को ध्यान में रखते हुए हमें हर प्रकार और स्तर के राजनीतिक दृष्टिकोण वाले साहित्य और कला के प्रति सहनशील बनना होगा। किंतु साथ ही साथ जब हम आलोचना करते हैं, उस समय हमें अपने सिद्धांतों और अपनी स्थिति पर दृढ़ होना चाहिए।

इसलिए जहां आज प्रगतिशील आलोचक किसी लेखक की निंदा कम्युनिस्ट न होने के कारण ही नहीं करेगा, वहां वह किसी भी ऐसे लेखक के साथ नर्मी का व्यवहार नहीं कर सकता जो अपने साहित्य के माध्यम से पतनशील और प्रतिक्रियावादी विचारों का प्रचार करता है।

आज की प्रगतिशील आलोचना के सामने यह भी अत्यंत महत्व का काम है कि हम अपने प्राचीन साहित्य का लेखा जोखा इस दृष्टिकोण से करें। जिन लेखकों में हमें जनवादी प्रवृत्तियां मिलती हैं उनकी रचनाओं का प्रचार करना होगा। इसका मतलब यह नहीं कि वे जिस रूप में हैं उसी रूप में हम उन्हें सोलहो आने स्वीकार कर लें। आलोचना का काम है कि वह उनकी रचनाओं में राष्ट्रीय तत्वों, और सामंतशाही और उसके अनेक रूपों जैसे सम्प्रदायवाद, और बड़े बड़े पूंजीपतियों द्वारा जनशोषण इत्यादि के विरुद्ध संघर्षशील प्रवृत्तियों को उनके प्रतिक्रियावादी तत्वों से अलग करे और उनका महत्व आज के लेखकों को समझाए। आज की प्रतिक्रियावादी आलोचनाएं प्रेमचंद तक को जन कलाकार के रूप में न स्वीकार कर उन्हें सब वर्गों का कहती हैं, हालांकि प्रेमचंद ने स्पष्ट रूप से सामंतशाही, पूंजीवाद और साम्राज्यवाद से टक्कर ली थी, तब भारतेंदु युग की बात तो दूर है लेकिन यह काम आज की प्रगतिशील आलोचना का है कि वह उस युग के लेखकों और विशेषतः भारतेंदु युग के साहित्य की जनवादी प्रवृत्तियों को हमारे सामने उभार कर रखे।

इसका अर्थ आलोचना में अवसरवाद को जन्म देना नहीं है। यह करना इसलिए आवश्यक है कि हम नई जिंदगी के किले को हवा में नहीं खड़ा कर सकते। हमें अपने देश की प्रगतिशील और जनवादी परंपराओं को परखना है और उन्हीं परंपराओं के सहारे निर्माण के पथ पर अग्रसर होना है। इस दृष्टिकोण से भारतेन्दुयुग के साहित्य का हमारे युग के लिए एक महान संदेश है और वह है साम्राज्यवाद से विरोध, अपनी संस्कृति की रक्षा, साहित्य और जनता में निकट-तम संपर्क की आवश्यकता, जनसाहित्य और प्रौढ़ साहित्य में संपर्क और विनिमय

का महत्व। और हमें न सिर्फ उनकी जनवादी प्रवृत्तियों से ही संतोष कर लेना होगा बल्कि इसकी भी आवश्यकता है कि हम उनके द्वारा निर्मित साहित्य के विभिन्न रूपों, उसकी शैलियों का गहरा अध्ययन करें। ज्दानोव ने सोवियत कलाकारों के सामने यह आदर्श रखा था, 'इसके पूर्व कि हम क्लासिक ग्रंथों से आगे बढ़ सकें हमें उन तक पहुंचना जरूरी है।' यह हमारे लिए भी पथप्रदर्शन का काम कर सकता है।

हमें इस बात पर गर्व होना चाहिए कि न केवल साहित्य के क्षेत्र में ही वरन् आलोचना के क्षेत्र में भी हमारे यहां एक स्वस्थ प्रगतिशील परंपरा रही है जिसने रीतिकालीन सामंतवादी और साम्राज्यवादी विचारधाराओं से टक्कर ली है और हमें उससे बहुत कुछ सीखना और उसके सहारे आगे बढ़ना है। कविया में ब्रजभाषा बनाम खड़ी बोली वाले संघर्ष में हिंदी आलोचना ने अपने इतिहास में एक सुनहला अध्याय जोड़ा था और उस समय खड़ी बोली की जीत नई विचारधाराओं, विशेषत: राष्ट्रीय और सामाजिक सुधार की विचारधाराओं की जीत थी।

ब्रजभाषा की रीतिकालीन परंपरा और उसकी सामंती संस्कृति पर आचार्य रामचंद्र शुक्ल ने अपने व्यंगों द्वारा कड़ा आक्रमण किया और उस आक्रमण का सबसे अधिक जोर हम केशव पर की गई उनकी व्यंग्यपूर्ण आलोचनाओं में पाते हैं। आचार्य शुक्ल ने आलोचना के सामने लोकमंगल का आदर्श रखा और प्रभाववादी समीक्षा के संबंध में 'हिन्दी साहित्य का इतिहास' में लिखा :

> प्रभावाभिव्यंजक समीक्षा कोई ठीक ठिकाने की वस्तु ही नहीं। न ज्ञान के क्षेत्र में उसका कोई मूल्य है, न भाव के क्षेत्र में। उसे समीक्षा या आलोचना कहना ही व्यर्थ है। किसी कवि की आलोचना कोई इसलिए पढ़ने बैठता है कि उस कवि के लक्ष्य को, उसके भाव को ठीक ठीक हृदयंगम करने में सहारा मिले; इसलिए नहीं कि आलोचक की भाव भंगी और सजीले पदविन्यास द्वारा अपना मनोरंजन करे। (पृ. 564)

हमें यह भी नहीं भूल जाना चाहिए कि जहां उन्होंने छायावाद की विवेचना अधिकतर एक नई काव्य शैली के रूप में की, वहां वे उसके सामाजिक, राजनीतिक और सांस्कृतिक पहलू को एकदम भूले नहीं और उन्होंने उसे हमारे राष्ट्रीय आंदोलन के साथ जोड़ा।

स्वयं छायावादियों ने, और विशेषत: उनके नेता पंत और निराला ने, पुराणपंथियों का जमकर मुकाबिला किया और उनकी नीति केवल आत्मरक्षा की न रहकर रीतिकालीन परंपरा पर आक्रमण करने की रही। निराला जी ने अपने लेखों में स्वयं अपनी कविता और पंतजी की कविता का समर्थन किया और उन्होंने 'अनामिका' की अपनी एक कविता 'मित्र के प्रति' में रीतिकालीन परंपरा पर यह

व्यंग्य किया :

> सत्य, बंधु, सत्य; वहां
> नहीं अर्र - बर्र;
> नहीं वहां भेक, वहां
> नहीं टर्र - टर्र।
> एक यहीं आठ पहर
> वही पवन हहर-हहर,
> तपा-तपन, ठहर-ठहर
> सजल कण उड़े;
> गए सूख भरे ताल,
> हुए रुख हरे शाल,
> हाय रे, मयूर व्याल
> पूंछ से जुड़े।

'परिमल' की भूमिका में उन्होंने 'साहित्य में प्राचीन गुलामी प्रथा' की सामंती व्यवस्था की प्रतिछाया के रूप में देखते हुए अपने मुक्त छंद के विषय में लिखा था :

> इस समय के और पराधीन काल के काव्यानुशासनों को देखकर हम जाति की मानसिक स्थिति को भी देख सकते हैं। अनुशासन के समुदाय चारों तरफ से जकड़े हुए हैं; साहित्य के साथ साथ राज्य, समाज, धर्म, व्यवसाय, सभी कुछ पराधीन हो गए हैं। चित्र स्वयं ससीम हैं, इसलिए उन्हें प्यार करनेवाली वृत्ति भी एक सीमा के अंदर चक्कर लगाया करती है और इस तरह उस वत्ति को धारण करने वाला मनुष्य भी चाहे पहले का स्वतंत्र हो, पर पीछे से सीमा में बंधकर पराधीन हो जाता है। नियम और अनुशासन भी सीमा के ही परिचायक होते हैं। और क्रमशः मनुष्य जाति को क्षुद्र से क्षुद्रतर तथा गुलाम से गुलाम कर देने वाले। ('भूमिका', पृ. 9, संवत् 1986)।

उन्होंने अपने मुक्तछंद की शैली को देश की मुक्ति के प्रयासों के साथ जोड़ते हुए लिखा : "साहित्य में इस समय यही प्रयत्न जोर पकड़ता जा रहा है और यही मुक्ति प्रयास के चिह्न भी हैं।" समय को देखते हुए, यह हिंदी आलोचना में विषय-वस्तु और रूप को एक सूत्र में बांधने का पहला क्रांतिकारी प्रयास था। उसी दिशा में हम पंतजी की 'पल्लव' की भूमिका को भी एक महान् प्रयास के रूप में ले सकते हैं।

ब्रजभाषा बनाम खड़ी बोली पर लिखते हुए उन्होंने खड़ी बोली की क्रांतिकारी

भूमिका को पहचानते हुए लिखा :

> उस ब्रज की बांसुरी में अमृत था, नंदन मधुऋतु थी; उसमें रसिक श्याम के प्रेम की फूंक थी; उसके जादू से सूरसागर लहरा उठा, मिठास से तुलसी मानस उमड़ पड़ा। आज भी वह कुछ हाथों की तूंबी बनी हुई है, जो प्राचीन जीर्ण शीर्ण खण्डहरों के टूटे फूटे कोनों तथा गंदे छिद्रों से दो एक दंतहीन बूढ़े सांपों को जगा, उनका अंतिम जीवन नृत्य दिखला, साहित्य को टोकरी भरने तथा प्रवीण कला कुशल बाजीगर कहलाने की चेष्टा कर रहे हैं; दस बरस बाद ये प्राणहीन केंचुलियां शायद इनके आंख झाड़ने के काम आएगी। लेकिन यह अपवाद ही खड़ी बोली की विजय का प्रमाण है। अब भारत के कृष्ण ने मुरली छोड़ पांचजन्य उठा लिया, सुप्त देश की सुप्त वाणी जाग्रत हो उठी, खड़ी बोली उस जाग्रति की शंखध्वनि है। ब्रजभाषा में नींद की मिठास थी, इसमें जाग्रति का स्पंदन, उसमें रात्रि की अकर्मण्य स्वप्नमय ज्योत्स्ना, इसमें दिवस का सशब्द कार्यव्यग्र प्रकाश। ('प्रवेश,' पृ. 2)।

यह देखने की बात है कि ब्रजभाषा साहित्य में (जिसमें पंतजी भक्तिकाव्य के ब्रज और अवधी दोनों में लिखे गए ग्रंथों को शरीक करते हैं) पंतजी उस भाग की सराहना करते हैं जो वैष्णव धर्म प्रगतिशील धार्मिक विचारधारा से ओतप्रोत था। उनका झगड़ा सामंतकाल की उस पतनशील रीतिकालीन परंपरा से है जहां बिहारी इत्यादि जैसे 'पुष्पधनुर्धर कवि रति के महाभारत में विजयी हुए' (वही, पृ. 7)। उन्होंने उसके दोनों पक्षों को ध्यान में रखकर लिखा : "उस ब्रज की उर्वशी के दाहिने हाथ में अमृत का पात्र, और बाएं में विष से परिपूर्ण कटोरा है जो उस नैतिक पतन से भरा छलछला रहा है।" (वही, पृ. 3) उन्होंने रीतिकालीन संकुचित दृष्टिकोण और जीवन के प्रति उसकी उपेक्षा की आलोचना करते हुए यह व्यंग्य कसा :

> इस तीन फुट के नख शिख के संसार के बाहर ये कवि-पुंगव नहीं जा सके। हास्य, अद्‌भुत, भयानक आदि रसों की लेखनी को, नायिका के अंगों को चाटते चाटते रूप की मिठास से बंधे रहे, मंह को खोलने खखारने के लिए, कभी-कभी कुल्ले मात्र करा दिए हैं। (वही, पृ. 9)।

इसी प्रकार उन्होंने, निराला की ही भांति, रीति कालीन काव्य शैली पर चोट की :

> इन साहित्य के मालियों में से जिसकी विलास वाटिका में भी आप प्रवेश करें, सबमें अधिकतर वही कदली के स्तंभ काल नाल, दाड़िम के बीज, शुक, पिक, अंजन शंख, पद्‌म, सर्प, सिंह, युग, चंद, चार आंखें होना, कटाक्ष करना, आह

छोड़ना, रोमांचित होना, दूत भेजना, कराहना, मूर्छित होना, स्वप्न देखना, अभिसार करना, बस इसके सिवा कुछ नहीं। (वही, पृ. 8)।

पंतजी ने खड़ी बोली के आंदोलन के पीछे उसके सांस्कृतिक महत्व, एक नए जीवन की अभिव्यक्ति की आवश्यकता को समझा और इसलिए 'पल्लव' की भूमिका हिंदी आलोचना के क्षेत्र में एक बहुत ही महत्वपूर्ण मोड़ है। उन्होंने ब्रजभाषा साहित्य की रीतिकालीन जीवन के स्थान पर एक नए प्रकार के जीवन का उदय देखा और उसकी प्रगतिशीलता को पहचान कर उसका समर्थन लिखा :

हम इस ब्रज की जीर्ण शीर्ण छिद्रों से भरी, पुरानी छींट की चोली को नहीं चाहते,इसकी संकीर्ण कारा में बंदी हो हमारी आत्मा वायु की न्यूनता के कारण सिसक उठती है, हमारे शरीर का विकास रुक जाता है। हमें देश काल की उपेक्षा करने वाले अपने राष्ट्र के भाग्यविधाता के विरुद्ध खड़े होकर झाड़-झंखाड़मय नवीन कुरूप सृष्टि करने वाले इन ब्रजभाषा के महर्षि विश्वामित्रों से सहानुभूति नहीं, इनकी प्राचीन ब्रजभाषा'की काशी, हमारे संसार के मोहर इन्हीं की अहम्मन्यता के त्रिशूल पर अटकी रहे, वह हमारा तीर्थ नहीं हो सकती, उसकी अंधी गलियों में आधुनिक सभ्यता का विशद यान नहीं जा सकता, काल की त्रिवेणी में जहां वर्तमान की उज्ज्वल जाह्नवी तथा भविष्य की अस्पष्ट नीली यमुना का विशाल संगम है, भूत की सरस्वती का मिलकर लुप्त हो जाना ही स्वाभाविक है। (वही, पृ. 11)

और उन्होंने तत्कालीन प्रचलित रीतिकालीन आलोचना पद्धति पर भी आक्रमण किया, क्योंकि उसमें जीवन का उल्लेख न होकर केवल रीति ग्रंथों का उल्लेख होता था :

रस गंगाधर, काव्यादर्श आदि की वीणा के तार पुराने हो गए, वे स्थायी, संचारी, व्यभिचारी आदि भावों का जो कुछ संचार अथवा व्यभिचार करवाना चाहते ये, करवा चुके।(वही, पृ. 39)।

हिंदी आलोचना की इस प्रगतिशील परंपरा से हम बहुत कुछ सीख सकते हैं। आज हिंदी की प्रतिक्रियावादी आलोचना उसका पूरा पूरा विरोध करती है क्योंकि प्रगतिशील परंपरा जीवन और साहित्य को एक दूसरे के निकट रखकर देखती है, क्योंकि प्रगतिशील परंपरा साहित्य को सांस्कृतिक उत्थान पतन का प्रतिबिंब मानती है। यह आलोचना की पद्धति उस समय की है जब हमारा संघर्ष साम्राज्य-वाद और उसके खिलौने सामंतवाद से चल रहा था, जब हममें राष्ट्रीयता की भावना का उफान था, जब हमारे देश में सरमायादारी भी साम्राज्यवाद से संघर्ष कर रही थी। हम इस आलोचना पर इसलिए और भी गर्व कर सकते हैं कि इसी

समय योरप के साम्राज्यवादी देशों में सांस्कृतिक संकट के साथ साथ साहित्यिक संकट का भी घटाटोप था और उस संकट से उसे बचाने के लिए अनेक प्रकार के 'वादों' का जन्म प्रतिक्रियावादी आलोचना की कृपा से हो रहा था। हिंदी की यह आलोचना पद्धति जानि बदार थी और उन सारी शक्तियों से मोर्चा लेती थी जो साम्राज्यवाद और सामंतवाद से गठबंधन कर राष्ट्रीयता को धक्का पहुंचाती थी। स्पष्ट है कि इस परंपरा का मूल्य हमारे लिए आज भी है और हमेशा रहेगा।

किंतु हमें आलोचना की प्रतिक्रियावादी प्रवृत्तियों से भी सावधान रहना होगा। हमारे यहां भी ऐसी आलोचना की कमी नहीं (नगेंद्र और इलाचंद्र जोशी) जो यौन-समस्याओं से भरे हुए साहित्य को उछालती है और तरह तरह की मानसिक कुण्ठाओं को साहित्य का स्रोत मानती है (जैसे अज्ञेय)। वह साहित्य की कृतित्व शक्ति को कोई ऐसा वायवी गुण मानती है जो 'बौद्धिक सीमाओं' से परे है। अज्ञेय ने 'त्रिशंकु' में आलोचना को साहित्य का पिछलग्गू मात्र समझा है। उनका कहना है कि 'हमें लेखकों को नहीं समालोचकों को शिक्षित बनाने का प्रयत्न करना चाहिए। लेखक बंधन से परे है और रहेगा।'

प्रगतिशील आलोचना को यह स्पष्ट करना होगा कि कृतित्व शक्ति विषय-वस्तु से अलग होकर अस्तित्वहीन है। जिस तरह कुम्हार कोई बर्तन उस समय तक नहीं बना सकता जिस समय तक उसके पास मिट्टी न हो और उसकी आंखों के सामने कोई रूप न हो, उसी प्रकार साहित्यकार और कलाकार की कृतित्व शक्ति का कोई अर्थ नहीं जब तक हम उसके साथ उसकी विषयवस्तु, उसके विचारों, उसकी शैली या उसके रूप का एक अटूट संबंध स्थापित न करें। इसलिए कोई भी कलाकार अपने समाज के प्रचलित मूल्यों से प्रभावित हुए बिना नहीं रह सकता और कलाकार को बंधन से परे मानना बेसिर पैर की बात है। लेनिन ने कहा था, 'यह संभव नहीं कि हम समाज में रहें और उसके प्रभावो से मुक्त रहें।' लेकिन प्रतिक्रियावादी आलोचना द्वारा यह कहने की प्रथा-सी हो रही है कि साहित्य को 'युद्ध गीत' होने से बचाया जाए क्योंकि साहित्यिक योद्धा होकर अपने उच्च पद से स्खलित हो जाता है। इसी तरह एक झूठी मानवता के नाम पर साहित्य और कला को गैर जानि बदार बनाने की मांग की जाती है। 'त्रिशंकु' में ही अज्ञेय ने लिखा है :

> कलाकार को अमीर और गरीब, सुखी और दुःखी, पीड़ित और पीड़क, दोनों के बारे में लिखने का समान अधिकार है, यदि वह अपनी कला को अक्षुण्ण रखना चाहता है। फिर यह भी ध्यान में रखना चाहिए कि दुःखी और सुखी की कोई आत्यंतिक श्रेणियां तो जीवन में हैं नहीं। दुःख, अपूर्णता, पीड़ा, ये सर्वव्यापी हैं, गरीबों ने इनका ठेका नहीं लिया है, इसे वे भी मानेंगे जो स्वयं

> गरीब हैं। और सुख और संतोष भी वर्ग भेद नहीं देखते। तब कैसे एक वर्ग का सुख दूसरे वर्ग के सुख-दुःख से अधिक वर्णनीय मान लिया जाए? (पृ. 68)

सवाल यहां अमीरों और गरीबों के सुख दुःख का नहीं है, सवाल है असल में साहित्यकार और कलाकार के स्वयं अपने रुख का, समाज के प्रति उसके रुख का, वर्गों के प्रति उसके रुख का और समाज में वर्ग संबंधों के प्रति उसके रुख का और इन सबके ऊपर सामाजिक उथल-पुथल, उसके विकास के प्रति उसके रुख का। साहित्यकार स्वभावतः सौंदर्य और निर्माण का प्रेमी होता है, उसके सामने जीवन के कुछ मूल्य होते हैं और वह समाज मे उसी वर्ग का साथ देता है जो उस सौंदर्य और निर्माण में उसका सहायक हो। यदि आज कोई लेखक पतनशील अभिजात-वर्ग के चित्रण में ही लगा हो और उसकी पतनशील मानसिक गुत्थियों में उलझा हो तो वह साहित्यिक समाज या व्यक्ति के लिए सौंदर्य और सृजन का कौन सा संदेश दे सकेगा? जब अभिजात वर्ग की पतनशील सभ्यता का जीवन के प्रति रुख ही सौंदर्यात्मक या सृजनात्मक नहीं है तो साहित्यिक दिन रात उसके चित्रण द्वारा ऐसे साहित्य का निर्माण कैसे कर सकेगा जिसमें स्वस्थ और सुंदर जीवन की तस्वीर हो?

हमें यह बात भी याद रखनी चाहिए कि यदि सुख दुःख की कोई आत्यंतिक श्रेणियां नहीं हैं तो शाश्वत श्रेणियां भी नहीं। हमारे सुख दुःख का आधार सामाजिक है। अमीरों और गरीबों के सुख और दुःख में भी फर्क हो सकता है, और होता है। आज तो यह कोई भी देख सकता है कि अमीरों के न केवल भौतिक सुख बल्कि मानसिक सुख का भी साधन गरीबों के श्रम का शोषण है। जिस चीज से अक्सर अमीरों को सुख मिलता है उससे गरीबों को दुःख मिलता है। पैसे के बल पर एक अमीर किसी गरीब नारी की इज्जत खरीदता है और सुख प्राप्त करता है, लेकिन वही उस गरीब नारी की विभीषिका है। क्या 'बंधन से परे' रहनेवाला कलाकार उस व्यवस्था के प्रति उदासीन रह सकता है जिसमें यह संभव है? क्या इसका कोई सामाजिक पक्ष नहीं है? यदि कोई साहित्यकार और कलाकार इसके प्रति उदासीन रह सकता है तो फिर उसका सौंदर्य प्रेम कहां गया?

हम साहित्य से यह मांग नहीं करते कि वह एकांगी हो, हम उससे जीवन के यथार्थ चित्र की मांग करते हैं जिसमें समाज के सारे वर्गों का चित्र आना स्वाभाविक है। लेकिन हम यह भी जानते हैं कि जिस साहित्यकार और कलाकार में अपने साहित्य और कला के सामाजिक और सांस्कृतिक मूल्य के प्रति थोड़ी भी जागरूकता होगी वह इस चीज पर अवश्य प्रकाश डालेगा कि जीवन में जो कुछ भी कटु वास्तविकताओं के रूप में मौजूद है उसका कारण कौन-सा वर्ग है या कौन-